José Luis González Quirós

LA ÉTICAY EL MUNDO COMÚN. ÉTICA, OPINIÓN Y MERCADO

Editorial Noesis
ISBN 978-84-87462-70-2
Madrid 2013

Índice

Prólogo [5]

I. Las doctrinas éticas y el análisis de la conducta humana [9]

II. Sujeto y libertad. El problema del mal [79]

III. Ética, política y poder [119]

IV. Ética aplicada a la comunicación. La construcción social de la realidad [207]

V. Para una Ética de la opinión [277]

VI. Sospechas sobre el mercado: los intelectuales, la comunicación y la creación de valor económico [331]

Referencias [365]

Prólogo

Este breve libro surge de las lecciones que he dado durante unos años a diversos grupos de alumnos de la Universidad Rey Juan Carlos en Madrid. Se nota mucho en él, me parece, ese origen, su carácter de texto hablado, puesto que he escrito más de una de estas páginas sobre los apuntes de algunos alumnos especialmente aplicados, y hay también algunas repeticiones que son típicas de la dinámica oral de la enseñanza y que posiblemente hubiera sido capaz de evitar en un texto directamente escrito para la publicación.

Para disculpar lo que me parece a mi, y puede parecerle a cualquiera, el desorden incorregible de estas lecciones, suelo decir que la Filosofía tiene algo de pugna boxística, una actividad en la que se trata de dar el golpe definitivo para lograr el k.o., objetivo que, en cualquier caso, es absurdo pretender en Filosofía, pero que precisa dar muchas vueltas en torno al rival, mientras se trata de evitar el caer a la lona, de manera que se vuelve a pasar muchas veces por la misma posición, a colocarse a idéntica distancia, y con el mismo ángulo, del enemigo imbatible, del problema que no acabas de resolver. Wittgenstein puso un ejemplo similar, menos violento pero igualmente gráfico, al comparar la Filosofía con el intento de reordenar los libros de una biblioteca, lo que siempre exige pasar por un estadio de mayor desorden, aunque con la confianza de que a más largo plazo el resultado pueda resultar preferible.

Pese a estas disculpas, me ha parecido de interés publicar este breve texto, y espero que tenga alguna utilidad. A las lecciones orales, he añadido, con muy ligeras reformas y con el correspondiente permiso de sus editores, un par de capítulos que proceden de trabajos de hace bastantes años, porque su temática está muy en la línea de lo que he tenido presente al dar las lecciones y repasar estas páginas.

Salvo alguna rara excepción, desde el punto de vista académico no me había ocupado nunca de asuntos de carácter ético, pero siempre he mantenido que es un error que el filósofo se convierta en especialista, de manera que, aunque haya sido la necesidad práctica la que me ha llevado a escribir sobre estos problemas, lo he podido hacer convencido como estoy de que hay una unidad de fondo en la Filosofía que hace que las cuestiones que se plantean los especialistas puedan ser accesibles al que no lo es, y muy especialmente si se trata de dirigirse a quienes no lo son en absoluto.

Los problemas morales, como el resto de las cuestiones filosóficas, pueden plantearse o, como es más común, ignorarse, o tratarse de manera escasamente exigente. En el caso de las cuestiones más metafísicas, su ignorancia puede traducirse en ciertas formas de tontería intelectual que, lamentablemente, no dejan de tener un aprecio muy general, pero en el caso de las cuestiones morales, la rudeza intelectual puede acabarse convirtiendo en un catalizador de la indignidad personal. Entiéndase bien, abundan los hombres y mujeres de conducta admirable, santos y héroes, que jamás han dedicado tiempo a formar sus criterios morales, pero esos casos, por abundantes que sean, y lo son, no evitan el que sea cierto que la falta de reflexión moral sea un caldo de cultivo muy propicio para que crezcan con fuerza las conductas escasamente ejemplares, y para que se convaliden como normales criterios de actuación que merecerían un rechazo frontal.

Si estas páginas pueden servir para que mis alumnos, y los improbables lectores que se asomen a ellas sin serlo, mejoren en algo su capacidad de juicio moral, habrán cumplido su objetivo, puesto que no pretenden mayor originalidad. Estoy convencido de que la mejora personal es casi el único camino de que disponemos para lograr que el mundo sea un poco mejor de lo que habría sido sin nuestra presencia, y ese objetivo me parece enteramente irrenunciable para cualquier persona mínimamente responsable, de manera que me consuelo de la irrelevancia de estas líneas pensando en que puedan servir para animar a sus lectores a llevar a cabo el esfuerzo personal que implica reflexionar en estas cuestiones, si es que pueden superar el aburrimiento que seguramente les causará su lectura, porque estoy casi completamente seguro de que no harán daño a nadie.

I. Las doctrinas éticas y el análisis de la conducta humana

El objetivo fundamental de la Ética es tratar de comprender un aspecto esencial de la conducta humana que es aquello que conocemos como su moralidad, el hecho de que, muy habitualmente, ejerzamos un tipo de juicio que se relaciona con las ideas del bien y del mal, tanto en lo que se refiere a lo que haga o pueda hacer cualquier de nosotros, cualquier persona, como, y esto es muy importante, en relación con el juicio que nuestras acciones nos merecen a nosotros mismos, con el hecho, bastante indiscutible, de que nos planteamos cuestiones acerca de la moralidad de nuestros actos, pasados, presentes o futuros, y que esa mera consideración nos puede hacer vacilar acerca de lo que nos propongamos hacer.

Es verdad que a veces no tenemos esa clase de dudas, que hay muchas ocasiones en que nuestra conciencia moral está muy atenuada o completamente ausente, pero lo decisivo es que podamos tenerlas o, incluso, que podamos pensar que debiéramos tenerlas, que comprendamos que un criterio moral más exigente podría mejorar nuestra vida y la de cualquiera que se atenga a él, y, en consecuencia, de uno u otro modo la calidad de la sociedad en que vivimos.

Con enorme frecuencia se reduce la moralidad y la misma conciencia moral a la idea de que sus posibles pretensiones se fundan únicamente en lo que los demás puedan pensar sobre nosotros, en las convenciones sociales que rigen el mundo común sobre lo que se considera normal o admisible y anormal o censurable, pero no puede considerarse sino como un grave error considerar que todo pueda reducirse a eso. El mundo común juzga según ciertos criterios, pero la moralidad nunca puede quedar atrapada en el relativismo o el qué dirán, pues eso significaría tanto como renunciar al propio criterio, a que sea racionalmente defendible, y, en último término, a que seamos capaces de tener una conducta autónoma, a la libertad moral. A su vez, suponer que la conducta humana pueda determinarse libremente implica creer en la moralidad de las acciones, y que esa moralidad debe ajustarse a ciertos criterios que son independientes de cuántos los sigan o de que se sigan o se menosprecien.

Es bastante obvio que la conducta humana no se rige solo ni principalmente por criterios éticos, pero cualquiera que se adentre en esta cuestiones comprenderá necesariamente que en la medida en que estos criterios adquieran mayor vigencia y fuerza la vida humana podrá ser más digna y admirable, y en la medida en que se desdibujen y desconsideren la vida misma perderá atractivo y valor.

Sobre el significado de los términos ética y moral

Vamos, pues, a reflexionar sobre la moralidad, vamos a hacer una reflexión ética. Desde un punto de vista etimológico, la palabra ética y la palabra moral tienen un significado prácticamente idéntico. La primera es griega y la segunda latina, es la forma en la que el latín llamó a la ética, a lo que se refiere a las costumbres, a las acciones de la vida humana. Sin embargo, a lo largo de la historia, ambas palabras se han ido cargando de significados que, a veces, inducen a creer que hay alguna diferencia esencial entre un concepto y el otro, lo que se ve reforzado por el uso retórico común que da en decir que se va a hablar de algo o a juzgar algo desde el punto de vista moral y desde el punto de vista ético, como si fuesen dos puntos de vista distintos. En realidad no es así, y se pueden usar, y de hecho se usan, como sinónimos, aunque hoy en día exista una cierta tendencia a considerar que Ética(con mayúscula, como nombre propio de disciplina) es el estudio más o menos sistemático de la teoría moral, mientras que moral es un término que tiende a reservarse más que al estudio de las formas de conducta, a esas formas mismas. Así, la moral sería la forma de comportarse que de hecho alguien tiene, mientras que la Ética, especialmente cuando se escribe con mayúscula, se reserva para denominar el estudio de ese tipo de cuestiones; pero también se podría hablar de Moral (como título de un tratado sobre ética) y de la Éticaque se practica en determinadas situaciones o por unas personas concretas sin que se cometiese ningún error conceptual.

La diferencia entre estas dos palabras es, sobre todo, de tipo estipulativo, es decir que si se advierte que se emplean en un sentido preciso y distinto, no hay problema, pero sería un error considerarlas como dos conceptos muy diferentes. De cualquier modo, también existe una tendencia a considerar que cabe hablar de una Ética como algo racional, universal y no sometido a ninguna clase de contingencias, mientras que la moral sería siempre algo más particular, más exclusivo de un grupo, de una creencia o de una época determinada. Se trata de una tendencia sin mayor fundamento, que pretende conferir una cierta autoridad independiente al que utiliza un argumento ético o Ético, pero eso no supone nada más que una pretensión retórica de no mucho valor.

Peculiaridad de las cuestiones filosóficas

El estudio de cuestiones filosóficas, como lo son todas las que se refieren a los asuntos éticos, a la moralidad, tropieza con algunas dificultades puramente terminológicas que es necesario reconocer. Con enorme frecuencia, los términos técnicos que han ido creando los filósofos para precisar sus discusiones y teorías se han convertido en palabras de uso corriente que la gente emplea sin reparar en su origen ni en sus implicaciones y que, a consecuencia de ello, se han cargado de significados que muchas veces no tienen nada que ver con su sentido original. Tal es el caso de términos tales como causa, sustancia, mente, persona, existencia, sujeto, razón y mil más. Éste es uno de los mayores problemas de los filósofos, que tienen que trabajar con palabras cuyo significado está muy prostituido por un uso escasamente reflexivo, contradictorio, y, como mínimo, poco cuidadoso. Aunque esto haya pasado también con términos científicos, como masa, gen, teorema, valencia o patología, en general la gente recuerda que esos términos tienen un uso preciso, y los usa con cierta conciencia de que está haciendo un empleo impropio de su significado, cosa que no ocurre con los términos filosóficos ni, desde luego, con los que se emplean habitualmente en las discusiones morales.

En el caso de la Ética, como en el de cualquier disciplina filosófica, tropezamos, además, con la dificultad nada pequeña de que no poseemos respuestas indiscutibles, de que, hablando muy en general, la Filosofía no es una ciencia, ni, por supuesto, la Ética tampoco, aunque también podríamos añadir que, en realidad, carecemos también de una ciencia de la ciencia, que decir qué es una ciencia no es un problema científico, sino otro problema, y nada fácil, filosófico.

¿Es posible una ciencia del bien y del mal?

En nuestro caso, esto quiere decir, para empezar, que no poseemos una ciencia del Bien y del Mal, como la que, según el texto del tercer capítulo del

Génesis ("No moriréis, sino que sabe Dios que el día que comáis de él [del árbol prohibido] serán abiertos vuestros ojos, y seréis como Dios, sabiendo el bien y el mal"), el demonio disfrazado de serpiente prometía a Adán y Eva en el Paraíso, si desobedecían a Dios, comiendo del árbol prohibido, para pasar a ser como Él. Al no tener una ciencia del bien y del mal, hemos de considerar que todas nuestras apreciaciones acerca de esta clase de temas, que pueden ser de mejor o peor calidad, más o menos irreflexivas e incompletas, no llegan a constituir nunca una evidencia indiscutible para cualquiera, que permanecen siempre en una especie de claroscuro, de acuerdo con lo que dice Pascal (*Pensées*, XVIII, 236-278), a propósito de la religión, que hay luz suficiente, pero también bastante oscuridad, de forma que ese claroscuro es el correlato de nuestra libertad moral, porque, en principio, parece razonable asumir que si poseyésemos alguna clase de certeza absoluta acerca de la calidad moral de nuestra conducta no seríamos libres de no seguirla, del mismo modo que no somos libres de afirmar, por ejemplo, salvo que queramos decir una tontería, que dos y dos son cinco.

Así pues, los seres humanos no tenemos un método absolutamente indiscutible y certero para establecer qué es lo bueno y qué es lo malo. A este respecto, tenemos problemas de todo tipo, tanto teóricos como prácticos, problemas respecto a qué es lo bueno, en general, y a qué es lo bueno en cada caso, problemas acerca de la pretensión de universalidad de ciertos principios o mandatos y problemas respecto a la adecuación de esos principios a un caso particular, problemas acerca de la compatibilidad de principios en la teoría, y problemas de elección en la práctica. Además, los problemas éticos, y políticos, los dilemas morales con los que ahora nos hemos de enfrentar pueden llegar a ser mucho más complejos que en cualquier otra época del pasado, tanto porque nuestra vida personal y social es mucho más compleja y está sometida a muchas más tensiones que lo estaba en los tiempos en los que se comenzó a hacer una reflexión sistemática sobre la moral, como por el hecho de que, a lo largo de los más de dos mil años que se lleva hablando de estas cuestiones, los criterios en que basarse han estado sometidos a un criticismo extremadamente intenso, y eso contribuye a que no sea nada fácil pensar con claridad, y, en consecuencia, pretender que sea posible tomar una decisión cuyo fundamento sea evidente o absolutamente indiscutible.

Para bien o para mal, el reino de la moral es también siempre el reino de la libertad, lo que en absoluto significa el reino del capricho o, menos aún, el del absoluto relativismo, valga la intencionada paradoja. Que no estemos completamente ciertos de que nuestra decisión vaya a ser la correcta no quiere decir que no tengamos la obligación de seguir la que creemos lo es, y menos aún que cualquier decisión sea igualmente valiosa: la ética es un recuerdo permanente de la obligación de buscar lo mejor, una excelencia moral de nuestras decisiones y eso es rigurosamente incompatible con el relativismo o con la hipocresía, que siempre son formas de disimular, de hacer como que se hace para quedar bien, pero no de tratar de hacer realmente el bien a nuestro alcance.

La tentación del relativismo

En consecuencia, no se puede decir, desde luego, que no se pueda adoptar un criterio ético válido, o que todo resulte ser meramente relativo a los gustos opiniones e intereses de cada cual, lo que implicaría que cualquier intento de introducir racionalidad, objetividad y acuerdo en el ámbito moral sería estéril por principio, una posición que es difícil que sostenga alguien que, a un tiempo, tenga interés en los temas morales o, hablando más en general, en las cuestiones últimas que discuten libremente pero tratando de acertar con la verdad, como se supone que hacen los filósofos.

Lo que sí implica esta carencia básica es que, si se quiere actuar con un criterio ético exigente, lo que debería ser el ideal de cualquier sujeto responsable, nuestra situación no es tan simple como pudiera desearse, ni desde el punto de vista de la teoría ni desde el punto de vista práctico. En un plano personal, el ideal ético ha de ser siempre un ideal de exigencia, no limitarse a buscar una legitimación del conformismo, por difícil que ello pueda resultar. No es posible mantener una ética personal exigente sin un alto nivel de cuestionamiento acerca de las razones, los motivos y los fines de nuestro comportamiento, sin ser autocríticos, o, como se decía más clásicamente, sin realizar un habitual examen de conciencia.

Por supuesto que hay discrepancias entre los filósofos morales, pero, hablando muy en general esas diferencias se refieren más a los fundamentos que a las consecuencias, es decir será difícil encontrar un filósofo que recomiende la mentira, o la violencia indiscriminada, por ejemplo, pero es bastante más fácil encontrar diferencias en los fundamentos que aducen para defender esas conductas, o cualesquiera otras, de modo que, aunque haya un cierto denominador común en las ideas dominantes acerca de lo que es bueno, esa concordancia se ve frecuentemente subvertida por las ideas acerca de cómo se justifican.

En cualquier caso, lo que es importante subrayar es que, desde un punto de vista personal, ética significa rigor y autoexigencia y que, en el plano teórico, eso equivale a negar con toda claridad lo que se suele entender por relativismo, la absoluta confusión entre el bien y el mal, aunque solo sea por la una doble razón: en primer lugar, que todas nuestras intuiciones morales, nuestras creencias básicas, militan contra esa cómoda posición y, en segundo, término, porque, de ser ello así, la teoría ética, en su conjunto carecería de sentido, cosa que no se puede pretender que acepten con facilidad quienes se dedican a su estudio, que encuentran dificultades, pero nunca la evidencia de que cualquier posición resulte ser igualmente cierta y respetable que cualquier otra.

En realidad, podemos hablar de ética porque los seres humanos nos comportamos de manera distinta, porque somos seres libres que no tenemos una conducta uniforme ni completamente previsible, al menos en principio. Podemos hablar de Ética porque, aunque los seres humanos seamos libres y distintos, aquello sobre lo que discutimos es sobre lo que es mejor y lo que es peor, precisamente porque, al menos desde un punto de vista racional, no tenemos una respuesta absolutamente evidente sobre esta clase de cuestiones. Esto es lo que lleva a muchos a pensar que la respuesta acerca de estas cuestiones sea relativa, aunque esta curiosa posición, por común y cómoda que pueda resultar, supone confundir dos cosas: la dificultad de la solución con su inexistencia, y la libertad humana con la ausencia de normas éticas.

Trataremos de mostrar que no es así. Libertad y norma son dos instancias que se necesitan, no seríamos libres si no hubiese normas, no existirían normas, si no fuésemos libres. La piedra que cae, no sigue ninguna norma, precisamente porque no es libre de caer o no. En la precisa medida en que se piense que no somos libres, la discusión ética carecerá de sentido, y solo podremos decir que somos capaces de cumplir normas precisamente si también podemos incumplirlas.

La idea de libertad plantea numerosos y complejos problemas, pero es difícil olvidarla si queremos comprender la acción humana, por ejemplo, nuestra capacidad de elegir el bien en condiciones de información escasa, sin la certeza que podríamos desear, o la capacidad de autoafirmarnos, de preferir lo que consideramos nuestra obligación, más allá de lo que nos pueda convenir, o, al contrario, la capacidad de optar por lo que más nos convenga en lugar de actuar conforme a criterios más exigentes.

Deberíamos aprender a distinguir dos realidades que se pueden confundir con cierta facilidad, pero que no son exactamente lo mismo: el hecho de que no exista una ciencia del bien y del mal, con la suposición de que la única verdad respecto a la Ética sea el relativismo, la supuesta y contradictoria verdad de que todo pueda reducirse a que cada cual haga y piense lo que le parezca, y a que todo de igual. Sin embargo, no todo lo que podemos decir acerca del bien y del mal es puramente subjetivo. Si bien no tenemos una ciencia del bien y del mal, ni en la teoría ni en la práctica, sí hay algo a lo que podemos llamar una objetividad ética. No todo da igual: no es lo mismo el bien que el mal, no es lo mismo ser libre que no serlo, etc., aunque las diferencias a veces sean difíciles de captar, de explicar y de defender. La otra cara de este asunto es que cualquier Ética se basa en la libertad. Si existiera la ciencia del bien y del mal, no podríamos ser libres porque nadie escogería el mal en lugar del bien.

Para entender mejor esta dificultad, pueden esgrimirse algunos argumentos de carácter, digamos, pragmático. En primer lugar cualquiera de nosotros puede vivir en la práctica renunciando a una mayor exigencia ética en relación con lo que hacemos, pero eso no quiere decir que esa exigencia no tenga ningún fundamento o pueda reducirse al capricho. El hecho de que podamos negarnos a una cierta exigencia, no quiere decir que esa exigencia sea ilusoria o nazca del hecho de que la aceptemos, no existiendo en caso contrario. En realidad, cuando nos preguntamos si tenemos razones para no someternos a una exigencia social o a una conveniencia, podríamos encontrar una conveniencia de carácter superior, por ejemplo, en un caso extremo, conservar la vida, pero también podríamos encontrar algo que nos sugiera o aconseje no someternos a esa conveniencia ni a ninguna, sino actuar por razones de fondo, por principio, más allá de cualquier consideración de conveniencia o de éxito, es decir, reconociendo que, suceda lo que pudiere suceder, esa forma de actuación inspirada en principios defendibles por sí mismos, tales como decir siempre la verdad o no hacer daño a nadie, nos resulta preferible y esa razón de preferencia es precisamente una razón moral que, a su vez, puede interpretarse de muchos modos, pensando que cumplimos un mandato de origen divino, o que actuamos conforme a la dignidad humana, o que actuamos así porque queremos hacerlo, porque preferimos nuestra libertad de conciencia y someternos a sus criterios que actuar por sometimiento a normas y criterios que no compartimos.

Si fuese verdad que todo es relativo, proposición que, desde un punto de vista lógico es estrictamente contradictoria, y por ello falsa, si fuese cierto que no existe ninguna clase de criterio ético de ningún tipo, entonces no tendría ningún sentido la literatura ética, de la misma manera que no tendría sentido ocuparse de casi nada de lo que parece que no tiene solución, pero la experiencia nos muestra exactamente lo contrario, que, en la ciencia, por ejemplo, merece la pena pelear con los problemas que parecen no tener solución porque, cuando no la tienen es si, efectivamente, nadie pugna por lograrla. De una manera análoga, si nadie se esforzase por ser mejor de lo que meramente es, no habría ningún progreso moral, y no es difícil llegar al acuerdo de que, al menos en algunos aspectos, si existe ese progreso moral general, a parte de que cada cual pueda ser mejor o peor independientemente del ambiente y el momento histórico en que viva.

Hay un argumento a favor de la objetividad de la moral que podemos extraer de la observación de un vicio muy corriente, como lo es la hipocresía. Cuando nos preocupamos por ser éticamente coherentes, nos preocupamos por reducir la hipocresía, que fue muy brillantemente definida por La Rochefoucauld como "el homenaje que el vicio le rinde a la virtud". La hipocresía consiste en la asunción y defensa de argumentos morales conforme a los cuales queremos controlar y calificar la conducta de los demás, pero que nosotros mismos no respetamos.

La hipocresía demuestra que no todo es relativo, porque si todo fuera relativo nadie sería hipócrita. Es verdad que puede verse la hipocresía como un mero homenaje al juicio de la mayoría, pero no siempre estamos conformes con el juicio de la mayoría, ni somos hipócritas solo en relación con eso, sino en relación con lo que reputamos excelente o mejor, pero si esa distinción no fuese perfectamente defendible nadie sería hipócrita, conducta que, es, por cierto, bastante incómoda desde el pinto de vista intelectual, aunque suela ser rentable y procure cierto placer a personas aficionadas, aunque no lo sepan, al sadomasoquismo.

Otro argumento pragmático a favor de la objetividad de la moral es el que se puede derivar de la existencia del heroísmo y, en general, de la rebeldía moral: se trata de conductas que no son fácilmente rentabilizables, que son, en cierto modo, contrarias al interés egoísta, pero que ennoblecen la conducta humana. No tendría sentido que admirásemos al rebelde ni al héroe si aquello que hacen fuese algo puramente subjetivo, equivalente a una elección trivial.

Esta breve discusión sobre la hipocresía, sobre la defensa pública de criterios que no se respetan en privado, pone de manifiesto una condición muy peculiar de la vida humana, su intimidad, que es también muy importante a efectos del juicio moral. Es lógico que los seres humanos nos ocultemos porque, para empezar, hay muchas partes o aspectos de nuestra personalidad y de nuestra intimidad que pueden ser, y son de hecho, inaccesibles a los demás, y eso hace que podamos tener interés en conocer a otros más allá de lo que indican las puras apariencias. Pese a todo, no somos monos desnudos, monos que han perdido el pelo, somos personas vestidas, animales que se visten y se adornan, que usan símbolos, que se ocultan a las miradas de los otros en muchas ocasiones y por muchas razones, porque tenemos alguna especie de derecho a preservar nuestra intimidad, al menos tal y como se ha desarrollado nuestra cultura.
En general, toda forma de cultura supone una cierta forma de ocultación, de reserva, y sería

tiránico y totalitario pretender lo contrario, que todos debiéramos de exhibir siempre todo lo que somos y todo lo que pensamos. Afortunadamente, no es así, y se hace difícil imaginar un mundo humano en que no haya alguna forma fundamental de ese respeto a la intimidad. Los seres humanos podemos mentir, precisamente porque podemos ocultar a otros nuestros pensamientos, porque podemos preservar, en cierto modo, la intimidad de nuestras ideas, sentimientos y deseos. La moral nos advierte sobre el hecho de que no debemos mentir, decir lo contrario de lo que sentimos con intención de engañar, pero no toda forma de discreción es una mentira. Precisamente el hecho de que podamos mentir, concede valor, tanto en el plano afectivo y psicológico, como en el plano moral, a la veracidad, a la virtud de quien dice la verdad cuando ha de decirse, incluso aunque no le convenga.

Decía Ortega y Gasset que hombre es el único animal que puede deshumanizarse, y una forma de deshumanización sería pretender una absoluta transparencia, una negación completa de la intimidad. Es obvio que respetar esa zona de sombra implica el riesgo de que alguien nos engañe, de que los hipócritas nos manipulen tratando de empujarnos a practicar conductas que ellos solo defienden para engañarnos, pero que en las que, en lo que a ellos concierne, ni creen ni practican. Ese riesgo es, sin embargo, un precio pequeño que se puede pagar gustosamente por lo que obtenemos a cambio, un ámbito de libertad, de intimidad y de cultura. El riesgo de ser engañados es menos oneroso que la oportunidad de poder confiar en alguien sin necesidad de ponerle a prueba; el valor de la confianza es mayor que el de la seguridad que se obtendría a base de un control que no respetase la intimidad de nadie, justo la escena que se imagina en 1984, ese Gran Hermano que todo lo vigila y todo lo sabe.

¿De qué discuten, sobre todo, los filósofos?

Es necesario insistir en que, de ordinario, las discusiones entre los filósofos no son tanto acerca de qué es bueno y qué es malo, sino acerca de algo más complicado: porqué lo que es bueno es bueno y porqué lo que es malo es malo. Ahí es donde está el verdadero problema, porque hay muchas maneras de justificar las razones para hacer una cosa, y las razones distintas por las que se prefiere hacer otra. El trabajo de los filósofos consiste, por tanto, en tratar de esclarecer las razones últimas que determinan por qué algo es bueno y por qué algo es malo, y en eso tampoco se puede decir que hayamos llegado a unas conclusiones evidentes y universalmente válidas.

No siempre es necesario que estemos de acuerdo en todo, además de que, en muchas ocasiones, no podamos estarlo. Lo que hay que tener en cuenta es que aunque las personas sean siempre respetables, las opiniones no siempre tienen que serlo, es tan razonable que nos parezcan mal, que las rechacemos de plano, como que las aceptemos por ser idénticas a las nuestras o porque, por una u otra razón nos resulten atractivas.

En realidad, la discrepancia, cuando es civilizada y razonable, debería verse siempre como una muestra de respeto a la persona y a su libertad intelectual y moral, a su capacidad de pensar y actuar según su criterio, pero ese respeto es, a su vez, muestra de un respeto paralelo a la posibilidad de acercarnos a una verdad más completa, más cierta, posibilidad en la que, en último término, se funda el respeto a la libertad irrenunciable de cada cual.

Aunque toda doctrina ética pretenda ser universal, y es lógico que así sea, de hecho no es fácil dar por establecida una Ética universal. Hay que procurar entender bien esto, que no equivale a ninguna forma de relativismo, entre otras cosas porque carecería de sentido estudiar la conducta desde el punto de vista moral si todos los criterios morales, por contrarios que fuesen, pudieran ser considerados igualmente válidos. A riesgo de resultar repetitivo, insistiré en que, en general, los filósofos morales no han discutido tanto acerca de si algo es bueno o malo, puesto que hay acuerdo general en que la sinceridad es buena y la mendacidad no, que la generosidad es buena y el egoísmo no, o por lo menos no tanto, que el amor es bueno y el odio malo, que el valor es admirable y la cobardía no, etc. Lo que han discutido es otra cosa, a saber, qué es exactamente lo bueno de lo que creemos es tal, y lo malo de lo que nos lo parece, es decir, cuál es el fundamentos de nuestra moralidad.

Se trata de un problema teórico y práctico bastante importante, pero no es un problema nada fácil. Bastará, para comprender su dificultad, con recordar que cada uno de nosotros tiene una cierta idea de que algo es bueno o malo sin necesidad de haber estudiado nunca ética, sin haber discutido con nadie acerca de ello, aunque esos juicios puedan no coincidir con los de otros, como, de hecho, en muchas ocasiones no coinciden; pero a lo que hay que atender es al hecho de que la relación entre los criterios morales como tema del que se puede discutir, y sobre el que de hecho discuten los filósofos, y la moralidad de cada cual no es fácil de establecer, y que seguramente es un error considerar que nuestros juicios morales vengan exclusivamente de aquello que hemos aprendido o nos han inculcado (lo que impediría, por ejemplo, que fuésemos capaces de rebelarnos contra lo que traten de imponernos), de manera que es relativamente sencillo reconocer que los criterios morales no derivan exclusivamente de teorías, sino que, más bien, las teorías tratan de esclarecer la validez, la coherencia y el sentido de la pluralidad de criterios morales que tenemos, especialmente porque con mucha frecuencia no sabemos explicar con un mínimo de claridad y sin contradicciones las razones por las que tenemos unos criterios y no otros.

La Ética exige dos condiciones en cierto sentido paradójicas; en primer lugar, para que exista una obligación ética debe existir alguien más que nosotros mismos, no habría ética si fuésemos, por así decir, el único ser del universo; si pensamos que tenemos obligaciones ante nosotros mismos, es porque creemos que alguien puede exigírnoslas, Dios, por ejemplo. El mandato ético principal puede reducirse a "no hagas mal a otro" o, en la forma de la famosa "regla de oro" que puede formularse como "no hagas a los demás lo que no quisieras que te hiciesen a ti" o, en forma positiva, "trata a los demás como quisieras ser tratado". Ahora bien, una cosa es que nuestras obligaciones sean siempre en relación con los demás, y otra que el fundamento de esas obligaciones provenga exclusivamente de fuera. Los pensadores morales han tendido a mostrar, sobre todo, el carácter autónomo de la ley moral, pues, en otro caso, no habría espacio para la rebelión frente a la injusticia ni para el heroísmo, para rechazar lo que no está bien ni para excederse en el cumplimiento del deber, como ocurre en el caso de las conductas ejemplares o heroicas.

En realidad siempre hay algo más que no hagas daño, aunque esto sea esencial y básico. Hay que hacer el bien, pero ¿cómo se hace el bien, cómo se define? Es más fácil marcar límites negativos que promover horizontes de bondad, aunque la ética, bien sea como Ética de bienes, de virtudes o de normas, siempre ha hecho ambas cosas. Hay además algo social en la ética, como han subrayado las éticas de la responsabilidad frente a las éticas de la convicción, por emplear la distinción de Max Weber, pero tampoco se puede reducir todo a un cálculo de consecuencias de las acciones, porque, aunque hayan de tenerse en cuenta, nunca estamos en condiciones de controlar las consecuencias de lo que hacemos, y sobre todo de lo que otros puedan hacer a partir de ello, ya que no estamos solos en el mundo, de manera que la Ética puede tener aspectos consecuencialistas, pero no puede reducirse nunca a eso, de modo que siempre se deberá tener en cuenta que una presumible buena consecuencia no basta para legitimar una mala acción, al menos desde el punto de vista ético. En política, la cosa puede verse de manera ligeramente distinta y puede considerarse comprensible o admisible que alguien emplee medios discutibles para conseguir fines ideales, como hizo Lincoln, por ejemplo, para aprobar la Enmienda decimotercera de la Constitución, que ordenaba la igualdad de todos ante la ley, independientemente de la raza, lo que iba contra la esclavitud, al apoyarse, entre otras cosas, en la compra de voluntades de congresistas que en principio iban a oponerse a la aprobación de la Enmienda.

La Ética y los puntos de vista de la Psicología y las ciencias humanas y sociales

Necesitamos aprender a distinguir los problemas éticos de los que no lo son, darles luz y manejar las herramientas que los filósofos dejaron a nuestra disposición, analizando a la vez nuestra propia conciencia ética, auto-cuestionándonos, partiendo de que asumir un planteamiento ético supone una actitud muy exigente, aunque también puede ser muy hipócrita, si exigimos a los demás lo que no nos exigimos a nosotros, tanto que la gente actúa muchas veces como si los problemas éticos no existieran, sin plantearse mayores dudas acerca de estas cuestiones, pasando olímpicamente por encima de ellas.

Tanto la Ética, o la Moral, como la Psicología, la Sociología y, en general las ciencias humanas y sociales, se ocupan de la conducta humana, de lo que hacemos los seres humanos singulares y de los valores, creencias, ideas y propósitos que compartimos. Pero se diferencian en un aspecto muy esencial, a saber, la Psicología y el resto de disciplinas humanas y sociales procuran hacer una ciencia de la conducta, mientras que la consideración ética se ocupa de aquellos aspectos de la conducta que no son reducibles a la ciencia, que suponen, de uno u otro modo, la libertad humana. La Ética estudia lo que hacemos desde el punto de vista de su moralidad, de su relación con el bien y/o con el mal, y es bastante obvio que en relación con el Bien y el Mal, que son ideas muy importantes que implican aspectos decisivos de la vida humana, no tenemos una ciencia firmemente establecida, ni probablemente podamos tenerla nunca, precisamente porque la certeza de en qué puedan consistir el bien o el mal nos privaría, de uno u otro modo, de la libertad que es un requisito esencial para que tenga algún sentido considerar nuestras acciones desde el punto de vista moral. La libertad es un supuesto bastante esencial para la Ética y un problema bastante difícil de tratar para la Psicología, puesto que, como veremos, la misma idea de comprender la libertad, de encausarla es contradictoria en la medida en que nos invita a negar su existencia. A veces puede parecer que explicar una conducta equivale a exponerla como si no hubiese sido libre, como una necesidad.

Los puntos de vista de la Ética y de las disciplinas a las que nos referimos son, en cierto sentido, contrarios desde un punto de vista lógico, porque las ciencias del comportamiento humano tienden a ver la conducta desde el punto de vista de la necesidad, en función, por ejemplo, de ciertas leyes del comportamiento o de la motivación, mientras que el punto de vista del moralista se centra en las acciones humanas en cuanto estas son acciones de un sujeto que las quiere libremente y que, por ello, puede ser objeto de alabanza, si hace el bien, o de censura, si obra mal. Sin embargo, tanto la Ética como la Psicología y las disciplinas sociales estudian el comportamiento humano, que es bastante imprevisible y que, de algún modo implica siempre una conducta intencional y una cierta libertad de elegir. Es evidente que las ciencias humanas y sociales estudian más cómo nos comportamos de hecho mientras que la Ética se ocupa de cómo deberíamos comportarnos, y cómo se relaciona el comportamiento que tenemos con las ideas que también tenemos acerca de cómo debería ser. En la vida de cada cual, ambas formas de consideración están más unidas, o confundidas, de lo que se suele reconocer.

Aunque los psicólogos tiendan a estudiar la acción desde el punto de vista de sus causas, como algo que necesariamente debe ser de una determinada manera si se dan un cierto número de condiciones, tampoco pueden sustraerse por completo a la idea de que la conducta humana sea intencional, es decir determinada por intenciones o fines y no solo por causas. Y claro está que las intenciones solo lo son si son libremente escogidas, de manera que incluso en el estudio científico que hacen los psicólogos de la conducta no pueden prescindir completamente de este aspecto de nuestro modo de ser, un aspecto que implica inmediatamente problemas de tipo ético.

Además, los psicólogos existen porque se necesita que alguien distinga entre conducta normal y conducta anormal, y tratan de ayudar a las personas con problemas de adaptación, porque la Psicología se ocupa, tanto o más que de entender, de intentar que las personas modifiquen sus conductas cuando se considera que estas son anómalas, es decir no solo es, o pretende ser, una ciencia teórica sino una actividad terapéutica, de manera que la distinción entre conducta normal y conducta anormal se puede considerar, en cierto modo, paralela a la distinción Ética entre lo que está bien y lo que está mal. En ambos casos se distingue entre lo correcto y lo incorrecto. En ambos casos se parte del supuesto de que la conducta es intencional y busca fines. En resumen, los puntos de vista de la Ética y el de la Psicología son distintos, y, en algún aspecto, opuestos, pero tanto la Ética como la Psicología se fundan en algunos supuestos comunes, como, por ejemplo, que la conducta humana es inteligible, que existen formas intencionales de conducta, que casi todos padecemos, al menos de vez en cuando, un tipo de preocupaciones o problemas que se consideran de conciencia, o morales, etc.

La diferencia esencial es que las ciencias sociales pretenden hacer un análisis científico de la conducta humana y, por tanto, establecer una serie de leyes y de propiedades, funciones, etc. que la expliquen de alguna forma. Este punto de vista supone que dado los condicionantes A, B y C, la conducta humana será X, Y y Z. Esta clase de supuestos se enfrenta con un requisito esencial de la Ética, según el cual el hombre puede elegir y las acciones pueden ser de muchas maneras. Aunque el psicólogo reconozca que la conducta humana es intencional y que existe esa cierta indeterminación, estudia cómo nos comportamos de hecho y no cómo nos deberíamos comportar. Además, supone que nos comportamos de hecho de una determinada manera debido a causas, a los hábitos, los condicionamientos sociales, la educación, los genes o lo que fuere. Las ciencias humanas, biológicas y sociales pretenden estudiar el comportamiento humano de forma legaliforme, como si estuviera sometido a una ley, mientras que la moral estudia hechos desde el punto de vista de la conducta libre del sujeto.

En el mundo contemporáneo, se da la circunstancia de que, muy frecuentemente, ambos puntos de vista, por distintos que sean, acaban siendo parecidos ya que interactúan y se influyen, resultan estar, en cierto modo, contaminados. Así tanto un sociólogo, un economista, un psicólogo o un moralista pueden hablar de la influencia del ambiente, de las restricciones a la libre elección, de que el culpable de algo no es el individuo sino la sociedad, y cosas similares. Pese a eso, habría que conservar una nítida diferencia de puntos de vista, entre otras cosas porque el estudio de la moral no solo pretende describir lo que hacen las personas, sino contribuir a que sean mejores de lo que son.

Todo ello hace que, con frecuencia, el punto de vista moral, tienda a ser ridiculizado como moralismo, moralina, o como algo puramente subjetivo, ilusorio, precisamente en la medida en que se supone que se poseen explicaciones más sólidas de la conducta humana que las que presuponen una libertad que tiende a negarse por toda clase de estudios, como veremos. En último término, el punto de vista moral es un punto de vista muy débil, que suele tener escasa aceptación, entre otras cosas porque se le suele tildar de hipócrita, además de que, dada la complejidad de la vida contemporánea, tiende a predominar la idea de que todo comportamiento es aprendido e imitado, nunca original y que los individuos no hacen otra cosa que imitar y recrear las conductas de los colectivos a que pertenecen, formas todas ellas de negar la responsabilidad individual, el hecho de que seamos autores de nuestras acciones y, en último término, protagonistas de nuestra vida.

El análisis de McIntyre

Es evidente que en el mundo contemporáneo se experimentan dificultades muy peculiares a la hora de entender los argumentos éticos. Se trata, sin duda, de una situación que tiene causas históricas, es decir que las dificultades que experimentamos son algo más que naturales, con serlo también, se deben a consecuencias muy precisas de nuestra común historia intelectual. En un libro muy influyente el filósofo Alasdair McIntyre (2001) sostuvo que la idea de virtud y el universo moral de la antigüedad se han perdido por completo, como, por ejemplo, se podría perder ahora mismo la ciencia si experimentásemos una catástrofe suficientemente poderosa, lo que haría que usásemos términos como masa, spin o gen, sin que fuésemos capaces de dar una explicación suficiente y coherente de su significado y sus relaciones. Pues bien, eso sucede, según MacIntyre, con el lenguaje moral contemporáneo, esto es que, en realidad, usamos términos que no entendemos bien, que están desquiciados, sacados del contexto en que tuvieron sentido y que los haría inteligibles, y que eso explica, en buena medida, la enorme contradicción moral típica de nuestra época, el hecho de que se puedan encontrar justificaciones supuestamente válidas para acciones de las que no se puede ofrecer un mismo análisis moral, tal como ocurre con los llamativos ejemplos (2001, 19-21) que expone en su libro.

MacIntyre afirma que los juicios morales funcionan como si fuesen, meramente, "supervivientes lingüísticos de las prácticas del teísmo clásico que han perdido el contexto de que esas prácticas los proveían", lo que lleva a que, según él, la filosofía moral más influyente en el mundo contemporáneo sea el emotivismo, un auténtico conjunto de equívocos para nuestro autor, precisamente porque se adapta con facilidad a ese desarreglo conceptual en el que se encuentra la Ética. Independientemente de que se esté de acuerdo o no con MacIntyre es evidente que solemos emplear términos morales, como virtud, felicidad, deber, norma, egoísmo o conciencia para decir cosas muy distintas, y muy diferentes, desde luego, de las que originalmente decían los autores que introdujeron esas ideas en la reflexión moral.

Lo que se ha perdido, sobre todo, es algo que parece esencial a cualquier juicio moral, y que depende de un esquema que permite interpretar teleológicamente, es decir, suponiendo que la acción humana se entiende en función de los fines que persigue, el sentido de la vida humana, la estructura que puso en píe Aristóteles en su Ética a Nicómaco, y que ha sido sustancialmente conservada por la tradición cultural cristiana hasta que fue puesta en tela de juicio a partir de la Ilustración, por Hume, en concreto.

Ese esquema de comprensión moral supone lo siguiente:

Los seres humanos tenemos alguna especie de naturaleza, somos de alguna manera, que tal vez no sea siempre fácil de describir, pero sin que quepa duda alguna de que tenemos una determinada forma de ser, buscamos ser felices, deseamos ser amados, etc.

Que los seres humanos podemos ser de una manera ideal; los seres humanos somos, por ejemplo, mentirosos, pero no hay duda de que podemos no serlo, ni tampoco de que sea mejor ser veraz que ser embustero. Si los seres humanos somos de una determinada manera, tampoco hay duda de que existirá una manera ideal de ser.

La Ética consistiría, precisamente, en la ciencia, el tipo de saber práctico que nos hace capaces de pasar de una realidad, la forma en que somos, a una situación ideal, a una vida que podemos llamar buena o plena, que es lo que Aristóteles llamó *eudaimonía* y el latín tradujo como *felicitas*, felicidad.

Por cierto, para Aristóteles solo podía ser feliz una vida completa, no tendría sentido, por ejemplo, la expresión, tan corriente ahora, de "momentos felices", porque solo una vida entera puede serlo y eso es perfectamente compatible con malos momentos, seguramente los requerirá, incluso.

No poseemos fórmulas sencillas para hacer el paso de nuestro ser lo que somos a ser de manera más perfecta, pero el esquema aristotélico y cristiano es, ciertamente de los más completos y sólidos al respecto. Generalizando nos encontraremos con que apenas hay discusiones acerca de lo que es bueno y lo que no lo es, todo el mundo, insisto, concuerda en que es buena la veracidad y mala la mendacidad, en que el egoísmo es peor que la generosidad, que la fidelidad es preferible a la deslealtad, o que el amor es preferible al odio. La discusión está en las razones de por las que unas opciones son mejores que otras, en cómo se articulan, en qué se fundan.

Hay muchas maneras de entender ese paso entre el ser que somos y el que deberíamos ser. Una manera de entenderlo sería: somos de una manera y deberíamos ser de otra; otra, por ejemplo, somos de una manera y podríamos ser de otra; una tercera, somos de una manera pero nos iría mejor siendo de otra. Sobre cuál sea la naturaleza del paso entre las dos situaciones hay una compleja discusión de los filósofos: cómo dar ese paso, las razones para darlo, si hay que darlo por el interés, por la conveniencia, por la utilidad, por que se trata de un absoluto, etc., así como sobre el criterio que armoniza las diferentes perfecciones o virtudes y las razones que hacen que unas sean preferibles a otras en determinados casos, por ejemplo. Las discusiones de la filosofía están, por tanto, más en el porqué que en el qué, en las razones del porqué, en las diferencias entre ambas esferas y en cómo se encuentran y cómo deben interpretarse. Es interesante insistir en que, en particular, la mayoría de los filósofos morales de que vamos a hablar, a partir de la modernidad, Hume, Kant, Scheler, no ponen en duda, por ejemplo, el esquema moral que está presente en el cristianismo, pero sí lo interpretan de manera rotundamente distinta y, como piensa MacIntyre, se puede decir que, entre unos y otros, lo han descoyuntado a base de no entenderlo de manera correcta.

La cuestión de la naturaleza humana plantea problemas que no son nada fáciles. Negar que los seres humanos tengamos una condición natural parece absurdo, pero, sin embargo, afirmar que podamos juzgar de nuestra conducta en base a esa consideración es algo más complicado. No están tan claros como pudiera desearse los límites entre lo que es natural y lo que no lo es, y esto es especialmente grave en cuestiones morales, y explica, además, que muchos filósofos hayan buscado el criterio moral en algo distinto a la naturaleza o a su idealización racional.

Es evidente que en la naturaleza hay conductas criminales y no se ve de qué modo pueden considerarse antinaturales pues siguen pautas de actuación que son corrientes en el resto de la vida animal, y en la propia vida humana. Cuando se pone a la naturaleza como criterio de fondo de la moralidad, se entiende siempre que nos referimos a una naturaleza idealizada en la que algunas cosas no deberían suceder, de manera que, por ejemplo, consideraríamos más natural la amistad que el odio, o la bondad que la maldad.

Se trata, sin duda, de una gran cuestión que no admite respuestas fáciles. Por un lado, si negamos la condición natural de los seres humanos podríamos llegar a tratarlos como artefactos, como realidades azarosas y prescindibles, e incurriríamos con facilidad en lo que se llama el problema de la pendiente resbaladiza *(slippery slope)*, cosa que pasaría, por ejemplo, si afirmamos que un feto humano no es una persona antes de no se sabe qué fecha después de su concepción, de modo que el carácter de persona se lo daría la ley positiva reconociéndole tal condición a partir de una determinada fecha. El razonamiento es muy deficiente porque entonces no se entendería la razón por la cual no se podría, aunque nadie desee hacerlo ahora, privar de la condición de persona a ciertos ancianos molestamente enfermos, por ejemplo. Si la condición de persona no es, en cierto modo, natural, sino que depende de definiciones legales, cualquiera puede dejar de serlo a conveniencia en un momento dado. Ahora bien, de la misma manera que privar de la condición natural a los seres humanos sería absurdo, tampoco se puede pretender que toda forma de conducta que nos resulte repulsiva sea considerada anti-natural. La idea de naturaleza debe ser manejada siempre con cuidado, aunque, evidentemente, resulta imprescindible para entender la realidad y para entender nuestro lugar en ella.

Un problema parecido se nos plantearía si intentásemos delimitar con una precisión indiscutible qué hay en nosotros que se deba a nuestra condición natural y qué que se deba a nuestra condición comunitaria, histórica o cultural. Casi todas las realidades humanas, como el lenguaje, el arte o la moralidad están afectadas de uno u otro modo por su presunta naturalidad como por un determinado nivel de historicidad, de libertad, cultura u optatividad.

El emotivismo como Ética dominante

Tanto la Ética como la Psicología comparten algunas ideas y preguntas básicas, por ejemplo, en qué medida la conducta humana es fruto de una decisión o, por el contrario, consecuencia de alguna especie de necesidad; o en qué medida la conducta humana está condicionada por la naturaleza fisiológica de los individuos, o por el ambiente, o la educación a que se han visto sometidos, y ante estas cuestiones los análisis y las respuestas de ambas disciplinas son muy distintas. Es claro que el análisis ético presupone una cierta libertad, mientras el análisis psicológico, en la medida en que pretenda ser científico, tenderá a deslizarse hacia una posición más determinista, tema del que luego hablaremos, considerando que los problemas morales se reducen a emociones que el sujeto experimenta en el curso de su comportamiento a la vista de las circunstancias, los condicionamientos o su educación. Todo esto hace que se puede afirmar que el emotivismo tiende a ser algo así como la doctrina ética más corriente entre quienes analizan la conducta humana desde un punto de vista psicológico.

El emotivismo es una doctrina muy influyente a la hora de enjuiciar la conducta moral, más influyente, digamos, desde el punto de vista cultural que, como doctrina ética que compartan muchos filósofos, aunque, lógicamente, también tiene sus defensores. La historia del emotivismo es compleja, pero no hay duda que se remonta a Hume. Cuando este autor afirma que no se puede pasar del plano del ser al plano del deber, es decir que no hay ningún nexo lógico entre afirmar que algo es y afirmar que ese algo deba ser, está abriendo paso a una explicación que trata de apartar a la racionalidad del intento de entender la conducta moral. Ahora bien, si el fundamento de una idea moral no es racional, ¿qué puede ser? La respuesta es obvia: está no en nuestras ideas, sino en nuestros sentimientos, lo que le lleva a Hume a invertir la lógica habitual hasta ese momento en Ética: no es que yo rechace una acción porque la considere (racionalmente) mala, sino que la considero mala porque me produce rechazo, porque siento aversión hacia ella. Mientras los hombres no sientan repugnancia cuando se ejecute a un reo condenado a muerte, la pena de muerte será lícita, como de hecho lo ha sido, mientras que cuando aumente la repugnancia hacia ese tipo de ejecución, la pena de muerte se eliminará de la legislación, como efectivamente ha sucedido casi por completo. Luego, diría Hume, lo malo no es matar o no matar sino hacerlo de manera que nos resulte repugnante y rechazable la conducta del que mata, lo que no ocurre, u ocurre menos, cuando se mata a un enemigo en la guerra o a alguien en defensa propia.

La doctrina de Hume recibe un fuerte impulso a comienzos del s. XX, con la obra de G. E. Moore, *Principia Ethica* donde encontramos el análisis de la Ética que está en la base del emotivismo contemporáneo. Moore defiende que cuando nosotros hablamos de "ser" hablamos de algo que hay en la naturaleza, pero cuando hablamos del "deber" no sabemos bien de qué hablamos. El "deber" no está, desde luego, en la naturaleza, lo que hace que Moore se pregunte qué significan las palabras del lenguaje moral. Su respuesta es que los términos morales tienen una naturaleza intuitiva, responden a intuiciones o ideas que nos afectan. Son meras expresiones de preferencias, sentimientos o actitudes, es decir, los juicios morales no son ni verdaderos ni falsos, no pueden compararse con nada que haya en la realidad, y se limitan a expresar sentimientos y convicciones o recomendaciones, por ejemplo, "que una acción me parezca bien quiere decir que creo que debería hacerse, que la recomiendo", pero nada más. Esta situación hace que se comprenda con facilidad que, al estar sometidos a la percepción propia, los ideales éticos cambien a lo largo del tiempo y sean puramente subjetivos, sin que se pueda decir de ellos que sean ni verdaderos ni falsos. El emotivismo se alía con cierta facilidad con el utilitarismo, con la idea de que lo que hace buena o mala una acción es los resultados que de ella se puedan obtener, que el objetivo moral más perfecto consiste en la búsqueda del mayor bien posible al mayor número de personas.

Un inconveniente gravísimo del emotivismo consiste en que no nos da ninguna clave para distinguir entre relaciones sociales manipuladores y relaciones sociales no manipuladoras. Desde el momento en que se asume que todo lo que dice un juicio moral es que preferimos hacer las cosas de una determinada manera, no es fácil distinguir entre las preferencias de quien es libre y opresor y las de quien no es libre y está sometido, porque la sumisión perfecta se alcanza con la plena conformidad del sometido. Desde el punto de vista del emotivismo es inútil tratar de influir en las actitudes morales de nadie porque nunca podremos saber si lo que está haciendo alguien es bueno o malo, independientemente de que él quiera hacerlo. Es pues una doctrina perfecta para quienes se puedan plantear intervenir en las vidas de otros al margen de enjuiciar de algún modo cualquier planteamiento o responsabilidad moral, lo que frecuentemente se acerca bastante al ideal terapéutico del psicólogo o el psiquiatra. Al final, a base de expresar únicamente sentimientos privados, los términos morales acaban por perder cualquier significado, que es justo lo que subraya la crítica de MacIntyre. El emotivismo supone un análisis muy pobre de la conducta humana. De alguna manera, en tanto movimiento contemporáneo, estaría en las antípodas del kantismo, como veremos, además de ignorar completamente el esquema al que aludimos al hablar de Mc Intyre en el que pueda tener algún sentido emplear un lenguaje moral que sea relevante, pero el emotivismo se ha nutrido también de una mala asimilación de la idea, implícita en la moralidad de inspiración cristiana, que también está presente en Hume, de que es cada cual quien, en último término, decide acerca de sus acciones y de la moralidad de las mismas. Es notable, por ejemplo, que ante una misma situación definida en términos razonablemente objetivos, la moral cristiana deje un amplio margen de elección. Así, por ejemplo, si consideramos la manera de afrontar el fin del Papado, un suceso reciente nos hace obvio que caben dos actitudes muy distintas ante una misma situación, la de Juan Pablo II, inspirada en el criterio de que "uno no se baja uno de la Cruz", es decir que entiende que el Papa ha de mantenerse en su puesto hasta el final, y la de Benedicto XVI, que no se ha considerado en condiciones de seguir y se ha atrevido a renunciar a su Papado. Ambas conductas pueden considerarse buenas y ejemplares, pese a que hayan sido estrictamente contrarias, y en ello reside, a mi modo de ver, una de las grandezas implícitas en la moralidad cristiana, que es una moral de la conciencia, sobre todo, nada objetivista, diríamos, pero que en nada equivale a que cada cuál pueda hacer lo que meramente quiera sin considerar los criterios morales objetivos: se trata justamente de todo lo contrario, que el hombre es libre y responsable ante su conciencia, y ante Dios mismo, y puede y debe actuar en conciencia, tomar una decisión, digamos, personal e intransferible, capaz de ser tenida por buena y de hacer el bien sin que ello suponga la necesidad de adoptar unívocamente una determinada solución, claro es que suponiendo que se ha actuado siempre con rectitud de intención y tomando en consideración la objetividad de los principios morales.

Historia de la teoría ética

La teoría Éticase inicia en época de los griegos, con Sócrates, Platón y Aristóteles y es un asunto incesante en toda la filosofía griega posterior con una tradición que enlaza claramente con los autores latinos. Pero, además, de ese primer caudal griego, nuestras ideas acerca de lo bueno y lo malo, lo justo y lo injusto, la felicidad, la virtud y la libertad están profundamente influidas por las grandes aportaciones culturales de nuestro pasado más reciente: en primer lugar, por la tradición judeo cristiana; casi al tiempo, por la cultura jurídica romana; en los inicios de la modernidad por lo que se ha llamado la revolución científica y, más recientemente, por las convulsiones que ha traído consigo la sociedad tecnológica. La reflexión ética, y política, característica de la cultura occidental se ha ido conformando al hilo de estas grandes aportaciones sobre el lecho fundamental del cristianismo y la filosofía griega.

a. La Ética griega

La historia de las doctrinas éticas se inicia con la Ética griega que afirma que el ser humano es un ser racional y natural y que, por ello, debe desarrollar su vida con respecto a la naturaleza y a la razón, de manera que así alcanza su plenitud, su eudaimonía o felicidad, aunque este último término cargue en la actualidad con connotaciones muy equívocas. Aristóteles se diferencia de Platón o Sócrates en que admite que la felicidad se adquiere mediante la razón pero la razón sólo no basta. Hacen falta además ciertas cosas materiales, como la posesión de un cierto número de bienes, que alguien te ame o alguien a quien amar, etc. Aristóteles, a quien ahora tenemos por el más grande de los pensadores de la antigüedad, era conocido en el pensamiento griego posterior y prácticamente hasta la Edad Media por la tesis, que se consideraba curiosa, de que para alcanzar la felicidad resultaba necesario poseer un cierto mínimo de bienes materiales, que no bastaba el autodominio, algo muy contrario a la visión estoica, por ejemplo.

Lo esencial de la explicación aristotélica es que las seres humanos buscan un bien que es inherente a su vida, la plenitud en su vida que el llamó eudaimonia y nosotros hemos traducido como felicidad. Pero *traduttore, traditore,* nosotros empleamos la palabra felicidad para uso que Aristóteles consideraría absurdos, como cuando decimos "un minuto de felicidad", mientras que Aristóteles, y los griegos en general, consideraban que la eudaimonia/felicidad era algo que requería el transcurso de la vida completa, es decir que no hay ni puede haber momentos felices, solo puede haber vidas felices.

La felicidad de los seres humanos se alcanza mediante la virtud, esto es mediante el uso inteligente de las capacidades humanas, que son básicamente racionales, de manera que la virtud es, sobre todo el ejercicio de una racionalidad práctica, de tal forma que la virtud consiste en la elección inteligente de un término equilibrado o medio entre dos formas contrapuestas y equivocadas, disconformes con lo que la naturaleza humana y racional requiere.
Para Sócrates y Platón, y en general para el pensamiento griego, salvo Aristóteles, la sabiduría era suficiente par alcanzar la felicidad, mientras que Aristóteles observa que son necesarias también ciertas circunstancias o bienes externos; hace falta, por ejemplo, tener algunas propiedades, que te quiera alguien, no ser extremadamente feo.

Los post-aristotélicos vuelven, en este punto a las posiciones socráticas, e incluso extremaron este criterio de autosuficiencia en la consecución de la felicidad mediante el autodominio y el control, cosa que llega hasta los estoicos romanos. Uno de los filósofos estoicos más importantes del mundo romano, Epicteto, era un esclavo cojo al que no le parecía que la esclavitud fuese algo que afectase a su dignidad. Su idea más profunda es que "no son las cosas las que nos causan mal, sino las ideas que nos hacemos sobre las cosas". Nosotros no sufrimos por cosas, sufrimos por las ideas que tenemos acerca de las cosas: yo puedo acabar con el sufrimiento modificando las ideas que tengo, y el modificar estas ideas está en mi mano. La felicidad del hombre, por tanto, está dentro de sí, no depende para nada de bienes exteriores.

Las virtudes de Aristóteles son a la vez humanas y civiles porque los seres humanos necesitamos vivir en la sociedad, dejamos de serlo si no vivimos en la polis. En este sentido, el ser humano es un "animal político". La distinción entre el ámbito público y privado, que es tan importante para nosotros, no tendría mucho sentido para él. Un hombre que no viviese en la polis podría ser una bestia o un dios, pero no propiamente humano. La Ética aristotélica es simplemente la reflexión acerca de qué es más conveniente para la condición humana partiendo de la condición natural y social del hombre.

b. El cristianismo y la filosofía medieval

Cuando Occidente se convierte al cristianismo, el ideal griego de autosuficiencia se olvida, y el modelo del hombre como sabio se convierte en el de hombre como santo, como ser semejante a Dios y abierto a fundirse con Él. Aparecen, además, conceptos nuevos y muy importantes, como las ideas de pecado, culpa y libertad. Gracias, sobre todo, a la filosofía de Tomás de Aquino, la idea aristotélica de *areté* (virtud) se convierte en la idea cristiana de *virtus* (virtud). A través de esa fusión el pensamiento ético cristiano se convirtió en un sólido armazón para la comprensión de la vida moral que, en realidad, no ha sido nunca completamente derrotado, aunque haya sufrido numerosos intentos de reinterpretación, y de malentendidos, en especial a partir de la obra de Hume.

Hemos de detenernos brevemente a explicar las consecuencias que ha tenido la aparición del cristianismo en la historia de las ideas éticas. El cristianismo supone una contestación profundamente distinta a una pregunta que se habían hecho los griegos: ¿Qué es la naturaleza humana y quiénes somos los seres humanos? El hecho de que este asunto se discuta es típico de la cultura occidental, en la medida en que ha sido griega y cristiana. Cualquier discusión acerca del bien y del mal proviene de discusiones previas acerca de quiénes somos y guarda una relación directa con las cuestiones últimas de la filosofía, con lo que se llama comúnmente metafísica, un término de origen griego pero que cobra todo su sentido con la confluencia de la filosofía griega y el pensamiento cristiano. Esta es una discusión teórica, acerca de los fundamentos y no sobre la moralidad misma. Aunque estemos de acuerdo en qué es lo bueno, es más complicado saber por qué lo bueno es bueno y lo malo es malo. Esto se vincula, inevitablemente, con la discusión sobre qué somos o quiénes somos.

El primer estadio es el griego. Ellos piensan por primera vez la noción de naturaleza, un concepto que se aplica también a nosotros, a los seres humanos, es decir que los hombres somos seres naturales. Pero, ¿qué significa tener una naturaleza o ser un ser natural? Para los griegos, la idea de physis es algo que alude a un principio, a una razón de ser, a entender la realidad no como un algo puramente azaroso o sometido al capricho de los dioses sino como un algo que tiene una consistencia, una forma propia de ser. En el caso de Aristóteles, la idea de naturaleza se refiere a las cosas que forman un ámbito que tiene básicamente la siguiente característica: la naturaleza es un nombre genérico para la vida, algo que brota, crece y finalmente muere. Podemos decir que Aristóteles tiene una visión biológica de la vida, que si viviera hoy día sería un biólogo.

Aristóteles reconoce en la naturaleza una escisión fundamental, dos mundos muy distintos, lo que constituye una de las diferencias esenciales entre la idea de Aristóteles y la Física moderna: en la naturaleza existen dos órdenes distintos de realidad, el del mundo celeste, o supralunar, que es algo inmutable, algo que no cambia. En el mundo sublunar, puesto que la Luna era la frontera entre lo natural/divino (nada que ver con los dioses de la mitología griega) y lo natural/vivo, el mundo de la vida en el que hay generación y corrupción y en el que el tiempo marca diferencias cíclicas fundamentales. Para los griegos el tiempo es cíclico, una diferencia esencial con la idea judeo-cristiana del tiempo, que es más lineal, algo que tiene un origen y tendrá un fin, un tiempo creador y destructor, pero nunca cíclico.

Otra frontera muy importante entre lo natural y lo que no lo es, es la de lo artificial, la de lo que nosotros llamamos técnico, heredando la palabra *techné* que significaba tanto lo que nosotros entendemos como técnica como lo que llamamos arte, porque el arte y la técnica producen lo artificial, lo que no surge, lo que no es natural.

El cristianismo, para extender su influencia y comunicarse, necesitó emplear las ideas griegas para hacer comprensible a los gentiles su mensaje religioso. En su proceso de asentamiento cultural, el cristianismo se apropia de los términos griegos que le son útiles y los adapta a las exigencias teológicas del cristianismo, pero, al hacerlo, los aplica a cosas muy distintas, modifica su uso y, a la larga, su significado

¿Cuáles son esas transformaciones fundamentales? Se refieren, básicamente, a la naturaleza del Dios cristiano, y a la forma muy distinta en que se entiende la acción de Dios y sus relaciones con la naturaleza, con el mundo natural y, con los seres humanos.

1. El Dios cristiano es un dios personal; es alguien, que tiene una Voluntad Omnipotente y que, precisamente por ello, ha creado el mundo de manera totalmente voluntaria y sin limitación alguna.

2. El cristianismo sostiene que ese Ser personal se ha hecho hombre en la persona de Cristo que con su pasión ha redimido al hombre reconciliándolo con Dios . El Dios cristiano es Uno y Trino, una única naturaleza y tres personas. Precisamente la discusión teológica acerca de este misterio es lo que da origen a una idea tan importante, para la Ética posterior, como la noción de persona.

3. El hombre, el ser humano, es alguien que está hecho a imagen y semejanza de Dios. En el universo cristiano hay una íntima unión entre los hombres y Dios, no como en la cultura griega en que los dioses de la Mitología , que tienen un carácter, digamos, personal, no se ocupan de los hombres, mientras que la parte de la naturaleza que es de carácter divino, tal como lo vio, por ejemplo, Aristóteles, no tiene ningún carácter personal.

Todo esto hace que, a la larga, en la cultura cristiana tengan una importancia decisiva nociones tales como la de historia, lo que realmente ocurre entre Dios y el hombre, no un mero ciclo que siempre se repite, y que tiene un carácter dramático e irrepetible, de ahí, también, la idea de progreso, u otras igualmente decisivas, como conciencia, intimidad o subjetividad.

En el momento mismo en que se piensa de esta manera (Dios es persona y creador del hombre y el mundo) la idea de physis pierde, de algún modo, importancia, porque la naturaleza no pasa de ser una ocurrencia de Dios, porque este mundo no es nada de especial interés al margen de ser una criatura de Dios, una realidad que, por lo tanto, podría haber sido muy distinta. Es más, la auténtica realidad consiste en aquello que Dios piensa de las cosas, más que en las cosas mismas, si se pudiera hablar así, lo que, en último término, significa que la realidad no se reduce ni a la materialidad de las cosas ni a la idea que podamos hacernos de las cosas que llamamos físicas. De ahí ha podido derivarse un cierto desinterés por la pura realidad sensible, que se nota con bastante claridad en el arte medieval, puesto que el mundo material queda en cierto modo devaluado hasta consistir en un mero escenario en que se representa el drama esencial, la relación histórica y dramática entre Dios y los hombres.

La tarea de adaptación de estas dos cosmovisiones tan distintas no fue fácil de llevar a cabo. En particular, el cristianismo otorgó a la idea de libertad, y a sus presupuestos, las ideas de intimidad, de conciencia, de espíritu, un valor enorme, precisamente porque era necesario evitar a cualquier precio que Dios, Creador del mundo, fuese responsables del mal del mundo, lo que, además de que haría irrelevante a la propia religión, será manifiestamente incompatible con una idea esencial, la Bondad de Dios, asunto sobre el que volveremos más adelante.

c. David Hume y la crítica al naturalismo ético

En varias ocasiones ha explicado Hume que hay dos especies de filosofía moral, la que busca entender la acción humana y considera que esta está determinada por el sentimiento y el gusto y la que pretende especular con nociones tales como la de "naturaleza humana" partiendo de que el hombre es, antes que un ser activo y práctico, un ser racional al que se puede entender, buscando esto antes que la mejora de sus costumbres. Está claro que Hume prefiere las filosofías del primer tipo y considera que las segundas carecen de valor.

Ya en el Tratado, cuyos libros II y III se dedican a explicar los mecanismos psicológicos de la conducta humana (las pasiones, según el lenguaje de la época) y los criterios de moralidad como fundados en el sentimiento, Hume desautorizó los razonamientos morales que se pretenden apoyar en el análisis de la naturaleza humana porque en ellos se daba siempre un salto ilegítimo estableciendo un nexo entre "es" y "no es", por un lado, y "debe" y "no debe" por otro. Este nexo, dice Hume, es completamente ilegítimo pues se basa en lo que pretende probar. Ahora bien, si no hay base alguna en las impresiones, en el conocimiento empírico, para fundar un razonamiento lógico que implique obligaciones o juicios morales, apreciaciones sobre el bien y el mal. ¿De dónde nacen estos entonces?, ¿de qué provienen los juicios morales, nuestras ideas sobre lo bueno y lo malo? El fundamento de la moralidad no está en la naturaleza porque hay muchas cosas en la naturaleza rotundamente inmorales. En su *Enquiry Concerning the Principles of Morals*, se ocupa de estas cuestiones a partir de la convicción de que la moralidad es, a la vez, un hecho social y un juicio que se basa en un sentimiento compartido por la comunidad en que se vive. Hume no es, pues, escéptico en materia moral, más bien es lo que nosotros llamaríamos un conservador: es escéptico respecto a las justificaciones que se pretenden aducir de la moralidad, en relación con los excesos de teorización sobre estas materias.

La conducta del hombre en la sociedad se ve condicionada por los juicios morales, pero los juicios morales no se fundan en la razón porque la razón sólo tiene competencia para ocuparse de las relaciones entre hechos, y no hay ningún hecho de la experiencia que pueda considerarse fundamento del juicio moral. Hume encuentra el fundamento de la moralidad en creencias, y en creencias que se apoyan en sentimientos. Aquí Hume emplea un argumento psicológico bastante convincente para sus propósitos: ninguna razón nos mueve a obrar porque el conocimiento de las razones (las relaciones necesarias o de otro tipo entre cosas que aparecen en la experiencia) no nos da ninguna pista sobre lo que esté bien o lo que está mal: sólo encontramos información sobre eso en nuestro sentimiento, en la aprobación o el rechazo que sentimos ante determinadas conductas, no en el análisis de esas conductas que puede hacerse sin que en ellas encontremos nada que sea bueno o malo.

Las acciones se llevan a cabo por motivos, pero la sola razón jamás podría darnos un sólo motivo para hacer cualquier cosa. La moral depende, por tanto, de *feelings*, de sentimientos, antes que de *knowings*, de saberes o de conocimientos. Sólo emitimos un juicio moral cuando el sentimiento nos impele a hacerlo, sólo evitamos aquello que nos repugna, sólo procuramos aquello que nos atrae. La moralidad o la virtud se define por tanto, como aquellas cualidades que reciben aprobación, virtualmente por todos, en cualquiera que las posea, y el vicio o la inmoralidad como lo contrario, como aquello que es rechazado también por todos.

Las cualidades morales son valoradas por su utilidad y por su capacidad de producir bienestar y placer tanto para quien las posee como para los demás. Lo que las caracteriza es el ponerse al servicio de la felicidad de cada uno y, en idéntica medida, también de la felicidad de los demás.

En la naturaleza del hombre (entendido este término de naturaleza no en su sentido abstracto o metafísico, sino como indicador de cómo son de hecho los hombres) está el reír con quien ríe y el llorar con quien llora, y también el buscar el bien para uno mismo y para nuestros semejantes, para los demás. El altruismo es el sentimiento que nos hace experimentar la simpatía y la compasión por los demás y que está en la base de nuestros sentimientos morales. Los sentimientos morales son, según Hume, a la vez naturales y desinteresados, hacen deseable un tipo de conducta e inspiran el rechazo de otras, de aquellas que se fundan en el egoísmo y en la insensibilidad hacia nuestros semejantes.

El mero conocimiento intelectual, sin el auxilio de nuestros sentimientos, no sería capaz de discernir una buena acción de otra mala en el caso de que tuvieran la misma estructura, la misma realidad: por eso consideramos una determinada acción como virtuosa o como execrable, según los sentimientos que nos inspira.

La obra moral de Hume, que él consideraba en su vejez su mayor aportación al saber, abunda en ejemplos para subrayar la verdadera fuente de los juicios morales. Especialmente se remite Hume a analogías de tipo estético, pues también en este terreno el juicio se apoya en un sentimiento que anida en el corazón del que contempla, no en las proporciones o cualidades intrínsecas de lo que se mira porque, como escribió Hume, "la belleza no es una cualidad de las cosas mismas. Existe tan solo en la mente que las contempla", de manera que, en último término, "la belleza, tanto moral como física, es sentida, más propiamente que percibida", no se refiere a nada que exista en la realidad independientemente de nosotros mismos, se funda en la forma en que nosotros nos sentimos en este mundo a la búsqueda de nuestra felicidad y la de nuestros semejantes.

Su influencia ha sido muy grande. La idea de que la moralidad depende del sentimiento no ha hecho otra cosa que aumentar su influencia desde Hume hasta nuestros días y la encontramos de nuevo, con los matices del caso, en el emotivismo que es, como dijimos al principio una visión muy extendida de la ética, especialmente entre psicólogos y científicos sociales. Posteriormente, la filosofía moral de Hume y sus variantes (utilitarismo de Bentham y Mill, emotivismo de Moore y de los filósofos analíticos) han recibido los ataques de dos teorías morales importantes, primero de Kant y del kantismo, y luego de la Ética de los valores, y siempre el de los defensores de la teoría clásica, aristotélica y cristiana.

Hume representa históricamente la primera inflexión importante en la forma de pensar de un filósofo tras la síntesis de elementos griegos y cristianos. Lo que Hume hace es darse cuenta de una serie de inconsecuencias que están en la base de esas doctrinas y que son inconsecuencias no siempre advertidas. Él pone el acento en una serie de contradicciones, de puntos oscuros en la doctrina tradicional, cosa que hace que Hume tenga una especial mala fama entre los filósofos escolásticos que siguen pensando, no sin razones, que su forma de entender la moralidad no está realmente expuesta a las críticas que Hume presenta.

Para entender el punto de vista de Hume, podemos decir que sentimientos como el de perdón no son naturales, sería más natural la venganza, por ejemplo. Lo natural sería, por ejemplo, que el pez grande se coma al pequeño. La naturaleza no le parece a Hume que sea un principio de moralidad, sino que la naturaleza lleva a cosas contrarias, lo que le parece que no resulta compatible con la idea de que la moralidad debería estar determinada por la naturaleza. Entonces Hume afirma que no es la naturaleza, entendida como una entidad abstracta, como un concepto que pueda implicar obligaciones, quien nos indica o nos dicta la norma de moralidad sino que ésta se dicta por otras razones que no son naturales en ese sentido, aunque sí en otros, como veremos. Lo que a Hume le pone sobre la pista de la razón por la que juzgamos sobre la moralidad de las acciones no es la naturaleza abstracta de un suceso o una acción, sino la impresión que esa acción nos causa. Él afirma que no se capta la moralidad por la vía intelectual, sino por la vía del sentimiento. Lo que es bueno o malo no son las cosas mismas sino el sentimiento que éstas provocan en nosotros. Hume dice que el juicio moral proviene de fuentes muy distintas a la razón, contra lo que sostienen los escolásticos. La moral, por tanto, tiene que ver con los sentimientos, y hay que educar esos sentimientos.

Hay que insistir en que las disputas morales de los filósofos, y el hecho de que tengamos dificultados para poder decidir, tienen que ver con que no poseamos una ciencia del bien y del mal. El análisis moral de Hume se suele interpretar en el sentido de que es un punto de vista que favorece ciertas formas de laxitud moral. En general, no habría que considerar que el punto de vista de Hume conduzca a una moral laxa, mientras que el emotivismo moral, que tiene mucho en común con las ideas de Hume, si favorece esa laxitud, pero no habría que olvidar que, además de en análisis conceptuales, la moralidad se basa en usos, y que la historia no suele pasar en vano.

Cuando Hume dice que los criterios de moralidad no derivan de la naturaleza ni de la razón, está diciendo que nacen del sentimiento. El problema está en que el sentimiento es una fuente de conocimiento distinta de la razón, pero tampoco es completamente separable de ella. Cuando Hume afirma que si queremos que una sociedad cambie su moralidad, lo que nos dice es que no debemos darle simplemente teorías, sino también ejemplos. Esta dualidad entre entendimiento y emoción es una dualidad primaria en los seres humanos. Nosotros creemos estar en un mundo más o menos ordenado pero, aparte de este entendimiento, también tenemos un sentimiento.

Entendimiento y sentimiento pueden ir a la par, pero no siempre lo hacen, y a veces no tienen nada que ver. Hume nos advierte sobre que no podemos entender cómo funcionan exactamente los seres humanos si no atendemos al componente emocional. Hume ha sido el primero en subrayar esa doble fuente de conocimiento del mundo, lo que la razón nos dice y lo que nos enseña el sentimiento y ha afirmado que el segundo es enteramente irreductible a la primera, lo que, desde muchos puntos de vista, es enormemente discutible y ha podido dar lugar a ciertas formas de exceso sentimental y de irracionalismo que, desde los orígenes de la filosofía, han sido muchos los filósofos que se han empeñado en contener.

En realidad, lo que no sabemos bien es cómo se pueden sintetizar nuestras intuiciones morales personales y nuestra reflexión sobre la realidad, es decir, que es perfectamente concebible que un exquisito filósofo moral sea una mala persona, y, al revés, que una buenísima persona tenga una filosofía moral muy elemental. En otros campos como las matemáticas, por ejemplo, no. Este es un problema muy peculiar que afecta a la cuestión sobre el origen y el fundamento de la moralidad. La moralidad está en algún lugar teórico dependiente e independiente a un tiempo de la naturaleza, la costumbre, el sentimiento y la razón, como mínimo, y eso hace que su estudio resulte tan apasionante como complejo.

Somos educados en una cierta idea de la moral y generalmente la respetamos, pero también podemos ser, y, frecuentemente, somos, reactivos frente a la moralidad imperante. En realidad, no sería concebible la moralidad si no existiesen otras personas humanas, si estuviésemos completamente solos. La moralidad exige la convivencia, una cierta adaptación, pero también implica una cierta insumisión. Así pues, la fuente de la moralidad tiene algo de misterioso. La moralidad exige la existencia de otros, con la excepción de que ese otro podría ser uno mismo en la medida en que uno piense que Dios existe. Tampoco es posible pensar en la moralidad si no se tiene en cuenta que el criterio de moralidad implica indefectiblemente la búsqueda de una cierta forma de perfección. Es frecuente que a Hume se le presente casi como un inmoralista, sin embargo, él analiza la teoría moral desde un punto de vista original e inteligente, que ayuda a entender las dificultades que cualquier persona exigente experimenta al analizar la experiencia moral.

d. La filosofía moral de Kant

La idea de que la moralidad implica siempre una cierta búsqueda de la perfección, es una idea que alcanza seguramente su máxima expresión en el pensamiento moral de Kant. Kant ha sido, a la vez, el principal seguidor y el más fuerte crítico de Hume. Hay muchas cosas que Kant admite de Hume pero les da una salida diferente. Comparte, por ejemplo, la idea de que la moralidad y la idea de naturaleza no tienen mucho que ver. Lo que tiene que ver con la moralidad es lo que hacemos porque debemos hacerlo, no porque nos apetezca o nos guste. Esto supone aceptar entera la crítica de Hume a la filosofía moral tradicional, que derivaba de las condiciones de la naturaleza las condiciones de la moralidad. ¿Qué es, por tanto, lo que es distinto a lo natural? Aquello que está hecho por el puro deber.

El ideal kantiano de lo que es la moralidad está muy cerca de la heroicidad. Moral es aquel que hace lo que cree que debe hacer, y eso que debe hacer se lo impone él mismo. Deber es algo que no está en la naturaleza, sino en la libertad, en la voluntad, y que no está impuesto por nadie. El criterio de moralidad es el criterio del deber. Mientras que Hume es bastante conservador, Kant es más revolucionario. El Kant ilustrado es un Kant revolucionario que le da una gran importancia a la voluntad individual, a la independencia de criterio y a la capacidad de crítica ideológica. Su lema es "atrévete a saber", justo el contrario del que predominaba, el "sigue la costumbre". Kant es un filósofo sutil que vive en una época histórica revolucionaria. Nosotros somos hijos de esas revoluciones y sus desencantos, pero también hijos de sociedades democráticas en las que se puede decir que lo que dice la mayoría va a Misa. En este ambiente moral que ahora es más corriente, es razonable darse cuenta de que el punto de vista kantiano resulta difícil de aplicar.

Kant fue, sobre todo, un filósofo moral, y no solo un teórico del conocimiento o crítico de la metafísica, que es como resulta más habitual presentarlo. Parte de que, en cierto modo, Hume tiene razón: el "debe" no se puede deducir del "es"; ahora bien, Kant afirma que si el deber no puede fundarse en el ser, y la Ética se ha de fundar en el sentimiento nos adentramos en terrenos muy resbaladizos, de modo que la solución de Hume le parece que abre la puerta al escepticismo moral más absoluto, cosa que debía ser muy contraria a un filósofo con una cierta tendencia al rigorismo moral. De hecho, la doctrina de Kant es una explicación de la moralidad en términos tales que entroniza la Ética más exigente posible y Kant la edifica de tal modo que cumpla dos condiciones, ser inmune a la crítica de Hume y poner coto a su posible deriva escéptica.

Del mismo modo que la existencia del orden en los cielos es una base muy firme para creer en la posibilidad de un conocimiento cierto, de la ciencia, la existencia de la conciencia moral es otro hecho que ilumina decisivamente la comprensión del mundo: es muy conocida la afirmación de Kant (En la Conclusión de su Crítica de la razón práctica) según la cual "Dos cosas llenan mi espíritu con un sentimiento siempre creciente y nuevo de admiración y temor, en tanto la más seria reflexión se concentra en ellos: el cielo estrellado sobre mi y la ley moral en mi conciencia".

Este es el punto decisivo, si yo comprendo que algo debe ser, lo afirmo de una manera incondicional, es decir independientemente de cualquier hecho, de cualquier experiencia porque, en efecto, el debe no se refiere a nada natural sino a algo que me reclama un comportamiento en función de su propia forma de existencia como una ley moral que se formula en la conciencia y cuya obligatoriedad se me impone más allá de cualquier clase de consideraciones. Ahora bien, ese carácter imponente de la ley moral no deriva de ningún factor externo, ni de ninguna condición, depende, exclusivamente de su propia consistencia como algo que debe ser, como un imperativo absoluto.

Lo que busca Kant es una fórmula que permita la universalidad de los mandatos éticos, que comparta con la ciencia esa condición de indiscutibilidad, de validez con independencia de las circunstancias de lugar y tiempo. En consecuencia, Kant trata de buscar algo que en Ética pueda ser invocado en función de su mera forma, que no dependa de consideraciones empíricas que dejarían el portillo abierto a las discrepancias y al desconcierto moral. Mediante este planteamiento Kant se convierte en el primer analista de los conceptos éticos e inaugura una manera de proceder que va a ser típica de la filosofías morales posteriores. Kant cree que su Ética es puramente formal frente a las éticas anteriores que él considera empíricas, puesto que dependen de consideraciones de hecho, de situaciones que dependen de los fines que se persigan o de los sentimientos que nos inspiren tales o cuales acciones o padecimientos.

Kant busca, pues, un imperativo, que es lo propio de la razón práctica, puesto que no bastaría con formular juicios, como si nos hallásemos frente a un uso meramente teórico de la razón. Busca también que ese imperativo no esté condicionado sino que sea absoluto, que carezca de contenido empírico y de referencia a cualquier clase específica de problemas morales y que, por tanto, sea, en último término, completamente universal.
La teoría de Kant nos dice, por tanto, no cuál o cómo es nuestro deber, sino, sobre todo, cómo

podremos reconocerlo y hacerlo nuestro, cómo podremos actuar por razones estrictamente morales, distintas a cualquier conveniencia, cualquier fin o cualquier inclinación. Para Kant el fundamento de la moralidad de las acciones, el puro deber no se puede deducir ni del ser ni de un mero sentimiento; Kant afirma que solo puede haber bueno sobre esta tierra una buena voluntad, un querer, pero un querer que se determina sobre la base del deber que reconoce, que admite, al que voluntaria y conscientemente se somete como expresión de que el quiero y el debo son idénticos cuando el quiero, quiere el deber. El deber no es ajeno a la voluntad es, en cierto modo, una criatura de ella, una consecuencia libre y voluntaria de un dictamen de la razón práctica que reconoce un deber que tiene la capacidad de obligarme en conciencia, por encima de cualquier otra consideración.

Esto es precisamente lo que Kant entiende como autonomía moral, el hecho de que lo que inspire nuestras acciones no sea ningún mandato externo, sino la autodeterminación de la voluntad que se identifica con el deber presente en la conciencia. La autonomía moral consiste en obedecer la ley que la propia conciencia se dicta a sí misma y, como tal, tiene una serie de características un tanto especiales:

1. En primer lugar, es un deber incondicional, debe valer por sí mismo no por algo que con el deber se consiga. Esto es lo que Kant afirma al decir que su imperativo es categórico frente a la condición de imperativos hipotéticos cuyo seguimiento dependería siempre de querer

conseguir ciertos fines de los que dependen y en los que se fundan.

2. El mandato que establece la obligatoriedad es de carácter formal, no se limita a un mandato en concreto ni a una circunstancia especial.

3. En consecuencia y por ser un deber formal es de carácter universal, no es el deber de alguien sino de todos.

4. Evidentemente ha de ser un deber voluntario, algo que yo mismo me impongo, sin que nadie me lo imponga, un ideal que reconozco y acepto que me obligue, que hago mío, por tanto, y que es consecuencia de una decisión y no de la mera conveniencia o la costumbre.

En suma, actuamos de manera moral cuando dejamos de guiarnos por un patrón de conducta inspirado en la costumbre, en la naturaleza, en la conveniencia, o en el sentimiento y lo hacemos por obedecer a un mandato incondicional, aunque eso sí, aceptado de manera voluntaria pues es la voluntad libre quien lo impone.

Kant ha dado diversas formulaciones de ese imperativo categórico, de ese principio formal de toda moralidad:

- Obra siempre de tal manera que puedas querer que el patrón de tu conducta se torne en ley universal

- Obra de tal modo que trates a la humanidad, tanto en tu persona como en la de cualquier otro, siempre como un fin y nunca solamente como un medio

- Obra como si por medio de tus máximas fueras siempre un miembro legislador en un reino universal de fines

La idea de que los hombres no hayan de ser considerados nunca como medios sino como fines, está presente en las democracias mejor que en ningún otro sistema político, y Kant concibe la idea de que una alianza de democracias podría ser, en el futuro, una garantía de paz perpetua y universal que, por cierto, aconsejaría la desaparición de los ejércitos como cuerpos estables y permanentes.

La filosofía moral kantiana es la expresión de una Ética muy exigente pero, desgraciadamente, no ha sido lo suficientemente poderosa como para oponerse o anular las malas interpretaciones. Hay algo en Kant de utópico, si bien Kant no olvida jamás, al fin y al cabo es un cristiano pietista, que "Con madera tan torcida como de la que está hecho el hombre no se puede construir nada completamente recto".

Una objeción que se ha hecho frecuentemente a la filosofía kantiana es la de que no podemos dejar que sea la conciencia la que dicte el deber, porque la conciencia individual puede ser muy manipulable. Claro es que Kant no prestaría gran atención a esa objeción porque de sobra insiste en el carácter crítico que debe tener el discernimiento del deber, y, sin embargo, es evidente que su pensamiento coloca al criterio de moralidad en un lugar un tanto enrevesado. ¿Cómo sé yo frente a un conflicto moral la conducta que deberá convertirse en regla universal? Hay que reconocer que puede llegar a ser muy complicado. Buena parte de la filosofía moral posterior a Kant no ha podido seguir por esa línea tan exigente, sino que ha tratado de buscar criterios de moralidad más simples, más accesibles y más fáciles de aplicar en situaciones más comunes, bajando, en cierto modo, el nivel de exigencia ética. El criterio kantiano ha solido parecer demasiado exigente o solemne para la vida cotidiana. La filosofía moral posterior, supone una cierta reacción antikantiana, un rechazo de su formalismo y diversos intentos de colocar los criterios morales en posiciones más accesibles, menos exigentes, así puede interpretarse, al menos, el caso de la llamada Ética material de los valores, forma de pensar que ha alcanzado una cierta popularidad, y que ha favorecido que se tienda a colocar la ética, por así decir, en el mercado, a hablar, por ejemplo, de crisis de valores, como si los valores dependiesen de una cotización popular, formasen una especie de bolsa ética.

e. Emotivismo moral

Ya nos hemos referido en varias ocasiones al emotivismo moral, como doctrina moral muy representativa desde la segunda década del siglo XX y con amplia influencia, debida seguramente a su propensión a confundir el análisis ético con la justificación psicológica. Esta doctrina no se puede explicar bien sin analizar el contexto social en el que vivimos, unas sociedades con tendencia a la desestructuración, y en las que se promueve no un individualismo crítico y exigente, sino un individualismo bastante egoísta y volcado al consumo, a la satisfacción de deseos, a la negación del conflicto, del esfuerzo, de la contradicción y del sufrimiento, una actitud personal muy propensa a la disculpa de los propios errores, siempre dispuesta a echar la culpa a alguien o algo distinto a uno mismo. Esta sociedad, presidida por un clima moral que se empieza a poner de moda en los años de la *belle époque,* no ha hecho sino crecer, pese al paréntesis de las crisis y las guerras, hasta culminar en eso que hemos dado en llamar sociedades posmodernas.

Desde un punto de vista kantiano, no se puede explicar nada por el hecho de que exista un determinado clima social, o porque se haya roto con los lazos tradicionales, pero desde casi cualquier otro tipo de punto de vista se trata de u contexto relevante. El emotivismo moral es una moral propensa a la disculpa, a la queja y a la permisividad, el tipo de moral blanda que ahora es corriente.

La filosofía moral ha cubierto un papel de legitimación de esos cambios y el emotivismo moral ha sido en ese sentido ejemplar. Ha sido una moral terapéutica, la moral que hay que explicar a la gente para que no se sienta mal y no sufra.

Desde el punto de vista de su justificación conceptual, apenas hay novedad, respecto al pensamiento de Hume, lo que ocurre es que esa doctrina se ha desarrollado en un clima social muy distinto. Recordemos las ideas esenciales: no hay salto posible entre el ser y el deber ser. La Ética por tanto no tiene ninguna raíz en la metafísica. Como este salto, cuando se da, es ilegítimo desde un punto de vista conceptual, hay que reinterpretarlo. La expresión, por ejemplo, "tú debes amar al prójimo" no es otra cosa que una recomendación de que ames al prójimo. Sin embargo no hay nada más que eso, no hay nada en la realidad a lo que podamos llamar bueno o malo: se trata, únicamente de expresiones que usamos para indicar, creencias y propensiones, nada que pueda tomarse en serio como indicaciones acerca de la realidad.

Esta clase de pensamientos pueden interpretarse con toda facilidad como teoría de una moral muy complaciente, una moral sin obligaciones, deberes o normas. Su melodía está realmente muy cerca de lo que pueda desear oír una sociedad deseosa de disculpas, ajena a cualquier exigencia o responsabilidad.

¿A qué se ve reducida la moralidad? A aquello que te apetece hacer sin mayor justificación, porque no hay responsabilidad ni exigencia ninguna en un lenguaje moral extraordinariamente condescendiente. Estamos en el punto de vista enteramente contrario al kantiano. Lo ético puede ser ahora cualquier cosa que me venga bien, especialmente si aquello que hago tiene el visto bueno de la opinión, si cae en gracia o está de moda. El emotivismo resulta un tanto inconsistente como moral porque autoriza, en el fondo, a tomar a los demás como medio. Es una forma extraordinariamente compatible con una moralidad hipócrita. En resumidas cuentas, el emotivismo es tanto o más que una doctrina moral, comprensible o criticable, un clima social, una forma de reconducir la moral a un alto grado de conformidad con el mundo en que se vive e invitando a utilizar de la manera más inteligente los recursos sentimentales de que se dispone, evitando que las teorías o las posibles preocupaciones morales nos causen disgustos, porque al parecer bastantes tiene ya la vida sin que nos la compliquemos.

Desde un punto de vista histórico, el emotivismo ha venido siendo un tipo de teoría legitimadora de una sociedad sin apenas freno, aparentemente muy permisiva y siempre dispuesta a comprender y a disculpar. Detrás de todo esta aceptación social del emotivismo late la confusión acerca de la conveniencia de ser comprensivos. Es evidente que hay que ser comprensivo con las personas y sus debilidades, pero esa comprensión hacia las personas no ha de implicar la menor simpatía hacia lo que eventualmente puedan hacer, una legitimación de sus modelos de conducta. Como hemos repetido, en las cuestiones de moral, o se es exigente, sobre todo con uno mismo, o no se es nada.

En otro plano más político, el ser exigente tiene que ser compatible con el ser tolerante con las personas que discrepan de nuestras creencias, porque al ser tolerantes respetamos su libertad y su derecho, cuando les asista, a hacer lo que quieran, independientemente de que nos guste o no. Pero esa tolerancia nunca puede confundirse con el asentimiento a los criterios que inspiran sus acciones: respetamos su libertad y toleramos, cuando sea razonable, su conducta, justamente porque respetamos su condición moral aunque discrepemos frontalmente de sus decisiones.

f. Ética material de los valores

En el continente, en frente de esta posición estrictamente anti-kantiana, aparece otro tipo de moral, la Ética de los valores. Max Scheler, el filósofo que la pone en funcionamiento, trata de evitar lo que considera el error del formalismo kantiano garantizando que la moralidad pueda apoyarse en algo más cercano, más intuitivo y plenamente objetivo, que es lo que él considera que caracteriza a los valores. Los valores morales son autónomos y positivos o negativos. Afirma que hay valores objetivos y que el juicio moral consiste en reconocerlos y seguirlos.

Para la Ética de los valores el destino moral es la realización de los valores superiores y la filosofía moral ordena la escala de valores en una jerarquía. El problema ético aparece cuando no es fácil elegir entre valores contrapuestos que estén en el mismo nivel.

La Ética de los valores representa un intento original de restablecer, frente a la tentación psicologista presente en el emotivismo, una objetividad de la moral, y hacerlo al margen de una teoría metafísica del ser ("los valores no son sino que valen") y, al tiempo, alejarse del rigorismo formal kantiano. Ahora bien, puesto que no poseemos una ciencia del bien y del mal, la objetividad de los valores puede acabar por ser el remedio a un problema inexistente, porque la cuestión que resulta problemática no es la objetividad misma, sino su reconocimiento y su plena aplicabilidad a la vida moral.

A largo plazo, las doctrinas que se inspiran en este tipo de ética, dan en establecer los códigos deontológicos, inspirados en las correspondientes tablas de valores, lo que casi siempre tiene una finalidad práctica y defensiva de los intereses de un determinado colectivo, profesional, por ejemplo, pero que raramente se puede pretender que resuelva nada, porque están más en el terreno de la legislación que en el de la ética. Una caricatura de esa salida en falso es la de quienes pretenden que la Ética se pueda codificar y reducir, por ejemplo, al derecho positivo, a lo que se establece en la ley o en la Constitución, lo que, por cierto, serviría para negar el valor de la libertad de conciencia y la posibilidad misma de una objeción de conciencia, cosa que solo se podría sostener con seriedad en un estado totalitario, no en un régimen de democracia liberal.

El que haya un código lo que pretende es que acudiendo a la "tabla" se encuentre fácilmente la solución, algo así como que las tablas de valores constituyen una especie de secularización de los diez mandamientos, que una Ética material pueda sustituir a una religión sobrenatural.

Un problema adicional es que no haya consenso hacia esa "tabla", y que, además, la tabla sea radicalmente insuficiente porque las situaciones reales son irreductiblemente complejas, no se dejan reducir a conceptos simples. Si, como dice MacIntyre, nuestras ideas morales son poco más que restos de un naufragio, tanto la Ética de los valores, como la propia deontología, vendrían efectivamente a ser un intento de secularizar los mandamientos religiosos, una cierta conversión de los sentimientos religiosos en verdades civiles, con la supuesta mejora de no precisar de ninguna teología, basándose tan solo en la utilidad de esas supuestas reglas para organizar de una manera pacífica la vida social y las relaciones personales.

A modo de primera conclusión

El punto de vista del moralista es el de quien cree que en la vida práctica hay que plantearse cuestiones que generalmente no se plantean, que están abolidas por la tiranía de la costumbre, por la rutina o por los usos sociales vigentes. El punto de vista moral es exigente, nunca se ha hecho reflexión moral para conseguir que las personas, las costumbres o las instituciones sean peores de lo que son. Sin embargo, aunque creamos que el porqué de nuestros actos es correcto, siempre podemos darle una vuelta de tuerca: en el planteamiento moral, eso es siempre exigible, hay que procurar ser tan perfectos como se pueda.

El gran inconveniente de la Ética es que, como hemos repetido, ni poseemos ni llegaremos a poseer una ciencia del Bien y del Mal. En cierto modo, más que un inconveniente, esa carencia es una condición para que se pueda hablar de la Ética en general, puesto que si estuviésemos absolutamente ciertos del Bien sería bastante inconcebible que pudiésemos hacer otra cosa que seguirlo. La paradoja de la moralidad es que solo podemos ser buenos si somos libres de serlo, ninguna acción obligada nos parece que tenga mérito alguno, si acaso el demérito del que no se rebela frente a las imposiciones sin motivo o por fuerza. Ser libre, a su vez, supone poder elegir y no habría nada que elegir si, por poner un ejemplo, se nos apareciese Dios, viésemos con absoluta evidencia Quién es y lo que puede, y comprendiésemos de manera indubitable que habríamos de hacer lo que Él nos dijere. Nuestra conducta sería razonable, pero no libre, ciertamente, aunque, en el límite, la creencia de que los seres humanos nos asemejamos, en cierto modo, a Dios, una creencia básica en el cristianismo, hace que siempre podamos concebir la idea de que pudiésemos decir que no, que podamos ser libres incluso ante Dios.

En la realidad de la vida, ser moralmente libre supone no estar absolutamente cierto de lo que hemos de hacer, y en esa incertidumbre reside buena parte del mérito de la conducta libre, de manera que nuestra moralidad supone un cierto grado de libertad, pero implica también un cierto nivel de ignorancia, puesto que, como nos recuerda el relato bíblico del Génesis, no poseemos la ciencia del bien y del mal, esa ciencia que nuestros primeros padres quisieron poseer saltándose la prohibición expresa de Yahveh.

La vida moral es siempre conflictiva, lo que no es sino, por una parte, la otra cara de que ha de ser exigente, y por otra parte, una consecuencia de esa peculiar carencia de evidencia que le es característica. El pensamiento contemporáneo se ha hecho más permeable a la convicción de que no siempre hay armonía entre todos los bienes posibles, y que tampoco está clara y más allá de cualquier duda la jerarquía entre ellos. Se trata, pues, de comprender que aunque se simpatice con las pretensiones de lo que Isaiah Berlin llamó el principio platónico, la convicción de que el Bien tiene una naturaleza armoniosa, y un alcance universal, supremo, e indiscutiblemente válido para todos, es muy difícil apartar de nosotros, en la compleja forma de vida en que ahora nos movemos, la idea de que cualquier pretensión de vivir una vida moral exigente pueda estar ausente de conflictos.

Vivir sin conflictos puede parecer una forma ideal de vida, y en el caso de los conflictos morales con mayor motivo. Por eso ha llegado a tener un cierto predicamento la idea, en si misma completamente absurda, pero que recientemente ha mostrado estar muy viva entre nosotros, de que la Ética haya de coincidir con la ley positiva o, al menos con la Constitución, lo que echaría por tierra el principio esencial de libertad de conciencia, un principio que siempre han tendido a negar todas las posiciones autoritarias.

Los bienes no siempre son compatibles, a veces son, incluso, contradictorios, como lo muestra el caso de Antígona, la tragedia clásica. La lucha por hacer el bien y evitar el mal es dramática, no lineal y, por descontado, siempre se puede contradecir la ley para conseguir un bien superior. En la moral hay conflicto por que siempre podemos tratar de ser más exigentes, más perfectos, no porque siempre podamos ser más laxos. Los bienes que nos motivan son a veces contrarios, y elegir entre ellos no puede confiarse al ejercicio de ninguna ciencia ni de ninguna ley, es un ejercicio de libertad, de riesgo.

Una palabra final sobre el pluralismo, algo que puede designar algo muy valioso, especialmente en el ámbito político, pero que también puede confundirse fácilmente con su caricatura, con un relativismo sin exigencia alguna de rigor ni intelectual ni moral. El pluralismo puede existir como atmósfera social, únicamente, cuando los pilares del sistema son sólidos, cuando la sociedad ha sido construida sobre principios que, en su momento, no fueron cuestionados, entre otras razones, porque eran los requisitos imprescindibles para edificar una comunidad política razonablemente organizada. No es difícil reconocer que nuestra sociedad se asienta en cinco grandes principios: la filosofía griega, el cristianismo, el sistema jurídico heredado de Roma, la ciencia y la tecnología modernas, el sistema democrático liberal, y el capitalismo de mercado en que se sustenta la capacidad de crecimiento económico del mundo occidental.

Es sobradamente obvio que la complementariedad entre esas cinco grandes concepciones no está exenta de problemas. Nuestra historia cultural puede verse como un proceso de fecundación, lucha e hibridación entre conceptos enraizados en cada una de esas concepciones. No es un proceso cerrado, sino que, muy por el contrario, el interés y la densidad del debate intelectual se acrecienta cuando se tienen en cuenta todas y cada una de esas inspiraciones. Aunque también existan otras causas, el intento de superar esas dificultades por la vía de una concepción postmoderna y post-histórica puede verse como un caso de pereza intelectual, como un intento vano de aligerar el peso del pasado para ser más simples y felices.

Nuestra civilización ha vivido y padecido una continua secuencia de crisis y de contestaciones en todos los terrenos, desde la religión, a la política, de manera que el pluralismo forma parte de su mejor entraña. El gran problema que anida en el seno mismo de la idea de pluralismo es de carácter teórico, la dificultad de mantener una noción de pluralismo que se vincule, únicamente, con la idea de respeto a la autonomía moral de los demás, al reconocimiento de que cada cual debe regirse según su propia conciencia, sin deslizarse hacia una visión epistemológica del pluralismo según la cual el pluralismo resultaría ser la traducción práctica de la inexistencia de cualquier clase de verdad objetiva, como si la conveniencia del pluralismo derivase de la paradójica verdad del mero relativismo. El pluralismo, por el contrario, es teóricamente viable en tanto se funde en una afirmación de algo que no está sometido a discusión, a saber, en la dignidad de la persona.

En sociedades que, como las nuestras, están acostumbradas a las reglas de mercado, a que todo tiene un precio independientemente de cualquier valor intrínseco, una cifra que refleja su valor de cambio, la confusión entre "todas las personas deben ser respetadas" y "todas las convicciones deben ser respetadas" se puede llegar a traducir en que, en realidad, se considere que sea un error tener convicciones, en que se pueda llegar a estimar que cualquiera que tenga una convicción, todo el que quiera sustraerse al ir y venir del mercado, hay de ser visto como un ser peligroso, "antidemocrático". Se podría decir que a veces se tiene la sensación de que se permite tener opiniones para poder participar en la conversación, pero nada de creer en ellas. Por esta vía, el más acendrado individualismo práctico conduce a la más radical negación de la libertad, a una auténtica opresión del derecho a ser diferente, porque la pasión por la igualdad tiende siempre a cortar las alas que permiten volar libremente. El pluralismo, que es un valor positivo, no debiera confundirse, sin embargo, con la disolución y la desaparición de las diferencias que es, justamente, su contrario, una amalgama en la que nada puede distinguirse.

II. Sujeto y libertad. El problema del mal

Es enteramente imposible dar un solo paso en los problemas de la teoría Ética sin plantearse una serie de cuestiones previas; en este capítulo nos enfrentaremos con alguna de ellas para preguntarnos cómo somos capaces los seres humanos de comprender lo que ocurre y lo que, a vista de ello, tratamos de hacer, y, en segundo lugar, si, aunque supongamos lo primero, somos libres, si podemos hacer y decidir lo que prefiramos, o si esa sensación que podamos tener es completamente ilusoria. La idea de entendimiento y la idea de libertad son dos requisitos teóricos de cualquier discusión acerca del bien y del mal.

Cuando nos referimos a la indudable capacidad distintiva de los seres humanos usamos una variedad de términos que no son fácilmente sistematizables: hablamos de inteligencia, de razón, de la mente humana, de la conciencia, de la subjetividad, de alma o de espíritu y de un buen montón de expresiones similares. Son formas de referirnos a aspectos de la realidad que son, a un tiempo, innegables y difíciles de comprender, y que constituyen algo así como los restos de una especie de persistente naufragio intelectual en que ha venido consistiendo el intento, no por más insistente más exitoso, de entender la peculiar relación entre nosotros y el mundo que nos es patente, entre nuestra conciencia y la realidad, ese salto que a veces parece un abismo y a veces un viaje a ninguna parte. Hegel hizo una parodia de esa dificultad recordando una frase de Virgilio (Eneida, I): *Tantae molis erat Romanam condere gentem,* esto es, Fue una tarea difícil fundar Roma), y adaptándola al caso: *Tantae molis erat se ipsam agnoscere mentem,* dando a entender que es tarea casi imposible que la mente llegue a hacerse cabal idea de sí misma.

La primera de las palabras con las que se ha nombrado esa peculiar capacidad humana, que también tienen, sin duda alguna, los animales, aunque también sin duda de manera muy distinta, es lo que los griegos llamaron ψυχή, *psique,* queriendo indicar la condición de lo que tenía vida y capacidad de sentir, lo que nosotros luego hemos entendido como aliento, alma, espíritu etc. El término se refiere, en primer lugar a la distinción entre dos tipos de seres, los animados (el ser humano y los que luego se llamaron animales, esto es seres con ánima o alma) que tienen psique y los inanimados que no la tienen. Este término aludía, pues, a la condición viva de los animales y quería indicar que su naturaleza era una physis que hacía que esa clase de seres tuviesen una conducta especial y alguna especie de intimidad, que no fuesen sólo organismos descriptibles externamente, sino organismos, por así decir, con una cierta autonomía funcional. Eran seres vivos, porque tenían un principio de actuación.

El entendimiento (o *nous,* en griego) se reserva a los seres humanos, suponiendo que los animales no lo tienen. Se parte, pues de que existen tres tipos de alma o psique:

- Alma vegetativa: que la tienen los animales, incluso los vegetales de algún modo,

- Alma sensitiva: que comparten los seres humanos y animales, lo que nos hace capaces de sentir

- Alma intelectiva: reservada a los seres humanos, que nos permite entender

El primer libro en el que se alguien se adentra a fondo en este asunto es de Aristóteles, su tratado Sobre el alma. Aristóteles expone que hay cualidades del intelecto que parecen eternas, que no parecen fácilmente reducibles a entidades naturales (entidades que tienen principio y fin). Hay una parte del intelecto que parece no estar sujeta a esa condición. Luego, esa idea de alma adquirió un significado ligado a la religión y a la idea de resurrección, de vida eterna, y se piensa que el alma humana es inmortal porque es espiritual, lo que sirve muy bien de soporte a la visión cristiana sobre el hombre, su naturaleza y su vida moral.

La felicidad aristotélica que se cifraba en una vida plena solo será real en la medida en que se complete con una vida eterna y felicísima en la compañía de Dios, puesto que el ser humano se concibe como una criatura hecha a imagen y semejanza de Dios y que solo alcanza su plenitud última cuando llegue a estar en la presencia eterna y feliz del creador. La filosofía escolástica emplea con plena satisfacción los términos que ha extraído de la filosofía platónico aristotélica y les confiere un significado distinto, más amplio y menos físico, más metafísico y sobrenatural.

En el siglo XVII Descartes cambia completamente la manera de pensar en este asunto. Lo que hace es seguir empleando los términos de la filosofía escolástica tradicional pero dándoles un significado muy distinto. Las razones por las que Descartes cambia completamente el panorama del pensamiento son muy diversas y requerirían un curso completo de historia del pensamiento y de análisis de las novedades que conducen al mundo moderno en muy diversos sectores de la realidad y del pensamiento.

De manera muy simplificada, cabría decir que Descartes querría que, del mismo modo que existe la certeza matemática, y se está empezando a consolidar una Física completamente nueva, pueda existir una filosofía enteramente indubitable, de modo que se plantea como una necesidad fundamental encontrar un punto de partida que pueda estar más allá de la capacidad de dudar del más radical de los escépticos. Descartes decide que para encontrar una filosofía bien hecha debe encontrar un algo que no pueda ser discutido, y encuentra ese algo en la autocerteza de la mente, en la evidencia inmediata que la mente tiene respecto a sí misma en comparación con las dudas que tiene respecto a todo lo demás.

Como es bien sabido, su argumento es que podemos dudar de muchas cosas pero no de que dudamos, ya que somos seres conscientes. Este descubrimiento es bastante relativo porque San

Agustín, y otros antes que él, habían empleado ya este recurso argumental: lo notable es el papel que le hace jugar Descartes y su forma de convertirlo en fundamento de una filosofía distinta.

da entrada en la filosofía al término mente, en lugar del viejo término de alma, y eso significa que no interesa el hecho de que el alma caracterice a una serie de seres naturales, sino la verdad primera que la mente descubre cuando no tiene otro remedio que asentir a la certeza de su condición de ser pensante, de ser *res cogitans*, como lo llamó Descartes. Cuando Descartes *descubre la mente*, otorga a ese descubrimiento un papel decisivo. La palabra mente adquiere un significado que no tenía ni *psique*, ni *anima* ni *intellectus*. Ese significado es la auto-conciencia, el ser consciente de que soy consciente, el yo sé que sé, el sujeto consciente ante el que el mundo se despliega.

Descartes es, en el fondo, un matemático, su mente funciona de manera que es muy sensible a las relaciones claras entre ideas distintas. Descartes quiere hacer que una filosofía sea indiscutible, tan clara como la matemática, y llega a la conclusión de que tiene que encontrar algo que sea absolutamente evidente. Dice tener la certeza de que ser alguien que piensa, y cuando pensamos, aunque aquello que pensemos nos suscite toda clase de dudas, de lo que no se puede tener dudas es de que existimos como seres que piensan, tal es el principio fundamental al que se acoge para construir un sistema coherente de pensamiento. "Pensar" no significa en Descartes lo que ahora significa para nosotros, que distinguimos, por ejemplo, pensar, de sentir o de recordar: Descartes se refiere a todo aquello de lo que somos conscientes, como ver, sentir, recordar, imaginar, etc., es decir pensar significa tener alguna representación en o ante la conciencia.

Al dar la autoconciencia como propiedad esencial de la mente, eso obliga a distinguir de manera radical dos clases de cosas: la *res cogitans*, de todo lo demás, de la res extensa, la res que es consciente de todas las demás cosas que no lo son, por ejemplo nuestro propio cuerpo que no deja de ser sino una idea que hay en mi conciencia. De este modo la manera habitual de pensar en realidad se ha subvertido porque ya no soy simplemente consciente por formar parte de un mundo que está ahí previamente a mi mismo, sino que, al ejercitar una duda de fondo sobre esa creencia no discutida, resulta que todo es de otro modo, porque las cosas aparecen en mi conciencia y, entre ellas, mi propio ser corporal como distinto de la conciencia que tengo de él. La mente consciente resulta ser de algún modo anterior a las cosas de las que es consciente, y estas cosas no son sino ideas que la mente tiene. Es lo que se ha llamado dualismo cartesiano, una supuesta respuesta a un problema que no suele comprenderse, de manera que se critica la respuesta, que es, desde luego, complicada y no poco paradójica, sin entender el problema de Descartes, la razón por la que Descartes se metió en este berenjenal. Y ¿cuál es el problema de Descartes? Dicho de manera escandalosamente breve, que no habría forma alguna de justificar la autonomía del entendimiento si el entendimiento fuese meramente una función de un ente físico, de una máquina, y de ahí que sugiera que, aparte de la extensión, ha de existir una sustancia inextensa, la mente o *res cogitans*.

Si teníamos pocos problemas, ahora tenemos uno más, a saber cómo se relaciona la *res cogitans* con todo lo demás, con la res extensa. Un problema que parecía no existir, se convierte en la clave de arco de la filosofía moderna, pero no es exactamente así, ya que el propio Aristóteles no sabía muy bien de qué manera entender la rara habilidad del entendimiento para hacerse con las formas de las cosas, para entender. Lo que ocurre es que Descartes se ve llevado por las exigencias de su método a plantear esta cuestión de una manera extremadamente radical, aunque, insisto, no basta con criticar las insuficiencias de la supuesta solución de Descartes si no se entiende la razón de fondo por la que se plantea estas cuestiones de una manera tan nueva y radical.

En términos contemporáneos, el problema se podría expresar de muchas maneras, por ejemplo, tratando de entender cómo se relaciona un recuerdo con las neuronas en mi cerebro, o cómo se relaciona una decisión que yo tomo, con la mecánica de lo que, antes, al tiempo y después, pase en mi cerebro. La forma en que Descartes cambió las reglas del juego de la teoría acerca de esta cuestión, ha hecho que aparezca un problema que no había sido advertido con la nitidez suficiente. Hay que darse cuenta de que, al hablar de estos asuntos, se mezclan inadvertidamente dos clases de cosas: por una parte, un problema evidentemente real, que no entendemos la relación de nuestra conciencia con nuestro cuerpo, y de otra, un lenguaje que no facilita la comprensión de ese problema, una manera de pensar el problema que lo convierte en endemoniado porque Descartes, que definió la conciencia y el mundo por exclusión, no puede encontrar ninguna manera razonable de unir esos dos universos que ha escindido de la manera más radical. El materialismo es la solución aparentemente más simple a este asunto, pero no soluciona nada en realidad porque parte de no entender de qué problema se está hablando: consiste, en realidad, en negarlo.

Lo que, para Descartes, hay en la mente son ideas, y una idea es para Descartes una representación. Las representaciones se refieren a cosas, pero en la mente no hay cosas, sino representaciones, de manera que la mente se puede llegar a convertir en una especie de prisión de la que no se puede salir. Pero, a su vez, las cosas que suponemos que hay tampoco pueden penetrar en la mente sino perdiendo su condición real y convirtiéndose en representaciones, de manera que estamos condenados a vivir pendientes de que alguna especie de milagro haga que estos dos órdenes se coordinen de algún modo, aunque, en realidad, si se descoordinasen por completo tampoco podríamos saberlo. La relación tan peculiar que hay entre representación y realidad es lo que hace especialmente difícil pensar en la relación entre cuerpo y alma. Para los griegos, esto no parecía ser un problema ya que ambos eran propiedades físicas, esto es naturales, de los animales y los humanos: ya hemos señalado, sin embargo, que Aristóteles no sabe muy bien qué pensar sobre la verdadera naturaleza y realidad de algunas cualidades del entendimiento.

Después de Descartes todo este tipo de cuestiones se ha complicado muy seriamente, por ejemplo, los colores son sensaciones que percibimos los seres humanos, y seguramente también los animales, aunque de forma probablemente distinta, aunque también son propiedades de los objetos, pero no tenemos una forma clara de alcanzar objetividad sobre su aspecto inmediato para nosotros, y esa dificultad trata de resolverse, por ejemplo, declarando que las cualidades secundarias, lo que inmediatamente percibimos, como colores, sonidos o sabores, se conviertan en propiedades transistentes, se dice a veces, como si eso aclarase algo la cuestión, porque no pueden ser ni propiedades reales ni meras propiedades subjetivas.

Es interesante examinar lo que se llama el problema del espectro invertido, como una forma de comprobar que no tenemos manera de saber cómo perciben los demás los colores, aunque supongamos que lo hacen como nosotros lo hacemos, esto es, que podemos localizar a un daltónico que no percibe diferencias que nosotros sí percibimos, pero no podríamos localizar a alguien que fuera lo que definiremos como un daltónico total, alguien que confundiera sistemáticamente los colores que percibe y la manera en que lo hace, respecto a lo que consideramos normal, pero que mantuviese los mismos nombres que todos nosotros para señalar las superficies coloreadas; en cierto sentido, todos podemos considerarnos daltónicos totales puesto que nadie ha visto nunca como percibe cualquier otra persona la sensación específica de un determinado color.

Lo que Descartes descubre es una completa novedad, que le reta y le obliga a hacer un mapa del mundo, una filosofía distinta a las anteriores. Esa novedad es la idea de sujeto. El sujeto que describe no ha tenido papel en ninguna filosofía anterior, y ese sujeto es la conciencia, el hecho de que los seres humanos seamos conscientes de nosotros mismos y de estar en el mundo. Es evidente que esta cuestión había sido considerada como una mera propiedad biológica que anteriormente no planteaba problemas, pero Descartes no lo ve así, entre otras cosas porque ni la nueva Física va a dejar espacio alguno para el mundo de las cualidades, ni se puede entender qué lugar habría de quedar para la autonomía del entendimiento, o de la conciencia, en un mundo físico en el que todo va a ser reducido a algo calculable.

Al tiempo que esto ocurre en la filosofía teórica o metafísica, la idea de sujeto va a adquirir una mayor importancia en nueva la sociedad moderna, porque ya hay sujetos, personas que viven al margen de las normas de la comunidad, porque aparece el individualismo, es decir que la ruptura con las pautas culturales tradicionales empieza a ser muy común.

Lo que Descartes quiere garantizar es que el lugar en el que se encuentra la conciencia no esté sometido a la regla de la necesidad. Sujeto es quien tiene algo que decir a titulo propio, sin estar impelido por la necesidad. Como parece razonable preservar la idea de que los seres humanos tengamos la capacidad de pensar por cuenta propia, que la libertad del intelecto sea real y eso parece que puede ser incompatible con el determinismo que se apodera del mundo físico, Descartes quiere subrayar que existe un ámbito de realidad que no es reducible a la extensión, a la materia o a la nueva Física. Eso es, por otra parte, una garantía metafísica de que se pueda preservar, políticamente, la libertad del intelecto frente a las imposiciones de los dogmas, las tradiciones y frente a la coerción política, cosa que sería infinitamente menos razonable si empezásemos por reconocer que nuestra conciencia está sometida a la necesidad física.

La ciencia es el arte de encontrar soluciones, mientras que la filosofía tiene que dedicarse a recordar que existen los problemas, que hay cosas que ni sabemos ni comprendemos medianamente bien. Descartes descubre un problema que casi nadie había visto, pero no lo resuelve, incluso lo complica. Muchos filósofos no ven este problema o incluso creen que saben la solución, pero en realidad ni siquiera aciertan a enfrentarse con el problema de Descartes ni con las muchas paradojas adicionales que implica la admisión de la idea de sujeto pensante. Al margen de las consideraciones históricas, vamos a darle otra vuelta a este problema a partir del planteamiento de un físico contemporáneo.

El análisis de Schrödinger sobre la relación entre mundo y sujeto

Nuestro sentido común nos indica que estamos en el mundo y en él somos un determinado objeto. Ahora bien, del mismo modo que ese objeto que somos es inseparable del resto del mundo, nuestra conciencia del mundo tampoco es reducible a nuestra corporalidad. Podremos pensar la mente con independencia del cuerpo cuando desechemos las metáforas de la interioridad, cuando comprendamos que la mente no está en ningún lugar del mundo exterior, justamente porque es la condición necesaria para que se dé la realidad del mundo. Para hacer más intuitiva esta sugerencia acudiremos a un bello ejemplo propuesto por Erwin Schrödinger (1969, 148) respecto a un cuadro de Alberto Durero, que reproducimos a continuación:

Durero, Adoración de la Santísima Trinidad

"En el cuadro de Durero "Adoración de la Santísima Trinidad", dos corros de creyentes se han reunido para orar en torno de la Trinidad que aparece suspendida en los cielos, un corro de santos en lo alto y uno de humanos en el suelo. Entre estos últimos hay reyes, emperadores y papas, pero también, si no me equivoco, el retrato del propio artista, una humilde figura marginal de la que se podría muy bien prescindir.
Creo que es el mejor símil del sorprendente doble papel de la mente. La mente es, por un lado, el artista que ha producido el todo, sin embargo, en la obra terminada no es sino un accesorio insignificante que puede omitirse sin que por ello el efecto total pierda el menor mérito. Dicho sin metáforas, debemos afirmar que estamos ante una de esas contradicciones que surgen porque no hemos conseguido elaborar una imagen comprensible del mundo sin retirar de él nuestra propia mente, la mente creadora de esa imagen, por lo que la mente no tiene lugar en aquella. El intento de presionar su introducción produce necesariamente algunos absurdos"

E. Schrödinger habla del doble papel de la mente; "el artista que ha producido el todo", es la imagen de la mente en cuanto tener mente es lo mismo que estar en el mundo, que ser un algo para quien existe el mundo o que, por decirlo de otro modo, ser una mente es ser un-el darse del mundo; "un accesorio insignificante" es, por el contrario, la imagen de la mente en cuanto ligada a un lugar de observación, en cuanto incorporada, es la imagen misma del cuerpo que, semejante a otros muchos, lo mismo puede ser que no estar.

La idea de mente es, por tanto, bastante problemática, pero también lo es, aunque habitualmente seamos menos conscientes de ello, la identificación simple entre la mente y el cerebro, una solución que si bien parece acomodarse en el marco de nuestra ciencia, no añade nada a nuestra visión del mundo como no sea innecesarias paradojas. En nombre, a la vez, de la economía del pensamiento y de la primacía de la ciencia, (y, habría que añadir, de un confuso e impreciso sentido común), se nos propone la identificación de cerebro vívido con cerebro real y con cerebro objeto, y, se supone, que esa única entidad múltiplemente designada, tiene un carácter material porque ese es precisamente el carácter que tienen los objetos que estudia la ciencia.

A efectos de la teoría ética, lo que importa es subrayar que del mismo modo que se precisa suponer que actuamos con libertad si queremos calificar moralmente nuestras acciones, también ocurre que, de algún modo nada fácil de justificar, la mente es libre respecto al cuerpo, y ello nos da un margen para suponer que ni nuestra inteligencia ni nuestra voluntad están enteramente determinadas por el tipo de leyes que creemos gobiernan el mundo físico.

Un par de observaciones adicionales para mostrar alguna de las muchas peculiaridades conceptuales de la idea de mente que manejamos los filósofos:

En primer lugar, esa mente no está en ningún lugar y, por ello, nadie puede acceder jamás a otra mente que la suya. Nadie tiene ni ha tenido nunca conciencia de la conciencia de otro, acceso a la conciencia de los demás, solo podemos acceder a nuestra conciencia, y no podemos salir nunca de ella: es tanto una cárcel como un mundo sin fin ni ventanas.

En cierto sentido podemos decir que somos siempre "daltónicos totales": no sabemos, por ejemplo, cómo perciben los colores los demás, lo único que sabemos es que podemos ponernos de acuerdo con unos códigos verbales, estar de acuerdo acerca de lo que significa "rojo", por ejemplo, pero no somos capaces de experimentar lo que cada cual siente por tal ni de asegurar que se parece a lo que nosotros percibimos y en la manera que lo percibimos.

Tenemos que acostumbrarnos a manejar una ambivalencia en nuestra idea de mundo. El mundo es lo que es para nosotros y, al tiempo, el mundo es aquello que todos tenemos en común, lo que nos hace pensar en un mundo exterior, expresión puramente metafórica, tanto como mundo interior.

No podemos usar la idea de sujeto como si meramente fuera un elemento del mundo, de alguna manera el sujeto está fuera del mundo, debe pensarse, más bien, como algo que es un límite del mundo. Es la idea que expresó bellamente Juan Ramón Jiménez: "Yo bien sé que cuando el hacha de la muerte me tale, se vendrá abajo el firmamento".

La libertad es una noción que, a su modo, nos coloca también fuera del mundo. Hay una relación muy estrecha entre la idea de libertad y la posibilidad de conseguir el conocimiento verdadero. Si el conocimiento verdadero es posible, entonces somos libres, y si no fuésemos libres, ni siquiera tendría sentido la idea de conocimiento verdadero. El sujeto es libre precisamente en el sentido en el que es capaz de reconocer y distinguir la verdad y el error, en el que es capaz de pensar de manera libre. Si no fuésemos libres no podríamos discernir entre lo verdadero y lo que no lo es. Debemos ser libres ante la posibilidad de reconocer la verdad. Descartes se refería precisamente a todo esto cuando afirmó que hay, al menos, una verdad de la que no se puede dudar: "soy un ser que esta pensando, que está existiendo como ser pensante".

Ningún concepto moral tiene sentido sin la idea de que nuestras acciones hayan sido hechas con libertad. Psicólogos y moralistas se ocupan de la conducta humana, incluso del mismo tipo de actos, pero lo hacen desde puntos de vista muy distintos. El moralista da por supuesto que el sujeto es libre, mientras que el psicólogo trata de comprender la conducta en función de causas, lo que, de algún modo le hace perder de vista, al menos metodológicamente, la estructura intencional de la acción del sujeto que estudia. Naturalmente también se puede hacer una Psicología que no prescinda de la libertad humana, es el caso de lo que se suelen llamar Psicologías humanistas, aquellos estudios que consideran al ser humano como un sujeto cuya conducta debe comprenderse, precisamente, en función de los fines que persigue y, si se puede perseguir fines, esto es, algo distinto a actuar de una manera determinada por la necesidad, el instinto o las circunstancias, es que se posee alguna especie de libertad.

La libertad y el determinismo

Desde un punto de vista estrictamente lógico no hay alternativa: o bien hay determinismo, es decir nuestras acciones están determinadas por causas y la libertad es únicamente una sensación sin fundamento, una impresión errónea y equívoca, o bien tenemos libertad para determinar, en alguna medida, el curso de nuestras acciones futuras. Esta incompatibilidad no es únicamente lógica, pero deriva, sobre todo, de que la ciencia moderna nos ha acostumbrado a pensar de una forma rotundamente determinista. Entiéndase bien, decimos habitualmente que la ciencia moderna es determinista aunque no haya ninguna prueba que el determinismo sea cierto, más bien sucede o contrario, incluso en la propia Física, pero el hecho es que, históricamente, el rotundo avance de la ciencia moderna ha favorecido el éxito de la forma de pensar determinista, aunque ahora mismo esté bastante más de capa caída. En otro sentido, incluso, el determinismo no solo no es cierto sino que es contradictorio, como puso de manifiesto, ya en la antigüedad, Epicuro.

Vamos a ver un poco de cerca un argumento contra la verosimilitud racional del determinismo en cuatro pasos. Su desarrollo es el siguiente:

1) Todas las proposiciones se justifican por razones, argumentos o inferencias lógicas,

2) La afirmación del determinismo, o del materialismo, que a estos efectos se puede considerar equivalente, no debiera ser, por supuesto, una excepción,

3) Pero tanto el determinismo como el materialismo suponen que cualquier afirmación es simplemente consecuencia de un determinado proceso físico cerebral,

4) Por tanto, tanto el materialismo como el determinismo implican alguna forma de contradicción puesto que, si se toman como doctrina verdadera, hay que concluir que no hay razones para que lo sea más que su negación, y nadie debería tomar como verdadera cualquier afirmación que resulte ser tan cierta como su afirmación contraria, ya que si una de ellas es cierta, la otra debe ser necesariamente falsa, de manera que si la prueba que de ella hiciéramos sirviese, como es el caso, para probar también su contraria habría que deducir que se trata de un sinsentido, de una afirmación que, pese a que supongamos lo contrario, no podemos entender.

Este argumento puede remontarse al menos hasta Epicuro, que lo expuso en forma muy efectista; en efecto, en uno de los fragmentos que se conservan de sus enseñanzas se puede leer: "El que dice que todo acontece por necesidad nada puede objetar al que niega que todo acontece por necesidad, pues esto mismo afirma que acontece por necesidad". El determinismo, si se toma en serio, hace que los argumentos que nos parecen válidos queden convertidos en una mera ilusión, acaba en una inconsecuencia, en suma.

El problema está en que nosotros llamamos entender algo a comprender su necesidad, a entenderlo de una manera determinista, inequívoca, porque nuestra inteligencia funciona de manera determinista para comprender todo lo que es independiente de ella misma. Cabe decir que el determinismo es una especie de sombra que nuestra inteligencia arroja sobre la realidad haciéndonos creer que los lazos causales que establecemos entre fenómenos son, efectivamente, reales, pese a que no siempre lo sean. Nosotros estamos acostumbrados a pasar de "siempre que ocurre A, ocurre B" a "A es la causa de B", y, además, a entender la relación causal entre A y B como una necesidad lógica, pero ninguno de esos pasos está bien justificado, puesto que puede ocurrir que B no suceda después de A, que B pueda suceder después de A sin estar causado por A, y un sinfín de variaciones distintas. Pero, en cualquier caso, las relaciones causales que creamos se puedan establecer entre hechos de la naturaleza siempre serán distintas de las relaciones de necesidad por las que se rige la lógica que gobierna nuestras ideas cuando razonamos bien.

El mundo es mucho más complejo que nuestra lógica, aunque tenga que respetar también esas leyes lógicas que expresan relaciones absolutamente básicas entre cosas, o entre conceptos.

En particular, si nuestra inteligencia estuviese obligada a entender algo de manera inevitable, si no tuviésemos la libertad de poner en duda lo que pensamos, seríamos esclavos de ella, en lugar de ser sus dueños y poder usarla en nuestro beneficio, lo que implica alguna especie de distinción entre la inteligencia y quien la posee, el sujeto que conoce y que, de algún modo es fundamentalmente libre frente a la realidad de aquello que juzga.

Es difícil entender las relaciones entre nuestro entendimiento, que ha de ser libre a su manera, y la necesidad que pueda existir en el mundo físico y que existe, desde luego, en el reino de la lógica. Pongamos un ejemplo: si tuviésemos una calculadora que al teclear 2+2 nos diese como resultado 5, no debiéramos decir que la calculadora se ha equivocado, seguramente supondremos que nos hemos equivocado nosotros al teclear, o que la calculadora está estropeada. Las calculadoras no se equivocan porque son mecanismos que actúan conforme al determinismo que rige en el mundo físico. Una calculadora es un sistema de piezas al que hacemos funcionar de acuerdo con las reglas de la aritmética, cuya validez no dependen de circunstancias físicas, ni de lugar o de tiempo, pero, cuando la calculadora se estropea, no se equivoca, sino que hace lo que tiene que hacer una calculadora estropeada, dejar de funcionar conforme a las reglas de la aritmética, y funcionar únicamente como un objeto físico. Precisamente por eso podemos, en teoría, arreglar una calculadora que no es sino una máquina capaz de replicar sin error alguno las tablas aritméticas que el diseñador ha incorporado en su constitución física.

Pues bien, si nuestra inteligencia fuese como una calculadora, un artilugio meramente físico, tampoco podríamos equivocarnos, en realidad tampoco podríamos acertar porque no podríamos decir que sepamos nada. Saber es juzgar con independencia sobre diversos aspectos de la realidad y si la realidad nos empujase a pensar, o a creer, a suponer, a imaginar, etc., de una determinada manera no seríamos en realidad seres pensantes, sino máquinas, complejas si se quiere pero meras máquinas y, no tendríamos ningún motivo para estudiar Ética, aunque puede que el lector tienda a verlo como una cierta ventaja. Las calculadoras no se equivocan, y además son incapaces de expresar nada como eso, somos los seres humanos los que podemos equivocarnos, por supuesto también haciendo malas calculadoras, aunque imagino que eso no será un buen negocio.

Frente al determinismo que supone que todos los acontecimientos son necesarios, la Ética necesita postular un cierto indeterminismo, afirmar que hay acontecimientos que no son necesarios, entre otros los que derivan de una acción libre, la única que puede ser objeto de reflexión Ética y de sanción moral.

En la práctica, a la hora de tomar decisiones frente a un problema cualquiera, las nociones éticas están afectadas de una cierta ambigüedad, o, si se prefiere, por la dificultad, de que no nos sea posible alcanzar una ciencia del bien y del mal, de que, de manera inevitable, nuestras decisiones y nuestros juicios estén envueltos, en forma más o menos radical, en una nube de sombras, y, por ello, no nos permitan alcanzar nunca una certeza indubitable, una respuesta que nos permitiera apostar sin ninguna clase de dudas por su validez, su universalidad y su pertinencia. Es obvio que esto no equivale a nada parecido al relativismo; por el contrario, afirmar la dificultad de determinar la respuesta ética correcta es lo contrario del "todo vale", o del "da lo mismo", de lo que suele llamarse relativismo, pero sería absurdo que pretendiésemos evitar el relativismo a base de ignorar las dificultades inherentes a cualquier vida moral en el plano personal, y las dificultades que constituyen el meollo de la teoría ética.

En este capítulo vamos a ver varios asuntos que están relacionados pero se pueden distinguir con facilidad, por una parte, el papel ético de nociones como voluntad y libertad, de otra la cuestión de la autonomía y el origen de los criterios morales respecto a las circunstancias sociales e históricas, y por último algunas cuestiones esenciales para la discusión conceptual respecto al fundamento mismo de las nociones morales.

Libertad, voluntad y moralidad.

La libertad, además de ser una condición lógica para que podamos hablar de actos morales, es una idea que ha desempeñado papeles muy importantes en la teoría política. Sin embargo, el papel teórico de la idea de libertad es muy distinto en la teoría ética y en el pensamiento político. En política la libertad se opone a la obligación, en ética, no, o no siempre, al menos, puesto que, de alguna manera, la idea de libertad funciona en Ética de modo muy diferente al que es corriente en política; desde un punto de vista ético, se puede llegar a decir, incluso, que se es más libre cuantos más obstáculos se superen, e incluso que no hay libertad sin obstáculos, porque la idea de libertad negativa, que como veremos es esencial en política, no cumple en Ética ningún papel teórico relevante.

Lo que es valioso es obrar bien y eso es compatible con la falta de libertad externa y requiere siempre un esfuerzo, un vencer las dificultades que nos inclinan a conducirnos de manera menos exigente. La libertad es, por ello y en cierto modo una cadena, una carga, una obligación de modo que muchas personas preferirían no tener la libertad de elegir: libertad en Ética significa siempre una carga, una responsabilidad.

Puesto que la libertad supone una responsabilidad, es explicable que, con mucha frecuencia, haya gente que no quiera tener responsabilidades, que prefiera no tener que elegir. Lo cómodo es evitar la libertad que supone responsabilidad. La libertad está unida a la idea de exigencia y, es un objetivo, no una mera situación. Eso también funciona de alguna manera en política, conforme a lo que dijo Pericles: "la libertad es para los valientes, solo el que es capaz de luchar es libre", es decir en las situaciones en que haya una libertad política formal, las personas pueden actuar de forma poco libre si no son lo suficientemente valerosos para defender lo que piensan.

En resumidas cuentas, a los efectos éticos, la idea de libertad no se opone a la de obligación. Ser libre no implica carecer de obligaciones. Nadie es tan libre como cuando asume una responsabilidad porque quiere, aunque pueda no hacerlo y precisamente porque puede hacerlo. Un eco de esta idea se encuentra en una afirmación de Hegel: "la libertad es la consciencia de la necesidad", que si se refiere a una necesidad moral, a la justicia, por ejemplo, no es una idea contraria a la libertad, aunque sí lo sería si se refiriese a una necesidad física, a una determinación.

En este sentido, la idea de autonomía moral se refiere a la conducta que se rige por normas que son propias del actor, que su conciencia le dicta y el sujeto reconoce, y que son asumidas libremente por el sujeto como un deber, es la conducta de quien no se guía por normas externas sino por lo que cree que se debe hacer, lo que muy bien puede estar, en determinados casos, en contra de puras normas externas, de leyes positivas, por ejemplo. Kant, en concreto, sostuvo la idea de que lo que hace que una conducta sea específicamente buena es el hecho de que la voluntad acepte que esa es la conducta que debe seguir y la siga. La conducta moral lo es en la medida en que asumo una obligación que mi conciencia reconoce, y lo hago de una manera plenamente libre.

Casi todas las personas estamos de acuerdo en una serie de conceptos fundamentales acerca de la realidad. El problema es que, al creer en esta afirmación, se nos cuela la impresión de que efectivamente sabemos de qué estamos hablando, y en la mayoría de las ocasiones no es éste el caso. Sólo se aprende a evitar, en parte, este peligro si uno se ejercita en poner en cuestión sus ideas más básicas acerca de las cosas. La inteligencia humana nos permite, no sin dificultades y esfuerzos, distinguir con bastante nitidez entre las cosas y los conceptos con que tratamos de entenderlas. El sentido que tiene estudiar filosofía moral es poder aprender esta verdad esencial: cuando juzgamos a cualquiera, estamos juzgando conductas que no son reducibles a esquemas, siempre hay algo más.

Estudiar la conducta desde el punto de vista de su moralidad significa comprometerse con la idea de que nuestros juicios acerca de los demás tienen que ser siempre muy matizados, porque no estamos en condiciones de agotar los factores relevantes que son capaces de explicar la conducta de una persona, y porque, además, debemos preservar una cierta presunción de inocencia respecto de la conducta de cualquiera, y aprender a no juzgar frívolamente. La conducta humana es harto compleja. Además, las verdades formales no siempre se adecuan fácilmente a las realidades concretas. La conducta de una persona puede ser analizada desde muchos puntos de vista porque, en el fondo, la conducta humana nunca puede ser encausada de manera única e inequívoca, precisamente porque somos seres libres.

Podemos juzgar las conductas pero no deberíamos condenar sin necesidad alguna a las personas. Reflexionar sobre la moral significa reconocer que la libertad humana es irreductible y que hay un fondo en las razones personales que explican una conduzca que no debemos llegar a negar. Claro es que todas las formas de fundamentalismo, que siempre es una amenaza, nos invitan a que forcemos la coincidencia de las ideas con las cosas, a que tratemos de forzar las conductas ajenas, sin respetar la libertad de las personas. De todas formas, la manera concreta en que se articula la moralidad a partir de la conciencia, la sensibilidad, las leyes públicas, la naturaleza humana, nuestra condición histórica, etc. es justamente el tema esencial de la discusión ética, y, para hacernos una idea de cómo se han abordado estas cuestiones debemos hacer un pequeño recorrido de carácter histórico y conceptual. Ya nos hemos referido al aspecto epistémico de la idea de libertad, la libertad del entendimiento, y vamos a hablar ahora de su relación con la idea de mal, de su aspecto más metafísico, o, incluso, teológico, quedando para más adelante el aspecto ético-político del problema.

La idea de libertad y el problema del mal

De acuerdo con nuestro análisis, el concepto de libertad es, desde el punto de vista lógico, incompatible con el determinismo; no obstante, entender la idea de libertad resulta difícil porque, no importa insistir en ello, cualquier disciplina que estudie la conducta, tenderá a negar, de alguna manera, la libertad del sujeto. Al analizar la conducta se suele considerar que sólo está bien explicada cuando se conocen las causas necesarias y suficientes que la determinan y, por tanto, en cierto sentido, la idea de libertad del sujeto no tiene un lugar preciso en la explicación, puede considerarse que no sirve para entender lo que alguien hace y las causas de que lo haga. Desde este punto de vista científico, la idea de libertad es tan estéril e irrelevante como la idea de finalidad, de la que dijo Francis Bacon que *Causa finalis tanquam virgo Dei consecrata nihil parit* ("La causa final, como una virgen consagrada a Dios, es estéril"), de manera que podría parecer que no se dice nada de que alguien hizo algo libremente, eso es como no saber nada.

Por el contrario, frente a esa conclusión negativa para la libertad del sujeto, las personas tenemos la sensación de elegir todo el tiempo. Nuestra experiencia inmediata no es la experiencia de una determinación, sino la de una elección, frecuentemente difícil. Que existan sujetos libres supone que cada uno es responsable de sus actos, y si esto es verdadero entonces la libertad moral tiene sentido. Si cuando elegimos estuviésemos siguiendo una orden natural no tendría sentido hablar de elección, sin más, ni tampoco tendría sentido la distinción entre el bien y el mal.

Por el contrario, todo esto implica que, en el fondo, toda auténtica elección es una elección entre el bien y el mal, lo que supone una enorme dramatización de la idea de libertad que, desde el punto de vista cultural, deriva de nuestras raíces cristianas. La idea de libertad no tenía ese dramatismo que puede tener entre nosotros en el mundo griego, un mundo en el que el abismo existente entre el Dios de la Biblia y el mundo humano no se contemplaba porque los dioses eran, a su vez, demasiado similares a los hombres, compartían con nosotros pasiones y vicios, mientras que el Dios de los filósofos, ni tenía carácter personal ni era Creador del mundo, sino parte de él, de algún modo. El Dios de la Biblia es, por el contrario, un Dios omnipotente y único, trascendente, origen de todo bien y que, además, nos ha creado a su imagen y semejanza.

Dado un Dios que sea el Autor del universo, la existencia del mal es un problema muy serio porque se plantea el siguiente trilema, que Lactancio atribuyó a Epicuro, en relación con la existencia del mal:

1. Dios no sabe evitar el Mal, aunque lo desee, en cuyo caso Dios no es omnisciente

2. Dios no puede evitar el mal, aunque quiera, en cuyo caso no es omnipotente

3. Dios sabe y puede evitar el Mal pero no quiere, en cuyo caso no es bueno

Para el pensamiento cristiano ha sido esencial tener alguna explicación de cómo es posible que Dios exista al tiempo que existe el mal, puesto que parte de que Dios es, evidentemente, Omnisciente, Bueno y Omnipotente.

La situación en que nos coloca este problema es bastante aporética, aparentemente sin salida alguna, pero muy interesante y, en cierto modo, culmina con la afirmación de Leibniz, probablemente el más genial de los filósofos de la historia, y, sin duda alguna, el último hombre que pudo dominar todos los conocimientos de su época, porque, además de un gran filósofo, fue un teólogo muy competente, empeñado en conseguir la reunificación de las iglesias, rota por la crisis provocada por Lutero, era también un profundo conocedor de la historia, y su obra física y matemática puede compararse en importancia y calidad con la de Newton, de modo que su versión del cálculo infinitesimal es la que ha determinado el desarrollo de la matemática moderna. Pues bien, según nuestro filósofo, este mundo es el mejor de los posibles, una afirmación de la que se burló cruelmente Voltaire, en el Cándido, que era muy ingenioso pero cuya obra como pensador es incomparablemente menos interesante que la de Leibniz.

Para tratar de comprender este asunto, cuya importancia es decisiva para el concepto de libertad, tan esencial en Ética, hay que revisar una serie de supuestos del pensamiento cristiano que son ajenos, por completo, a la filosofía griega, porque la religión bíblica no comparte la idea de realidad que encontramos entre los griegos, de manera que eso hace más meritorio intelectualmente, la síntesis medieval, especialmente de Tomás de Aquino, entre el aristotelismo y la moral cristiana, que, como se ha afirmado repetidas veces, es el esquema moral de referencia en todo el pensamiento moderno y que solo se pone radicalmente en tela de juicio, y no en todo, primero con la obra de Hume, y sus epígonos emotivistas, y luego con la de Nietzsche. Cabe dudar del cristianismo de Hume, y del de sus epígonos, pero no del de Kant o el de Max Scheler que, como veremos han determinado gran parte de la reflexión Ética de los últimos años. Así pues, es muy importante entender la metafísica que está implícita en los relatos bíblicos y la influencia que ha ejercido en la tradición ética de nuestra cultura.

Que Dios sea el creador del mundo quiere decir que Él es también quien lo sostiene en su ser, que el mundo sigue existiendo porque Dios así lo quiere. Esto lo expresaron los filósofos cristianos diciendo que el mundo es contingente, no existe por necesidad, sino sólo en la medida en que Dios lo sigue manteniendo en él su existencia actual.

Consecuentemente, Dios es quien realmente es y el mundo persiste únicamente porque Dios lo mantiene. Eso es lo que dice *Yahveh* (cuyo nombre bíblico podría traducirse por *El que es*) a Moisés en la escena del Génesis en que Moisés pregunta a la zarza ardiente en el Sinaí, entendiendo que es una manifestación de Dios, "Quien eres Señor" y la respuesta es "Yo soy el que soy".

Esta distinción entre quien es propiamente y lo que existe al margen de Dios da lugar a que se invente la idea de existencia (un término que no tiene estrictamente equivalente griego) y que es lo que conviene a aquello que ha sido creado, que no es pero tampoco es una mera nada, sino algo que existe, que está a mitad de camino entre el Ser, que es Dios, y la nada que no es en absoluto. Existir es, pues un término técnico que expresa que lo que existe esta ex, fuera de Dios, y también ex, fuera de la nada, de lo que radicalmente no es. Lo que *ex–siste* consiste en una especie de intermedio entre el Ser, que es su causa, y la nada. No olvidemos que una de las cosas que hace relativamente difícil el estudio de la filosofía, y, en consecuencia, el de la Ética, es que muchos de sus términos técnicos, las palabras que inventan los filósofos para decir las cosas nuevas que quieren decir, suelen tener éxito, cuando están bien traídas, y pasan de manera bastante rápida al lenguaje común donde empiezan a significar cosas muy distintas e imprecisas. Palabras como sustancia, ser, existencia, persona, felicidad, representación, alma, mente, forma, materia, átomo, ser, idea, y mil más han sido originalmente términos precisos, y reencontrar su sentido original para poder entenderlas adecuadamente y reconstruir su historia no es siempre fácil.

El mundo que existe, cuyo centro es el hombre, se comprende mejor como una realidad que se da en el tiempo. La religión bíblica tiene una importantísima dimensión histórica, como algo que transcurre entre el alfa, y el omega, que son la primera y la última letras del alfabeto griego, entre el origen de la creación y lo que está al final de los tiempos, de manera que lo decisivo de la vida humana y de la historia humana es justamente la historia temporal de la relación del hombre y Dios, de la relación de cada uno con Dios y de la relación de la humanidad en su conjunto con su Creador.

Esta manera de entender la realidad del mundo ha hecho que la idea griega de naturaleza se haya transformado profundamente en su contacto con el pensamiento cristiano, pasando a significar no tanto lo que era para Aristóteles, un principio de acción, de movimiento y de reposo dice en su Física, y de operaciones, para ser aquello que responde a su verdadera realidad que es lo que está, por así decir, en la mente de Dios, que es el que puede decir qué es y cómo es realmente cada caso y cada cosa, una revelación que los hombres podrán compartir en el Juicio final, en la omega del tiempo y de la historia.

El mundo creado por Dios tiene que ser perfecto porque de no serlo sería indigno de la perfección de su Autor, pero, al tiempo, tiene que ser radicalmente imperfecto, porque de no serlo sería indistinto de Dios, lo que haría que Dios no hubiese creado nada distinto de sí mismo, que siguiese existiendo meramente Él, que es el que es, y la nada. Tal es lo que afirman los panteístas, los que creen que el Mundo y Dios son partes de un Todo, son radicalmente indistintos porque el mundo mismo es Dios. Podemos encontrar un cierto eco de esa manera de pensar en algunas formas del ecologismo contemporáneo que deifican la naturaleza. Ahora bien, que exista el mundo ha de ser al tiempo una prueba de la bondad de Dios y de su inteligencia, luego el mundo ha de ser, como lo es en efecto, maravilloso, pero al tiempo, ha de ser radicalmente imperfecto si se lo compara con la perfección infinita que es Dios. Dios ha hecho, entonces, el mejor de los mundos posibles, un mundo en el que necesariamente habrá mal, porque el mal es esencialmente la ausencia del Bien que es Dios, pero que será todo lo bueno que puede ser sin que ello implique contradicción ni imposibilidad.

El centro de este mundo que Dios ha creado es el hombre, hecho a imagen y semejanza de Dios (Génesis, I, 27). Lo que vale para la bondad y la relativa maldad del mundo vale, lógicamente, para el hombre mismo, pero en este caso, la cosa es un poco más específica. El hecho de que Dios haya hecho a un hombre a su imagen y semejanza quiere decir que ha hecho un alguien capaz de comprender y decidir, capaz de hacer el Bien, seguir las indicaciones de Dios, pero hacerlo libremente, pero también de hacer el Mal, apartarse de las indicaciones de Dios, por supuesto libremente. Un hombre que puede oponerse a Dios es más semejante a Dios mismo que alguien que no pudiese alcanzar esa libertad radical, ese poder cuasi divino.

Naturalmente, el hombre que se aparte de Dios, como hicieron nuestros primeros padres en el Jardín del Edén, se hace acreedor de las consecuencias implícitas en su decisión, pues de lo contrario su libertad sería ilusoria, y puede merecer castigo, como fueron castigados nuestros primeros padres con el sufrimiento y la muerte, pero Dios, en su infinita bondad, acudirá finalmente a salvar al hombre descarriado, a darle de nuevo la posibilidad de alcanzar su máxima felicidad, la reconciliación final con Dios y en Dios, lo que Dios hace mediante la Redención, a través de Cristo, según la teología cristiana.

La libertad adquiere, por tanto, en el seno del cristianismo un enorme valor, es la viva imagen en el hombre del poder de Dios, y por eso es absurda la mera pretensión de forzar a nadie a hacer el bien, porque una acción buena únicamente puede ser realizada libremente y en conciencia. Pero, al tiempo, la libertad tiene un valor trágico porque es el quicio en el que los hombres nos jugamos nuestro destino, la felicidad plena o la desgracia completa.

La idea de libertad es esencial al pensamiento cristiano. Nuestra manera de ser como Dios, a su imagen y semejanza, nos hace ser libres, lo que significa ser los autores de nuestras acciones, ser como una especie de pequeño Dios. Precisamente por que los hombres somos como dioses podemos acercarnos a Él. Nuestra libertad consiste en que podamos hacer cosas que Dios no querría que se hiciesen, acciones que Dios no quiere que hagamos, y, de este modo, un mundo en el cual el hombre puede hacer cosas que Dios no quiera es más perfecto que un mundo en el que únicamente se pudiera hacer lo que Dios quisiese.

La visión cristiana de la relación entre Dios y el hombre explica, en cierto modo, el desdén medieval por la naturaleza visible. Cualquier representación de una realidad visible es fundamentalmente simbólica, está al servicio de una realidad más honda, un Cristo crucificado, por ejemplo, no necesita perfección anatómica, lo que necesita es expresar con rotundidad el misterio de la crucifixión, el sufrimiento que Cristo acepta para salvar al hombre. El mundo del hombre medieval está, en buena medida presidido por una idea que expresa con rotundidad San Agustín *"Deum et animam scire cupio, nihilne plus? Nihil omnino"* (Quiero conocer a Dios, y al alma, ¿nada más? Nada en absoluto).

La naturaleza es sólo el escenario en que se desenvuelve la verdadera realidad, el drama temporal de la historia, de la relación entre los hombres y Dios. La historia es, por tanto, una categoría fundamental en el pensamiento cristiano, y el mundo occidental piensa de manera histórica a partir de esta forma de entender la realidad, como un drama que va aconteciendo, desplegándose en el tiempo. El tiempo es una novedad, una revelación, no algo que ocurra de una manera cíclica, que era la forma característica de entender el paso del tiempo propio del pensamiento griego, la idea del eterno retorno de lo mismo, frente a la idea de un alumbramiento de lo radicalmente nuevo que culminará en el Apocalipsis, en la revelación final, al término de los tiempos.

Por otra parte, la idea de que el mundo sea una criatura de Dios, ha favorecido históricamente la confianza, esta sí presente, por ejemplo, en Aristóteles, en que el mundo sea comprensible, pues refleja la inteligencia divina, y también la de que no puede haber contradicción alguna entre cualquier verdad sobre la realidad natural y cualquier doctrina revelada, porque Dios es el autor de ambas verdades. La primera idea ha favorecido históricamente la creación científica, lo que no es incompatible con que haya habido ciertos conflictos entre científicos y autoridades de la Iglesia, porque el mundo no es caótico, ya que está hecho a imagen y semejanza de un Dios que es inteligencia.

La tradición cristiana, como referencia inexcusable, ha situado la naturaleza del mal en un contexto que es a la vez muy dramático y muy metafísico. La única manera de tratar con esta realidad dramática es someter la idea del mal a una teorización muy intensa. La necesidad de teorizar el mal ha venido determinada por su carácter dramático y, a su vez, esta forma de teorización del mal ha llevado a que este carácter de la libertad humana se haya radicalizado.

En el plano psicológico, la idea del mal moral viene ligada a la idea de libertad. Esto es sólo una primera indicación. Cuando el problema del mal se convierte en algo atosigante es cuando aparece el mal como algo inevitable, y no como algo que puede no ser. La idea de libertad se ha fortalecido y complicado en la medida en que, en la cultura cristiana, ha estado unida indefectiblemente a la pregunta, ¿por qué existe el mal?, al tiempo que ha sido una de las maneras de exonerar a Dios de cualquier responsabilidad moral en el asunto, dando a la existencia humana un sentido dramático, que nos conduce a la idea de que asemejarse a Dios sea fundirse con el Bien, y que alejarse de Dios sea crear y abismarse en el Mal.

Ya nos hemos referido al llamado trilema del mal. Éste expresa la objeción racional frente a la idea de un Dios que crea o permite el mal, que es responsable de su existencia y con la contradicción que ello implica. El trilema afirma que si existe Dios y existe el mal hay algo que no funciona, son incompatibles. Partimos de que existe el mal. Por tanto, si Dios sabe y puede eliminarlo, entonces es que no quiere eliminarlo, por lo que Dios no es bueno. Si Dios sabe que existe el mal y quiere eliminarlo pero no puede, entonces no es omnipotente. Por último, si Dios quiere y puede eliminar el mal pero no sabe, entonces no es omnisciente.

Recapitulemos lo esencial de este intento de teorización sobre la existencia y naturaleza del mal. ¿Cómo es posible que Dios exista y a la vez exista el mal? Debemos recordar que la filosofía no llega a conclusiones indiscutibles y que, aún con esa limitación, los problemas filosóficos tienen que ser tratados con unos términos que han pasado de ser técnicos a vulgares. Dios no es idéntico con el mundo, ni tiene en el fondo mucho que ver en el mundo, sino que es Alguien que, desde un cierto punto de vista, es completamente ajeno al mundo, aunque, desde otro, guarda con el la relación esencial que un autor tiene siempre con su obra, puesto que Dios es el que ha creado el mundo. Esta idea no tiene nada que ver con ninguna de las ideas griegas y paganas acerca de los dioses. El Dios teórico de Aristóteles, a diferencia del Dios personal cristiano, es una especie de razón del mundo. El Dios judeocristiano no es meramente una especia de réplica de los humanos ni un Dios excesivamente unido al mundo, sino que es el que lo ha hecho, por lo que Dios se convierte en el responsable del mundo y es cuando tiene sentido el trilema de los paganos.

La fórmula que los filósofos creen encontrar para resolver el desafío que plantea el trilema moral y para plantear una filosofía coherente acerca de Dios es la siguiente. Lo que existe es aquello entre Dios y la nada: aquello que no es por sí mismo pero que tampoco es nada. Para el pensador cristiano el mundo es una especie de escenario donde lo que se desarrolla es el drama entre el hombre y Dios. El hombre es la imagen perfecta de Dios pero, a su vez, esa imagen tiene el defecto original de que no es Dios. En esa distinción que el hombre tiene que tener con Dios de manera esencial resulta que aquello que en el hombre se asemeja más a Dios es precisamente en su capacidad de elegir. El punto importante está en darse cuenta de que aquello en lo que el hombre se parece más a Dios es en su capacidad de decidir, en su libertad.

Dios ha hecho el mundo más perfecto en la medida en que ese mal puede ser elegido por el hombre. Sería mucho menos perfecto un mundo en el que el hombre no pudiera elegir. La maldad moral es el sello de que este mundo es todo lo perfecto que puede ser. Este mundo es, por tanto, el mejor de los posibles. De las condiciones que el hombre podría tener, tiene sin duda la mejor.

Esto plantea a su vez el problema siguiente: ¿no es razonable que Dios, una vez que ha hecho al hombre a su imagen y semejanza, vuelva sobre el hombre y lo reconduzca cuando haga algo mal? De alguna manera la teología hace el hueco a la idea de Redención en la medida en que explica del modo anterior la idea de Creación, como una forma de ser absolutamente ajena a Dios, un ser sobre la nada, pero llamado a asemejarse a su Autor y con el riesgo de alejarse de Ël mediante el pecado, mediante la libertad que, aunque es un Bien que refleja el poder de Dios, puede llevar al hombre a su más completa desgracia.

En nuestra cultura, por tanto, la idea de libertad se ha troquelado como el par necesario de la idea del mal, tanto a nivel moral como a nivel metafísico. La libertad entonces tiene algo de trágico: es la condición radical de la existencia. Esto se ve bastante bien cuando se piensa en la manera en que lo analiza Kant, que transforma la cuestión de si Dios existe o no existe, una cuestión para la que no hay respuesta posible en el orden de la perfección de la ciencia, en si hay razones para esperar que Dios exista. La creencia en Dios es más bien una esperanza, pero no hay ninguna clase de evidencia, y hay que considerar, además, que si hubiera plena evidencia acerca de la existencia de Dios, perderíamos de algún modo nuestra libertad, el bien más alto que constituye la dignidad del hombre y que, de acuerdo con la tradición de la cultura cristiana, le asimila más a ser una imagen de Dios.

III. Ética, política y poder

La idea de libertad es incompatible con un análisis determinista, porque tanto el determinista como el materialista no pueden admitir que haya efectos que no tengan causa, o, dicho de otro modo, que la causa de una acción física, como, de algún modo, lo son todas las acciones humanas, tenga una explicación no física, y, evidentemente, decir que la razón de una determinada actuación es la libertad del sujeto supone afirmar la existencia de causas, digamos, espirituales. Por el contrario, sin admitir la existencia de acciones libres la Ética carecería completamente de sentido, supondría una actividad tan absurda como reñir a un coche porque se ha estropeado, o reprochar la frialdad del invierno. Contra lo que pueda pensarse, esta actitud (la de reñir a los coches cuando se estropean) no carece de apologistas, como puede verse en Dawkins (2006).

El concepto de libertad es complejo y su aplicación a diversos campos está lleno de paradojas, algunas de las cuales vamos a examinar a continuación. La idea de libertad plantea problemas en distintos contextos teóricos: en primer lugar, en su relación con la inteligencia, la lógica y el determinismo, asunto al que ya nos hemos referido. Una derivada de este problema es que se hace necesario un análisis, siquiera sea breve, de la relación paradójica entre los objetos, la realidad que creemos independiente de cuanto pensemos de ella, y el sujeto que la conoce, lo que solemos llamar nuestra mente. Curiosamente veremos que, si bien la libertad es incompatible con el determinismo, también es incompatible con el puro azar, con lo que parece carecer de razones para ser de un modo antes que de cualquier otro. El análisis de la idea de libertad está muy abierto a una serie de aspectos muy paradójicos y muchos filósofos han hecho de las paradojas de la libertad un punto de partida de sus filosofías, por ejemplo, Ortega o Sartre cuando afirman que no somos libres de no ser libres o que estamos obligados a ser libres.

La Ética exige entender la acción humana y los motivos que la rigen y orientan, porque es evidente que las vidas humanas difieren unas de otras, que los hombres actuamos de manera diversa, y ello es así porque nuestra naturaleza nos deja un amplio campo de indeterminación, o, visto de otra manera, porque la cultura es irreductible a la naturaleza, ya que existe una gran diversidad cultural que diversifica las formas de existir de una naturaleza humana que hemos de suponer común. Si nos preguntamos por los motivos de diversificación cultural tenemos que suponer que a la base de ella hay una serie de elecciones y que esas elecciones son libres, no estaban predeterminadas, pues, de otro modo, serían más uniformes y podrían predecirse como las fases de la Luna o la trayectoria de un misil.

Es evidente, al menos, que la determinación natural de la conducta deja un amplio margen a la diversidad, a una cierta libertad y hay que preguntarse qué papel juegan las consideraciones éticas en esa diversidad, puesto que, de ninguna manera, pueden reducirse a la diversidad misma, lo que convertiría a la libertad en un asunto puramente estadístico y haría absurdo que pretendiésemos seguir hablando de Ética; así pues, ética y libertad se exigen íntimamente y no puede haber una sin la otra.

La idea más simple en relación con la libertad es lo que se ha llamado la libertad negativa que es lo que ocurre cuando puedo hacer lo que quiera hacer sin que nadie me lo impida. Esta idea de libertad es muy simple y práctica, pero puede ser engañosa, como lo sería el que considerásemos libre al pájaro que, al volar, se salta obstáculos que para nosotros son insalvables. Se trata, sin embargo, de un concepto importante en política, la negativa a que se me impida hacer lo que deseo. Ahora bien, en filosofía hay que preguntarse algo un poco más enrevesado, esto es, cuándo queremos hacer algo, ¿lo queremos libremente o no? Cuando tomamos una decisión que creemos tomar libremente, podríamos pensar que, en último término, tal vez estemos tomando una decisión cuyas causas reales ignoremos.

La cuestión es, ¿existe libertad en un sentido real más allá de la sensación de actuar libremente? La otra pregunta es si cuando quiero hacer algo que nadie me impide en realidad lo estoy haciendo porque lo quiero o simplemente porque creo que lo quiero. En realidad, hay ocasiones en que se puede pensar que cuando parece que quiero lo que quiero, no lo quiero de verdad, sino que he sido obligado, de algún modo, a quererlo.

Todas nuestras sociedades están montadas sobre la base de que de alguna manera somos libres porque si no, no tendría ningún sentido la existencia de la ley, de los castigos, etc. El problema de la libertad es que, cuanto más se piensa en ella más oscura parece, porque nuestra manera de entender consiste en encontrar soluciones unívocas, deterministas, pero deberíamos darnos cuenta de que nuestros esquemas de entendimiento no tienen tanta fuerza como para dar por hecho que podemos imponerlos a la realidad. Muchas veces lo que tenemos por relaciones causales no son sino las formas de determinismo que arrojan sobre la realidad las cadenas lógicas de nuestro entendimiento, aunque como dijo Bergson, que la lógica no es en realidad otra cosa que una especie de teoría del estado sólido, una cierta forma de amoldar nuestra inteligencia al trato habitual con las cosas.

En el fondo, el miedo a la ausencia de libertad o la buena fama de la libertad, ¿de dónde vienen? La libertad, actualmente, ha perdido mucho atractivo como valor debido a la sociedad en la que vivimos, en que damos por supuesto, aunque no sea verdad, un alto grado de libertad, una disminución del número de obstáculos que se oponen a nuestro deseo, de manera que no nos parece que la libertad escasee y sea especialmente deseable, de tal forma que, con mucha frecuencia y facilidad, la cambiamos gustosamente por otras especies de bienes y deseos (seguridad, servicios, derechos, incluso ciertas formas de privilegio, etc.).

La idea de libertad nos libera de la sensación insoportable de no ser los protagonistas de nuestras vidas, y de la sensación de ser esclavos de un destino inesquivable, es decir, de la sombra de la fatalidad. En último término, el temor que la idea de no ser libres suscita en nosotros es el miedo a que un poder como el de Dios nos prive de ser nosotros mismos, de nuestra propia esencia. Detrás de la preocupación por la libertad, por tanto, hay siempre una preocupación de carácter casi religioso, una especie de resistencia a la posibilidad de no ser dueños de nuestro destino, aunque es evidente que no lo seamos por completo, puesto que en ningún caso somos omnipotentes y vivimos sometidos a la tiranía del tiempo, de las circunstancias y de muchos azares.

De la idea de libertad en el orden intelectual vamos a pasar a la idea de libertad en el ámbito moral. Los teólogos cristianos del siglo XVI y XVII discutieron mucho la cuestión de la predestinación: si Dios es omnipotente y absolutamente sabio ha de saber qué va a ser de nosotros, y, en consecuencia, también sabe si vamos a salvarnos o a condenarnos, de tal forma que tanto si vamos a salvarnos como a condenarnos, puesto que es un hecho que Dios ya conoce, no tendría sentido decir que somos libres, ni tampoco hacer nada de nada por evitar el castigo u obtener el premio. Por lo tanto, ¿para qué habríamos de esforzarnos si no hay nada que podamos hacer, si ya está todo predeterminado? Ciertas maneras de interpretar la religión parecían amenazar con incluir algunas implicaciones que hacían que la propia religión, entendida como un conjunto de recomendaciones para obtener la felicidad eterna, pudiera considerarse absurda. Por supuesto la idea de libertad plantea problemas también en el plano puramente moral en sus relaciones con la idea de bien, y con su contraria, la idea del mal, de lo que ya hemos hablado. Por último hemos a examinar la idea de libertad en su aspecto práctico y político, que es el asunto que examinaremos a continuación.

La "libertad negativa" y el concepto político de libertad

Desde el punto de vista político, esto es analizando las razones para obedecer a la ley o para oponerse a ella, que es el tema esencial de la teoría política, la idea de libertad es relativamente simple. Lo que pedimos al desear ser libres es que se nos deja hacer nuestra voluntad, que nuestra conducta sea la que efectivamente queremos, que no nos sea impuesta. Todo el mundo distingue con facilidad entre hacer lo que quiere, por ejemplo, jugar, viajar, descansar, conversar con los amigos, cortejar a la persona que se ama, y no poder hacerlo porque existan fuerzas, poderes o personas que nos lo impidan, por ejemplo porque hemos de trabajar y no podemos jugar, porque esté prohibido viajar o ir al lugar que desearíamos, porque estemos obligados a trabajar como forzados sin apenas descanso, porque se nos prohíba hablar o tener amigos, o porque sea imposible cortejar a la persona que amamos porque pertenece a otra casta y nos está prohibido el trato con miembros de esa casta superior. Este concepto práctico de libertad es muy poco problemático: ser libre significa poder hacer lo que queramos hacer, simplemente. Como es obvio, siempre hay grados de libertad, así que no podremos pasear si vamos en avión, o tendremos que guardar silencio se estamos en una conferencia o asistiendo a un juicio, etc. pero a nadie le parece que, dentro de un cierto orden, esos límites de la libertad sean peligrosos o molestos. Ser libre no es ser omnipotente, desde luego, y ni siquiera los más poderosos están libres de ese tipo de trabas a su real gana, por fortuna.

Ahora bien, el problema filosófico de la libertad empieza cuando nos preguntamos no si somos libres de hacer aquello que queremos, sino si lo que queremos lo queremos de manera libre o, por el contrario, nuestro querer es, simplemente, una imagen equívoca que nos oculta el hecho de que, sin darnos cuenta, estamos sometidos a un tipo de necesidad que no comprendemos. Los deterministas afirman que cuando creemos actuar libremente lo que hacemos es desconocer las causas que nos impulsan a querer lo que efectivamente queremos. De este modo se ve con facilidad la relación que guarda la libertad con el conocimiento porque el indeterminista siempre podría decir: "bastará que me digas que es lo que, según tu doctrina determinista, estoy obligado a hacer para que te muestre, inmediatamente, que puedo hacer lo contrario". De todos modos, el determinismo es prácticamente irrelevante cuando analizamos este primer concepto práctico y político de libertad.

Benjamín Constant, un pensador político del XIX, estableció una distinción muy importante entre lo que él llamó la libertad de los antiguos y la libertad de los modernos, una distinción que guarda cierta relación con lo que Isaiah Berlin llamó libertad negativa (que sería la más propia de los modernos) y libertad positiva (más relacionada con el concepto de libertad de los antiguos) en su conocida obra Cuatro ensayos sobre la libertad, aunque no coincida exactamente con ella.

La libertad de los antiguos consistía, según Constant en la posibilidad de participar en la asamblea de gobierno de la ciudad o de la república, la capacidad de decidir en asuntos generales, a diferencia de los esclavos, o de los extranjeros, las mujeres u otros tipos de personas (repárese que este concepto de persona aún no existía en Grecia) excluidos por uno u otro motivo, que no tienen el derecho a hacerlo, precisamente porque no son hombres libres, pues ni siquiera se les consideraba hombres, sino, más bien, objetos, cosas, realidades que debían pertenecer a alguien que era señor de sus vidas y acciones. Ser libre es, pues, poder participar, poder tomar parte en la toma de decisiones, tener alguna forma de poder. Un hombre es libre cuando no es ajeno al poder público, sino cuando el poder público se constituye con su presencia. Si se puede constituir sin su presencia no es más que un esclavo, ya no es un hombre.

La libertad de los modernos consiste, por el contrario, en la capacidad de poder hacer aquello que se les antoje sin que el Estado, los poderes públicos y las leyes, se lo puedan impedir. El individuo moderno da por hecho que el gobierno está sujeto por la ley que le protege a él frente a la intromisión del poder en sus asuntos propios y su libertad consiste en defender su autonomía, su capacidad de decidir cómo quiere vivir, a qué quiere dedicarse, qué es lo que quiere pensar, qué religión va a practicar, si es que quiere seguir alguna, etc., y lo que pretende es que los poderes públicos no se entrometan en su vida, en sus propiedades, sus ideas, o sus negocios. Este tipo de libertad presupone que el Estado se ha constituido, precisamente, para hacer posible la libertad de sus ciudadanos, para evitar que unos abusen de otros mediante la fuerza o el poder, para conseguir que haya paz civil y para ejercer lo que Max Weber llamó el monopolio de la violencia legítima en defensa de la paz y de los derechos civiles de los ciudadanos libres.

Se trata de dos formas distintas de entender la libertad política que no son enteramente contrarias. En particular, el ciudadano del Estado moderno entiende que el Gobierno le representa, que no va a actuar contra sus intereses, precisamente porque es un hombre libre, protegido por el derecho y la ley, y que, por tanto, no necesita participar directamente en él, basta con que el Gobierno sea controlado por el Parlamento en el que están sus representantes. La libertad de los antiguos es típica de las pequeñas ciudades soberanas de la antigüedad griega, apenas unos miles de habitantes, mientras que la libertad de los modernos puede considerarse típica del régimen político que se crea con la creación del Estado moderno en unidades políticas que, en ocasiones, llegan a tener miles de millones de habitantes, como, por ejemplo, la India actual que es la mayor democracia del mundo.

A lo largo de la historia moderna, los Estados han ido aumentando su poder y acortando las libertades de los ciudadanos, aunque eso se ha hecho, casi siempre, con el acuerdo formal de los ciudadanos, que no siempre son enteramente conscientes de lo que pueden perder cuando encomiendan al Estado que se cuide de ellos, de su salud, de su educación y de una infinita serie de cosas que los partidos políticos están siempre dispuestos a ofrecer al público para obtener su voto porque el público no suele hacer el cálculo de lo que le cuesta esa peculiar y gigantesca empresa que proporciona los más diversos servicios en que se han acabado convirtiendo los Estados providencia contemporáneos.

Cuando los primeros pensadores políticos de la época moderna teorizaron sobre el Estado y las libertades civiles, los Estados eran como pequeñas empresas, con poderes muy tasados, los parlamentos controlaban los impuestos para que los reyes no abusaran, o abusaran comedidamente, de sus súbditos; ahora, por el contrario, los Estados son entidades gigantescas, los parlamentos no vigilan la moderación en los impuestos, están tan unidos al poder ejecutivo que, generalmente juegan a favor de ampliarlos para que el presupuesto público sea cada vez mayor. Para hacernos una idea de las magnitudes asociadas a esta cuestión, del ritmo con el que crecen los Estados en el mundo contemporáneo, bastará con señalar que, por ejemplo, en España, el numero de empleados públicos era de unos 700.000 a comienzos de la democracia y ha aumentado en estas décadas hasta situarse bastante por encima de los 3.000.000 de personas, es decir, que casi se ha multiplicado por cinco. Como se ve, el tipo de libertad de los modernos, del que hablo Constant a comienzos del siglo XIX, sigue existiendo, pero cada vez se enfrenta con mayores trabas, aunque, curiosamente, cada vez son más los ciudadanos que no la echan demasiado en falta.

Michael Oakeshott, un importante filósofo político inglés del pasado siglo, explica cómo surgió el Estado moderno a partir de la disolución de lo que él llama la moral de los vínculos comunales por la que se regían las sociedades pre-modernas, compuestas por gente que se siente completamente vinculada a su grupo social mediante lazos muy fuertes de pertenencia, participación y protección. Estas sociedades se vienen abajo cuando los individuos empiezan a querer vivir al margen de esos vínculos, deciden viajar, sustraerse al ciclo de la economía familiar, abandonar su lugar de residencia, montar negocios, decidir en qué quieren trabaja, con quién quieren casarse, etc. A cambio, pierden seguridad y tienen una vida más difícil, aunque empieza a parecerles a muchos más atractiva. Así aparece la sociedad de individuos, a diferencia de sociedad de vínculos comunales, y esos individuos necesitan que exista un Estado que les proteja en su libertades y en su seguridad, pero que no se entrometa en sus vidas.

Ahora bien, esta tendencia a la emancipación de los individuos produce también unos efectos contrarios, justamente en quienes no se atreven a emprender ese modo de vida que consideran arriesgado, seguramente insolidario, peligroso, en cualquier caso, de manera que pugnan porque el Estado sustituya eficazmente a la moral de vínculos comunales que se ha perdido por culpa del individualismo, que proporcione la seguridad perdida, y facilitan, o fuerzan, la aparición de un Estado que no se limita a sus funciones esenciales y originarias sino que crece y crece hasta llegar a lo que llamamos el Estado providencia o Estados de Bienestar caracterizados por ocuparse casi absolutamente de todo cuanto concierne a la vida de sus ciudadanos.

Esta tendencia puede llegar al absurdo de que el estado se convierta en proveedor de normas morales, que pretenda que es mejor sustituir la conciencia de las personas por las leyes positivas, que sea bueno lo que está mandado, o, al menos, permitido, y malo lo que está prohibido. Muchos pensamos que este es un proceso degenerativo y rotundamente antidemocrático, es el Estado quien tiene que respetar la conciencia y la libertad de sus ciudadanos y es monstruoso que pretenda convertirse en suministrador de moral. Esto se comprende muy bien en aquellos países en los que la religión se ha convertido en una garantía de la libertad de conciencia, esto es lo que, según observó Alexis de Tocqueville ha ocurrido en los Estados Unidos de América, y muy mal en aquellos países en que la religión ha sido vista sobre todo como un poder, como ha ocurrido muy frecuentemente en Europa, y señaladamente en España. Cuando la religión se interpreta como un poder ajeno a la conciencia, no es extraño que algunos prefieran que el poder civil se convierta en una especie de iglesia laica que dicte las normas de moralidad que la mayoría quiere tener como propias. Se trata, sin embargo, de un error muy grave, porque si se le cede al poder político la potestad de determinar nuestras conciencias, más pronto que tarde el poder político se convertirá en un poder dictatorial, totalitario porque, como muy acertadamente observó Montesquieu, el gran defensor de la separación de poderes, y de su equilibrio, "es una experiencia eterna que todo hombre que tiene poder tiende a abusar de él".

En el mundo contemporáneo se parte genéricamente de aceptar una distinción fundamental entre ética y política, pero ni esto ha sido siempre así, ni todo el mundo lo admite, ni se pueden separar del todo, como se tratará de ver. La distinción entre Ética y política ha ido variando a lo largo de la historia del pensamiento. Para Aristóteles, que, de todas formas distinguió sus tratados de Ética de sus estudios sobre Política, no hay, en realidad, una distinción esencial. La razón es relativamente simple: el hombre es un ser naturalmente político, social quizá diríamos mejor hoy para evitar las resonancias de activismo, partidismo y astucia que, hoy en día, acompañan a la palabra política. Para Aristóteles la polis, la ciudad, es, en cierto modo, anterior al individuo, le da el ser, lo hace, y el hombre no es hombre fuera de ella, y aunque se pueda distinguir entre la consecución de la felicidad, que es el asunto principal de la ética, y los problemas del gobierno de la ciudad, hay una unidad esencial entre ambos órdenes de cuestiones, una unidad que se ha roto casi por completo, sobre todo a medida que se ha ido afincando lo que llamamos el Estado moderno, pero también a consecuencia de la decisiva influencia del cristianismo en estas cuestiones, en la medida en que la Éticase ha visto confinada, básicamente, al reino de la conciencia y a la vida privada, mientras que la política se ha de ocupar específicamente de la vida pública y de la ley, una realidad perfectamente tangible y objetiva, que pueda y deba regirse por reglas.

Para Aristóteles la conducta humana está necesariamente condicionada por la polis, por la sociedad en que cobra sentido, en cierto modo es una vida social más que lo que nosotros entendemos por individual. El cristianismo ayudó a descubrir una vida íntima o, simplemente, interior, en la que nociones como la de libertad y conciencia cobran una importancia decisiva, que no tenían para Aristóteles ni para los griegos, y que es, o, mejor, puede ser, completamente autónoma frente a las exigencias y condicionamientos del poder, porque como dice Jesús en el Evangelio (San Juan, XVIII, 33-37), "Mi reino no es de este mundo". Además de este factor de carácter religioso que ha tenido una influencia que es difícil exagerar, la existencia del Estado moderno ha cambiado completamente la naturaleza de las relaciones entre las personas, imponiendo una cierta irreductibilidad entre ética y política y, estableciendo, en cualquier caso, una distinción bastante nítida entre ambos ámbitos de cuestiones.

La relación entre las personas y la colectividad se piensa de modo muy distinto en el mundo antiguo y en el mundo moderno. Cuando Aristóteles dice que los hombres no somos ni dioses ni bestias porque no podemos vivir solos, quiere decir que la distinción entre la persona singular y la colectividad es una distinción casi meramente numérica. Nosotros no pensamos así, sino que las colectividades están formadas por personas y las personas son distintas de las colectividades. Para Aristóteles ciudadano es lo mismo que individuo, para nosotros, no. Nosotros diferenciamos también nítidamente entre el ámbito privado y el público, aunque el incremento de poder del Estado moderno hace que esa distinción se esté debilitando, de cualquier manera, pero esta es una distinción que un griego no entendería sin dificultad. En el fondo ética y política están muy unidas en el universo aristotélico porque la relación entre el ciudadano y el hombre es constitutiva, mientras que para nosotros, es más problemática.

Aristóteles afirmó la condición esencialmente social del hombre. Es evidente que nosotros no llegaríamos a ser quienes somos si no hubiésemos tenido una familia que nos acoge, esto es una de las diferencias más fuertes entre los humanos y las demás especies animales. Los humanos tenemos un periodo de gestación más o menos largo, pero tenemos una infancia enormemente prolongada, tardamos en ser humanos, en ese tiempo lo que se hace es socializarnos de forma y manera que un infante humano que crezca y se desarrolle fuera del seno social no llegaría a humanizarse por completo, no poseería la capacidad de hablar, porque biológicamente hay algo que tiene que ver con el hecho de que nuestra maduración como seres humanos haya de ser social.

Lo que ha ocurrido a partir de la modernidad es que las sociedades se han ido haciendo más complejas, y la distinción entre las familias y el orden político se ha ido acentuando. El orden familiar y personal y el orden político a raíz de la invención del Estado moderno son radicalmente distintos, al menos en teoría. Cuando se inicia la modernidad siglo XVI- XVII con la consolidación del poder político de los Estados modernos, la libertad del ciudadano no consiste en su capacidad para participar, sino en algo muy diferente, en que los poderes públicos respeten su autonomía privada. Esta diferencia es típica de la constitución teórica del Estado moderno, un órgano que se crea para acabar con la violencia civil e incontrolada que se adueñaría, en otro caso, de la vida de los ciudadanos, los cuales entregan todo el poder al nuevo Estado a condición de que éste garantice la paz y el orden y respete su libertad.

El ciudadano moderno legitima la existencia de un órgano soberano cuyo poder sea terrible, señor de la vida y de la muerte, un poder que esté muy por encima de cada uno de ellos, limitando su capacidad de hacerse daño pero respetando escrupulosamente su ámbito de libertad. Por tanto son diferentes las libertades de los antiguos, que no diferenciaban entre el ámbito del poder público y el ámbito de lo privado, un espacio político en el que la democracia no es representativa sino participativa, mientras que en la modernidad, la democracia sirve para garantizar la representación y que, en cierto modo, el ciudadano sea independiente del Estado y pueda dedicarse a perseguir con entera libertad sus fines particulares. Esta es la teoría básica del moderno

Estado liberal que, en la práctica, ha ido asumiendo cada vez más funciones, en parte al heredar los viejos poderes y, en parte, como respuesta a las demandas de sectores sociales que se sentían más desprotegidos.

Esta distinción tiene un inconveniente grave, se refiere a un estado de cosas ideal, a un modelo que siempre ha estado desvirtuado por el hecho evidente de que cualquier forma de poder tiende a extralimitarse. Como el poder político tiende siempre a expandirse, y crecen las posibilidades de que el poder mismo o sus representantes se corrompan, en el Estado liberal, el poder tendría que estar siempre sometido a la ley, reglado, vigilado, compartido, limitado y distribuido, de modo que cualquier democracia tiene que estar limitada por el respeto a la libertad de los ciudadanos y por una constitución interna que permita la poliarquía, la pluralidad de poderes en pugna y equilibrio constante.

Cuando, en este modelo teórico, los ciudadanos se dedican a su vida privada y pretenden que el poder lo respete, aparece el fenómeno de una creciente desigualdad, la existencia de ricos y pobres, que siempre ha sido un problema político, se empieza a dar en formas muy intensas. En las primeras formas del Estado moderno los ricos y pobres se relacionan mediante una función que genéricamente se podría denominar como sometimiento, los ricos someten a los pobres. Cuando se recrudece la desigualdad económica, los pobres acuden al Estado, y esta institución política encuentra en esa protección que demandan los desheredados, una vía para aumentar su poder, y, así, el Estado deja de ser una institución neutral, para comenzar a ser socialmente beligerante, para convertirse en una entidad que interviene a favor de los pobres y, supuestamente, en contra de los intereses de los ricos, por ejemplo, estableciendo una escala progresiva de impuestos. El Estado, es decir los que controlan el gobierno de esa máquina cada vez más poderosa, piensa que es más fácil fortalecer su poder diciendo que protege los intereses de los pobres, ya que los desheredados son más que los ricos. No hemos visto nunca sociedades en las que el porcentaje de ricos sea mayor que el de pobres. Los ricos son menos, puesto que ser rico consiste en acumular, y no todos podemos tener todo.

El Estado moderno se convierte en un instrumento que tiende a crear relaciones de poder con los ciudadanos y a enfeudarse con los que más hay, los pobres. En este momento se ve claramente que la relación entre Ética y política se ha roto, la conducta individual no tiene casi nada que ver con el mercado político. De todos modos, sería muy ingenuo no darse cuenta de que una cosa es que los gobiernos traten de legitimarse con esa clase de retóricas y que, por otro lado, pacten con los poderosos con mucha más facilidad, mientras se supone que están sirviendo a los intereses de los más. Pero en fin, esto ya sería pura política y nuestro asunto es muy otro.

Por otro lado, nosotros tenemos una visión de la Ética que es más conflictiva que la visión típicamente griega, en particular para el platonismo que no concibe que exista ninguna contradicción en la idea de Bien, e hizo, por cierto, de esa reflexión un potente instrumento para contraponer la razón y la tradición, para exigir un criterio con el que poder superar al tiranía de la costumbre, lo que sin duda puede considerarse como un elemento liberador de la sumisión al carácter meramente colectivo y obligatorio, pero no necesariamente racional de las normas sociales. La Ética griega, precisamente por esa apuesta por las posibilidades de la razón para determinar con certeza lo mejor, fue escasamente proclive a dar cuenta del carácter conflictivo de la vida moral. En cambio, en la misma Grecia los dramaturgos fueron más propensos que los filósofos a poner de manifiesto el carácter conflictivo de la vida moral, como lo ejemplifica el caso de la Antígona de Sófocles, el personaje que debe de afrontar una elección entre dos mandatos sagrados que se oponen, la obediencia a la ley de la ciudad, que le impide dar entierro al hermano condenado, y el deber sagrado que le impone lo contrario.

La teoría política griega se ocupó de establecer las formas ideales, o preferibles, de gobierno y la manera de armonizar las tensiones que existen en la sociedad, la discordia civil, los choques de intereses entre ricos y pobres, la naturaleza de la justicia, pero tampoco hizo que la conflictividad, como sí lo hace la teoría política con la que aparece el Estado moderno, fuese el asunto primordial de la política. Bien en la teoría, bien meramente en la práctica, existe en los pensadores griegos un modelo ideal de convivencia inspirado en la misma naturaleza humana, del mismo modo que el alma humana es a su vez un trasunto de la estructura social (filósofos reyes, guerreros y trabajadores, las clases básicas de la sociedad en

Platón se corresponden con la tríada compuesta por la cabeza, el corazón, y el estómago, las partes esenciales que definen el alma humana). De tal forma, la teoría del gobierno en Grecia es también naturalista, mientras que la filosofía política moderna será conflictivista, entenderá que, de algún modo es la violencia y no la armonía natural la sustancia de la vida colectiva. No se trata necesariamente de violencia física, pero en cualquier forma de competencia hay vencedores y vencidos, por muy deportivo que sea el certamen, y el mundo moderno es un mundo competitivo por definición, un mundo que ha roto las barreras de la sociedad que previamente se encontraba en un cierto equilibrio, con vínculos comunales sólidos y sin las amenazas y tensiones que introduce individualismo, una sociedad en la que también podía existir violencia, pero compensada y disimulada por la sumisión, mientras que el mundo moderno es, idealmente, un mundo insumiso y de insumisos, un mundo conflictivo en el que se lucha por acumular, mandar y poseer, cosa imposible sin desposeídos, obedientes y pobres.

Otra cuestión es si a estos últimos, a los pobres, les acaba compensando también la mera competencia, es decir si los pobres de ahora mismo lo son menos que los de cualquier otro momento del pasado, y si esa mejora se puede conseguir de otro modo, mediante una sociedad administrada de un modo autoritario que, al menos idealmente, evitaría la competencia, los abusos y la desigualdad: la experiencia disponible indica que esos intentos de socialismo radical han fracasado estrepitosamente, además de haber pactado, en la práctica, formas de connivencia con los ricos, con el sistema capitalista en su forma más abrupta.

La concepción antigua, naturalista, de la política y la concepción moderna, conflictivista, son dos concepciones profundamente distintas, y ha sido la absorción de la primera por la teología y la filosofía cristiana, y la influencia de estas en el pensamiento moderno quien permite explicar tanto las formas de continuidad como la profunda discontinuidad que entre ellas existe.

Desde el punto de vista político, en el mundo contemporáneo es importante tener en cuenta que todos los fundamentalistas tienden a confundir la ética con la política, lo que llega a su extremo en los casos en que religión y política no se diferencian, como ocurre en buena medida en la civilización islámica, mientras que en el occidente de influencia cristiana tenemos clara dicha diferencia, que se viene pensando desde los filósofos medievales, independientemente de que la separación práctica entre la Iglesia y el poder político haya pasado por diversas vicisitudes mucho tiempo después. Pero la separación entre ética y política, como la distinción entre religión y política implica que es necesario distinguir entre lo que se pueda considerar un mal desde el punto de vista ético, o, en otros términos, un pecado, y lo que pueda ser lícito desde el punto de vista legal o político. En términos políticos, la libertad supone que haya que renunciar a imponer criterios morales mediante la coerción estatal, pues, como dijo Abraham Lincoln, ningún hombre es suficientemente mejor que ningún otro como para pretenderle gobernarle si su consentimiento.

Es evidente que hay zonas en que esa clase de separación resulta más conflictiva que en otras, pero el criterio de demarcación entre lo ético y lo político, debería estar claro en las sociedades en las que existe una democracia liberal, en que el pueblo gobierna, pero se respetan los derechos individuales, las creencias y la libertad de conciencia de todos.

Ante esta clase de cuestiones es muy importante establecer con claridad el criterio de tolerancia, el que se entienda que es más importante, como a su manera dijo Rorty, proteger la libertad que defender a la verdad, porque, en cierta forma, la verdad ya se ocupa de sí misma, no corre nunca verdadero riesgo si existe libertad para proclamarla, y si esa libertad no se confunde al tratar de imponer ciertas verdades que no necesitan del poder, porque, además, se falsean inmediatamente con su apoyo. Al final, lo sensato sería tratar de que existan el menor número posible de prohibiciones y de normas, tanto porque la gente no suele adoptar conductas que, de estar legisladas, estarían prohibidas, como porque nunca es fácil separar el grano de la paja; por ejemplo, ir desnudo no constituye ahora mismo en España un delito, ni siquiera una falta: simplemente la gente, de ordinario, no lo hace, es decir en una gran variedad de casos las personas actuamos normalmente de un determinado modo, independientemente de lo que pueda decir al respecto la ley positiva.

En la práctica, como veremos más adelante, los Estados se han convertido en auténticas máquinas de producir normas, una realidad molesta y desdichada, pero esta es otra cuestión.

La moral social y la reflexión ética

Puede sostenerse, a la manera kantiana, que todo mandato moral es universal, aplicable en cualquier situación, persona o lugar, pero esa condición ideal de la moralidad no debiera servir para perder de vista que, en la vida real, en la práctica, la conducta moral de las personas está muy condicionada por su entorno social, por su educación, y por la época histórica en que viven, cuando menos, lo que, sin embargo, no equivale a que reduzcamos la moralidad a una derivada de esas condiciones. La moralidad es una fuerza que siempre ha permitido la rebeldía, el hecho de que las personas hayan podido enfrentarse con las creencias imperantes y hayan tratado de promover otras ideas, que, en general, podemos considerar mejores.

La Ética debe ser también estudiada desde el punto de vista social e histórico. Para poner un ejemplo de MacIntyre, se puede afirmar, con plena convicción, que los derechos humanos son universales, o verdaderos, en cualquier circunstancia, pero no debiéramos perder de vista que, aunque consideremos válida esa proposición, es indudable que no siempre se ha sabido que existieran los tales derechos.

Cervantes le hace decir a sancho en el Quijote que "es tan buena la justicia, que es necesaria que se use aún entre los mismos ladrones", esto es, es imposible encontrar ningún grupo humano, ninguna sociedad establecida, en la que no existan unas nociones éticas que se supone deba respetar todo el mundo, aunque se sepa que de hecho no es así. Ahora bien, aún admitiendo que, desde un punto de vista psicológico, la moralidad es algo con lo que nos encontramos en el grupo social que nos educa, ¿es algo más que eso? Si suponemos que la moral es, meramente, una cualidad social, como, por ejemplo, la posesión de una lengua con la que nos comunicamos, entonces perderíamos de vista un hecho fundamental, a saber, que la moralidad es también, y muy frecuentemente, un impulso que pugna por mejorar la calidad, la racionalidad y la justicia de las normas que cualquier sociedad da por sentadas. Este impulso moral es lógicamente irreducible a la mera presión social que, supuestamente, estaría, según algunos autores, en el origen de la moralidad, de los juicios éticos, de los sentimientos morales.

Concedamos, para empezar, que la mayor parte de nuestro comportamiento tiene su origen en una inserción social, en algo que se nos ha enseñado y que, si no lo compartiésemos, nos condenaría a una cierta marginación. Pero siempre cabe distinguir la conducta de cada cual de la conducta social, puesto que los seres humanos no somos máquinas uniformes ni tenemos unos instintos muy fuertes que nos obliguen a comportarnos de manera rígida. La Sociología estudia precisamente la condición social de nuestra conducta, y tiende a incluir en sus propios esquemas los aspectos de la conducta humana que requieren alguna clase de deliberación psicológica o moral, de manera que la tentación más frecuente del sociólogo es considerar que la conducta social es la razón básica que condiciona y explica la conducta moral. Es verdad, además, que toda moral, es una moral social: no tendría sentido que hablásemos de hacer el bien o el mal si no existiesen los demás como término u objeto de nuestras acciones, de manera que podemos considerar que el juicio moral es una manera de objetivar la conducta de cada cual desde el punto de vista de los demás, de quienes consideran nuestras acciones conforme a un modelo ideal. A esto se puede objetar que incluso un Robinson Crusoe tendría ideas morales, en la medida en que se desdoblase psicológicamente y se considerase a sí mismo como otro, que considerase, por ejemplo, que tiene deberes consigo mismo, como el deber de no dejarse morir, por ejemplo, o, incluso, en la medida que se considerase a ese otro que es Dios o su reflejo en la conciencia, pero, en general, nuestra moralidad es algo que existe en la medida en que somos seres sociales y precisamente porque los demás requieren de nosotros un determinado tipo de conducta y rechazan otras formas de actuación.

Los filósofos morales se preguntan cuál es la fuente de la moralidad, es decir de dónde viene que tengamos sentimientos o ideas morales, lo que constituye un problema para el que no existe una respuesta única y definitiva, y han señalado varios candidatos: la naturaleza, la costumbre, las creencias, la religión, etc. Hay un cierto acuerdo de que, en cualquier caso, el análisis racional desempeña un papel importante a la hora de determinar cualquier forma de justificación moral, aunque sería bastante exagerado pretender una exclusividad de la razón a la hora de determinar las formas legítimas de actuar en la vida moral. La religión y la tradición tienen en cualquier caso un papel privilegiado como fondo de provisión de argumentos morales, cosa que hay que reconocer incluso si se prefiere el análisis ético típico de las filosofías más formalistas, como la de Kant.

La religión, en particular, es una realidad muy complicada desde el punto de vista cultural y político y no se puede tomar a la ligera, porque, además de ser un derecho que nadie sensato osaría discutir, el derecho a tener una cierta idea de la vida, está unida a múltiples instituciones e ideas del acerbo cultural de las que no es nada sencillo prescindir. En ese sentido se suele repetir, atribuyendo la frase a Chesterton aunque no sea estrictamente suya, sino una reelaboración de dos pasajes de su obra, que los que creen no creer en Dios se permiten el lujo de creer en auténticas tonterías, es decir, que el hueco que deja la ausencia del sentimiento religioso, sea real o imaginario, no es fácil de cubrir y tiene largas consecuencias de todo tipo.

Además, los experimentos sociales que han intentado reprimir la religión, como el comunismo estalinista de la URSS que reprimió con toda severidad el más mínimo resto de religiosidad en la población rusa y en las repúblicas soviéticas, se han saldado con un fracaso absoluto. Por otra parte, muchos de los movimientos anti-religiosos que frecuentemente tratan de erradicar las religiones de la vida pública acaban por ser tan fanáticos como las más fanáticas de las religiones, de manera que vienen a recordar aquello de que puede ser peor el remedio que la enfermedad. Hoy en día es muy frecuente que la gente crea religiosamente en la ciencia, lo que se conoce como cientificismo, la conversión de la ciencia, que es una búsqueda crítica e incesante, en un respuesta dogmática a cualquier cuestión ("ya estoy en el secreto, todo es nada", como decía el poeta), en una creencia especialmente pretenciosa.

La religión no puede ser juzgada exclusivamente desde el punto de vista de su verdad, de modo que para quienes no crean en ella haya de ser tenida exclusivamente por una superchería, y para los creyentes como una verdad incuestionable que haya de ser defendida hasta con las armas. La religión cumple una serie de funciones que están presentes más allá de cómo puedan considerarse sus doctrinas desde el punto de vista de su verdad, su verosimilitud o su conveniencia. Al expresar necesidades muy hondas del espíritu humano y de su libertad, la religión tiene algo que la coloca más allá del alcance del enjuiciamiento crítico que puede ser válido y recomendable en otros terrenos, desde luego en la ciencia que se forma mediante discusión y evidencia. Quizá la categoría moral que le es más propia es la del respeto debido a lo sagrado, una categoría que las religiones, salvo casos excepcionales de todos conocidos, han contribuido a extender. Hemingway cuenta el caso de un miliciano que en la guerra civil le dice a un misionero protestante algo como lo siguiente: "de manera que no creo en mi religión, que es la verdadera, y tú pretendes que crea en otra cualquiera,... estás chalado", lo que no deja de ser una paradójica constatación de que hay algo en el sentimiento religioso que es muy difícil de erradicar porque expresa un fondo de creencias sin las cuales la vida humana es poco menos que imposible.

De ordinario, la religión es una de las fuentes principales de provisión de ideas morales, tal vez la principal. En concreto sería casi impensable tratar de entender las filosofías morales de nuestra cultura al margen de la profunda influencia que el cristianismo ha ejercido sobre ellas. Ahora bien, aunque sea evidente este aspecto social de la conducta moral, es claro que la moralidad debe ser algo más que un reflejo de las exigencias de otros sobre nuestra conducta. En realidad, las exigencias morales no se nos presentan nunca únicamente como imposiciones externas, sino, al menos, como ideales que tienen una cierta objetividad, como algo que nadie ha tenido que enseñarnos de manera directa, y, sobre todo, como algo que quizás debamos hacer aunque moleste a los demás. Hay algo más en la moralidad que el mero ajuste a las exigencias externas, y ese algo es lo que se ha llamado la conciencia moral individual, distinta de las normas externas, y, sobre todo a partir de Kant, la llamada autonomía moral.
La conciencia moral, además, se nos presenta con la forma de un cierto saber, de una verdad que se nos impone por ella misma y no por la presión externa que, en ocasiones, puede ser perfectamente contraria a ese ideal. Todo esto contribuye, lógicamente, a que la vida moral sea

por naturaleza conflictiva, exigente y paradójica, a que sepamos cuál debiera ser el bien que hiciéramos pero hagamos, con mucha frecuencia, muy otras cosas, incluso sabiendo, por cierto, que no es lo que debiéramos hacer. Hay muchos testimonios de esta curiosa paradoja: Ovidio, en su Metamorfosis, dejó escrito *Video meliora proboque, sed deteriora sequor,* (Veo lo que es mejor y lo apruebo, pero hago lo peor), y el propio San Pablo (en su Epístola a los romanos) afirmaba que *Non enim quod volo bonum, hoc ago, sed quod odi malum, illud facio,* (No hago el bien que quiero, sino el mal que no quiero).

La conducta moral existe porque hay muchas circunstancias en que la vida nos exige una deliberación moral, porque hemos de escoger entre exigencias y conveniencias, entre ideales o intereses, entre bienes contrapuestos, porque hemos de resolver conflictos frente a los que no tenemos siempre soluciones claras o reglas inequívocas. La moralidad de la conducta es un aspecto de la sociabilidad humana, pero no todo el acervo de criterios morales que frecuentemente resultan conflictivos puede reducirse a las exigencias de lo externo, de lo social. Realmente, la sociedad no toma, en ningún caso, las decisiones por nosotros, puesto que, de ser así, si todo lo relativo a la moralidad se redujese a la influencia social en nuestra conducta, ni se podría llevar la contraria a la mayoría, ni se podría actuar de manera heroica.

El saber moral que usamos para decidirnos es personal. Ahora bien, ¿de dónde viene ese saber? Viene, evidentemente, de la sociedad que nos ha educado de una determinada manera, viene de fuera como el lenguaje, los gustos, etc., pero no viene solo de ahí. Si así fuese no sería explicable el heroísmo, como el caso de aquel estudiante madrileño que al pasar por delante de un incendio al volver de la universidad entró hasta seis veces en la casa que ardía para recatar a personas rodeadas por las llamas, hasta que, a la séptima entrada, ya no pudo salir él, y se convirtió en una víctima más del incendio. No existía ninguna presión social para que hiciese lo que hizo, no le unía ningún lazo personal con las víctimas, no era ni policía, ni bombero, ni tenía ninguna clase de obligación especial distinta a la de las decenas de personas que contemplaban el incendio con una mezcla de curiosidad morbosa y de miedo. Pero decidió exponer su vida, seguramente fue consciente de ello, por algo que valía más que su vida misma, por un impulso heroico sin seguir el cual es posible que se sintiese avergonzado de seguir viviendo. Este impulso heroico es, por supuesto, enteramente irreducible a la presión social y es muy frecuente, de una u otra forma en el origen de lo que consideramos comportamientos ejemplares, envidiables, aquellos que van más allá de cualquier deber, porque se proponen un ideal de conducta sublime.

El heroísmo moral nos impulsa y nos permite adoptar decisiones contrarias a nuestros intereses. Es impensable desde el punto de vista social porque la sociedad es acomodaticia y tiende a la disculpa, a un concepto relajado de obligación, al mero evitar el mal. Henri Bergson habló de la llamada o impulso del héroe como clave de lo que llamó una moral abierta, una moral que busca la perfección, la santidad, y que se contrapone, como tal, a la moral cerrada, la moral que expresa meramente el mandato de la tribu, de la manada, el interés de autoprotección de la sociedad. De esta expresión bergsoniana se deriva el término que se ha popularizado a partir de Popper de sociedad abierta, por oposición a una sociedad cerrada, autoritaria.

Otro ejemplo extraordinario de comportamiento heroico lo encontramos en el caso que relata El general Della Rovere, la magnífica película de Rossellini a partir de un excelente relato de Indro Montanelli. En ella, el protagonista, un auténtico sinvergüenza, magistralmente interpretado por Vittorio de Sica, se dedica a cobrar un tanto a compatriotas italianos detenidos por los nazis para gestionar su liberación por parte del ejército invasor alemán; en realidad no hace nada, pero como los alemanes acaban liberando a un porcentaje alto de los detenidos, vive magníficamente a expensas de semejante práctica rufianesca. Los alemanes le detienen, no por lo que hace, sino por lo que, como se verá, esperan conseguir con su arresto. Lo que ha ocurrido es que, en el curso de una emboscada para tratar de apresar al general Della Rovere, un héroe popular de la resistencia frente a los invasores nazis, lo matan por error y temen que la muerte de este general se convierta en un nuevo quebradero de cabeza para sus intereses militares. Se les ocurre ocultar la noticia mientras puedan para evitar que el hecho estimule a los resistentes y deciden decir que lo tienen detenido. Pero necesitan un preso que se haga pasar por el héroe italiano y piensan que Vittorio Bardone, el inmoral estafador de sus compatriotas, podría interpretar el papel del héroe desaparecido para tratar que el resto de prisioneros, que no conocen en persona al auténtico general Della Rovere, le revelen al falso general secretos de la organización de la resistencia que Bardone haría saber de manera inmediata a los carceleros alemanes.

Bardone considera que le conviene aceptar el comprometido papel porque, de lo contrario, le detendrán por estafador y tardará en salir de la cárcel y, además, le han prometido el indulto una vez que cumpla su papel y denuncie los planes de los resistentes a los alemanes. Sin embargo, una vez en la cárcel, al tener que representar a un personaje tan digno, cuyo lema moral era nada menos que "cuando tengas dudas de cuál es tu deber escoge siempre el camino más difícil" Bardone va haciéndose cargo de su propia indignidad, y termina abrazando como propia la personalidad del héroe al que está suplantando, lo que le llevará, finalmente, a una muerte de la que pudiera haberse librado, pero prefiere mantener la conducta que seguramente habría tenido el suplantado, el comportamiento real del personaje que el resto de los prisioneros creen que es, de manera que el mangante habitual que él ha sido desde siempre por vocación y con esfuerzo atinado, acaba comprendiendo la absoluta superioridad de la vida del héroe y ello le permite inmolarse y ser, por fin, digno ante sus ojos asombrados por algo cuya comprensión le era antes enteramente imposible.

La historia de Montanelli muestra un ejemplo claro de comportamiento escasamente egoísta o meramente utilitarista, porque no puede serlo preferir la propia muerte a la vida y la libertad, pero nos hace ver de qué manera un impulso ético puede acabar siempre, y de manera casi instantánea, con una vida inmoral y despreciable, algo que, hay que insistir en ello, sería difícilmente explicable en base a la reducción de la moralidad a la pura presión social.

Cualquier decisión de carácter moral supone una elección, no depende nunca de una determinación que no nos deje otras opciones, puesto que, de actuar por necesidad o de manera obligada, sin tener alternativas reales, nuestra acción no sería, por definición, moral, sino puramente física, actuaríamos como lo haría una piedra, o un vegetal guiado por sus tropismos. Toda decisión se realiza en un contexto en que la elección se ha de examinar a fondo, porque habitualmente el bien que vemos está ensombrecido por diversas espesuras, por dudas, por contradicciones, por prejuicios, por diversas formas de debilidad que impiden un juicio claro, etc. En la mayoría de las situaciones comprometidas puede no haber una evidencia que haga completamente irremisible la decisión, hay siempre, de uno u otro modo, un acto libre, una apuesta.

Nuestra vida está sometida, además, a una pluralidad de bienes en colisión, lo que aumenta la ambigüedad de las situaciones en que tengamos que tomar una decisión moral, sin que, en circunstancias normales, sepamos siempre con certeza absoluta cuál sea el bien superior que debiéramos escoger. Además, es generalmente muy difícil separar nuestros intereses de las cualidades morales que puedan estar en pugna en el interior de nuestra conciencia. Elección significa pensar (ponderar), sopesar los argumentos en pro y en contra de cualquier decisión, y no es siempre fácil saber que pesa más o qué pesa menos a la hora de elegir.

La noción de autonomía moral (idea kantiana) se opone a que en las elecciones de carácter moral haya otras consideraciones distintas a las que nos presenta la idea del deber, a que consideremos, por ejemplo, que de hacer el bien obtendremos, además, un cierto premio. Se trata de un rigorismo admirable pero que no anula el hecho de que a la mayoría de las personas, la idea de un premio les ayuda a elegir de manera correcta, es decir a hacer lo mismo que debieran hacer por puro deber, de la misma manera que parece razonable sostener que el temor a un castigo favorezca el que se cometan menos crímenes.

Este idealismo moral kantiano es admirable y muy exigente, pero resulta un poco arriscado en la medida en que, aplicándolo de manera rigurosa, dejaríamos fuera del ámbito de la moralidad un enorme conjunto de conductas que consideramos admirables y ejemplares, como la capacidad de sacrificio de una madre por su hijos, o el heroísmo de un soldado, o la fidelidad a la ley de un juez que no necesariamente se adoptan en función de tan exigentes cualidades, sino por costumbre e incluso, en algún sentido por conveniencia, sin que eso pueda suponer, de ningún modo, que las consideremos inmorales. De hecho, nuestro ideal de una sociedad justa se acerca más al de una sociedad en la que habitualmente se cumplan las obligaciones de cada cual y se respeten los derechos de los demás, de un modo tranquilo y habitual, sin que eso suponga que los sujetos de esas acciones buenas y dignas tengan que hacer esfuerzos heroicos para llevarlas a cabo, ni tengan que someterse a análisis éticos muy rigurosos cada vez que toman una decisión que está conforme con sus criterios suficientes de moralidad y de buen sentido.

El sujeto moral autónomo solo obedece leyes que él mismo dicta, al margen de cualquier beneficio posible, sin embargo se puede sostener, como hacía Berkeley, por ejemplo, que el hecho de que una conducta pueda ser de mi conveniencia no le quita valor a su moralidad, caso que la posea. En consecuencia, sin que se pueda negar la vertiente social de la moralidad, su relación con la satisfacción de fines y objetivos que la necesidad social o el interés colectivo demandan, hay que mantener que solo las personas singulares son sujetos propiamente morales y que hay algo en nuestra condición humana que nos hace capaces de sostener ideales aunque sea en contra de nuestros intereses más inmediatos y radicales, algo que nos permite la identificación con un ideal que es aquello que nos hace más específicamente humanos, el deseo de libertad y el compromiso con el deber que, muy frecuentemente, son las dos caras de una misma moneda para la persona valerosa y digna.

Una discusión sobre el caso Eichmann y sobre una posible utilización perversa del imperativo del deber

De todas formas, el punto de vista kantiano, en su gran nivel de exigencia, eleva a su mayor altura teórica un principio de origen nítidamente cristiano, la apuesta por la conciencia frente a la apuesta por el poder. El poder y la conciencia no tienen que ser principios antagónicos, pero, en la práctica, lo son con enorme frecuencia. El sometimiento a los designios del poder puede ser consecuencia de una decisión intachable desde el punto de vista moral, como por ejemplo, cuando un soldado elige cumplir sus órdenes por encima de sus intereses o creencias, pero ese tipo de conductas no deja de suponer siempre un grave riesgo. Cuando se atienden a las explicaciones de su conducta que dio Adolf Eichmann en el proceso de Jerusalén, tal como se recogen en el libro que dedicó al tema Hanna Arendt, se comprenden los riesgos de una asunción acrítica de la idea de deber con la que pretende justificar su conducta el acusado, pero también se ven bien los límites de la supuesta justicia universal que se habría encarnado en el Tribunal israelí que juzgó y condenó al criminal nazi ya en 1962. Es evidente que, en la misma medida en que una asunción del deber pueda considerarse acrítica, nada tendría que ver ese respeto a tal deber con lo que recomienda Kant.

Parece clara la superioridad del imperativo moral de tipo kantiano sobre cualquier forma particular de articulación de bienes y males típica de toda moral inspirada en algún interés colectivo, frente a cualquier escala externa e/o impuesta. Más allá de la convicción de que nadie debería obrar contra su conciencia, cabe preguntarse si esa convicción constituye algo más que la constatación de que el estado ideal debiera ser aquel en el que, a la manera, más o menos, de Platón, gobiernen los filósofos, una situación tan dichosa en teoría como extraña en la práctica, y, como se sabe, bastante imposible y absolutamente inexistente. La cuestión es si es concebible siquiera la existencia de mecanismos sociales y de prácticas e instituciones políticas que sean capaces de trasladar al ámbito público el ideal moral que se expresa en el imperativo kantiano. No parece fácil que sea posible ni siquiera concebir ese tipo de justicia, ni imaginar siquiera una Constitución que idealmente impida el mal aunque solo sea los casos más sangrantes. Garantizar el bien no parece fácil ni por la vía de las instituciones políticas ideales, ni por la vía del desarrollo cultural de las sociedades: de hecho, la barbarie nazi fue posible en una de las sociedades más cultas y educadas de la historia, la sociedad alemana de los años 30 del pasado siglo. En el mundo real ocurren con mucha más frecuencia casos como el holocausto judío y la peculiar justicia que sobre un criminal del pasado administró el estado de Israel en el caso Eichmann.

En términos del caso nazi, el problema no es que los judíos no tuvieran una Constitución que los protegiera (en algún caso seguramente hubieran poderla tenido) sino que no tuvieron capacidad, fuerza, o valor, suficientes para resistir el abuso que sobre ellos se cometía en nombre de la ley y/o de la superioridad de la raza aria, que se hacía, en cualquier caso, con forma legaliforme, pública y, de algún modo, constitucional, y, por cierto, de la sensación de que la poca fuerza que tuvieran la fueron perdiendo por el empeño en confiar en la bondad de la ley del Estado.

Los nazis eran algo más que ilegítimos, eran positivamente malos, pero también se decían a sí mismos que estaban cumpliendo un deber, lo que, por cierto, les hace más perversos, pero no más desenmascarables desde el punto de vista del hombre corriente. Se pensaban a sí mismos como cumpliendo un mandato que está, en principio, por encima de la mera ley, es decir, podemos entender que se concebían a sí mismos como sujetos que, más allá de un credo ético particular, ejecutan un designio superior (que desde luego no es el kantiano pero que encaja mejor en un molde que de algún modo es formalmente kantiano antes que en uno ligeramente más primitivo y tradicional). En resumidas cuentas, cabe temer que siempre que exista un determinado consenso político (incluso menos aún, una simple creencia) sobre lo que es bueno y lo que es malo, siempre se podrá disfrazar cualquier barbaridad bajo un mandato formal que lo transforma en un deber, en el deber. Nada quiere decir contra Kant que se pueda asesinar a alguien golpeándole con un volumen de una cualquiera de sus Críticas, pero sería muy ingenuo ignorar que los criminales tienden a disfrazarse de buenas personas, de santos, siempre que les sea posible.

Las invocaciones al honor que pudo hacer, por ejemplo, Ernst Jünger, uno de los más grandes escritores del siglo XX que fue oficial del ejército alemán en la época nazi, no debieran confundirse con las que invocó Hitler, es decir, el hecho de que usaran palabras, formas, similares, no sirve para afirmar que ambos honores sean idénticos, pero sí debería advertirnos de que no se puede confiar en las palabras, que las palabras son magníficos instrumentos en manos de los mentirosos. Esos dos honores se nombran del mismo modo, pero no son idénticos: el uno nace del respeto que se adquiere y se dispensa a los demás (y del balance de ese intercambio de respetos) mientras que el otro es, por el contrario, la expresión de una absoluta falta de respeto hacia aquellos de los demás que no son del partido y no hacen lo que dice Adolf Hitler, una actitud que puede formularse también de manera formal: "haz siempre aquello que Adolf Hitler haría", puesto que ese es, desde el punto de vista material, el mandato de apariencia formal y kantiana con el que pretendió justificarse Eichmann al acogerse a lo que se denomina obediencia debida ("¿quién soy yo para poner en duda las órdenes de mis superiores?").

La identificación con un *super-ego* como Hitler es realmente peligrosa, pero no estoy seguro de que no sea también peligrosa la identificación con cualquier *super-ego*, aunque el *super-ego* se suponga kantiano, ignorando la endeble condición de que estamos hechos nosotros como individuos y las perversas tendencias que se abrigan en nuestras fuerzas políticas (puesto que no basta enunciar un ideal para que la praxis se conforme con él) que, a la postre, responden también a nuestras carencias y temores personales, a la constitutiva debilidad de la condición moral, siempre expuesta al mal, especialmente en la medida en que obrar el mal pueda suponer sustanciosas ventajas de todo tipo.

Una ley más allá de toda ley que establezca que nunca es legítimo (ni siquiera cuando parezca ser legal) torturar, perseguir, encarcelar, avasallar o asesinar arbitrariamente a los inocentes sin rendir cuentas por haberlo hecho y sin cometer delito alguno es una ley de imposible cumplimiento cuando, por así decirlo, el poder político enloquece, si no existe en la conciencia y en la dotación de cada uno de los individuos que no deben ser masacrados la posibilidad física de no serlo, es decir, la posibilidad de contraponer su fuerza rebelándose frente a la fuerza criminal que ocupa el lugar en el que debería haber, pero no hay, una ley justa y unos funcionarios decentes.

Esa ley más allá de toda ley sería enteramente inane sin una fuerza que la respete y ayude a su establecimiento, fuerza que, por definición, no puede ser la del Estado, lo que nos llevaría, de nuevo, a un argumento liberal clásico sobre los límites del poder público, sobre lo magnífico que es que no moleste y sobre que es preferible que se olvide de hacerme feliz.

Lo que nos lleva, de nuevo, a la amarga cuestión de la autodefensa, que es lo que argumenta Ben Gurion, el líder israelí que ordenó el secuestro de Eichmann en Argentina para poder juzgarlo, y ejecutarlo en Jerusalén, para establecer su legitimidad para iniciar el juicio de 1962 contra el criminal nazi: el que en ese momento los judíos en Israel pueden defenderse sin pedirle a nadie que lo haga por ellos y deciden dar un escarmiento, para que los palestinos, por ejemplo, tomen nota. Es evidente que sería preferible vivir en un mundo en el que no hiciese falta ni la autodefensa ni que nadie nos defendiese (en un mundo, por ejemplo, dominado por una, hoy por hoy, quimérica, alianza de civilizaciones), pero eso es justo lo que hasta ahora no ha pasado, ni a los judíos con los nazis ni a Eichmann con el juicio de Jerusalén.

Sólo si tenemos alguna especie de hacha de guerra, armas, podremos defendernos, porque sólo quien tenga esa misma (u otra cualquiera) especie de hacha podrá atacarnos. Es evidente que el ideal se acerca bastante a un mundo sin hachas pero que ese ideal es inalcanzable por aquello del fuste torcido al que alude Kant (o del pecado original, que es la idea de fondo). La creencia de que es posible hacer un Estado-Constitución que represente la forma perfecta de la justicia es increíblemente ingenua e ignora paladinamente la capacidad de hacer el mal a través de formas supuestamente buenas que abunda tan inevitable como habitualmente la vida de la comunidad política, en la vida en general, un poco como aquello que dice el refranero, "hecha la ley, hecha la trampa".

Es evidente que debemos procurar siempre que exista un sistema legal que garantice la defensa de todos frente a la violencia, y que el Estado cumple, por lo ordinario, de manera harto razonable con esa misión, pero cuando pintan bastos porque el Estado mismo empieza a desbordarse o porque un partido o una revolución o quien fuere permite o fomenta la rebelión contra ese orden pacífico y la agresión, la Constitución misma deja de ser (al menos a corto plazo) garantía de nada y lo único que cuenta es qué y cómo puedes defenderte y defender a los tuyos y el orden que han destruido o quieren destruir.

No es cierto por tanto que la Constitución sea tanto más perfecta cuanto más realiza una determinada cristalización de derechos universales y formales (cuanto más se parezca al imperativo categórico en su universalidad) sino en cuanto preserva y fomenta las formas de convivir pacíficas que están también en su origen. Es evidente que en la época y situación en que vivimos nos estamos enfrentando no con una disputa de profesores sino con un tipo de conflictos bien reales que pueden describirse muy bien como una "guerra de los sistemas morales", pero no está claro que la solución académica (kantiana) de esa disputa pueda encontrar un equivalente político.

La universalización, en serio, de los derechos humanos, que es deseable, o es una cierta consagración general de los principios de la civilización europea, o no será nada. Sin el fondo de provisión de intuiciones éticas del judaísmo y del cristianismo no sé qué sentido puedan tener nociones como la de la dignidad humana o la del imperativo categórico en oídos, por poner tres ejemplos claros, chinos, persas o hindúes (es decir, en los oídos de la mayoría de la humanidad).

Mucho me temo que aunque pudieran entenderse esas nociones significarían en la práctica algo muy distinto de lo que han significado para nosotros. La relación de esos signos con la vida real se ha establecido mediante códigos de interpretación que no son fácilmente separables de nuestra cultura.

La idea kantiana de que el valor de la ley no consista en su carácter de obligatoriedad abstracta (que sólo podría fundarse en un círculo vicioso o en algo así como el Bien Supremo), sino en el hecho de que funda su obligatoriedad en que resulta impuesta por el sujeto mismo que ha de cumplirla, es sublime pero peligrosa porque da ideas a cualquiera. La protesta de que esa forma no admite cualquier contenido, sino sólo aquel que se deja formalizar como una ley universal de todos los seres racionales y libres, es decir, sólo aquel que hace del otro cualquiera la condición de aceptabilidad de la conducta propia no constituye ninguna limitación razonable ni suficiente para el que decida hacer su soberano propósito de manera suficientemente enérgica. La "regla de oro", que suele formularse como "Trata a los demás como quieras ser tratado", o bien como "No trates a los demás como no querrías ser tratado", y es un viejo principio que algunos remontan a distintas fuentes pero que, en todo caso, se halla muy unido a la tradición religiosa de la Biblia, supone una norma más clara y universalmente comprensible.

Creo que, en cambio, se puede hacer una lectura más sencilla y de sentido común sobre lo que podría significar el imperativo kantiano en cualquier contexto puramente moral, algo que puede expresarse como una invitación al heroísmo del estilo, por ejemplo, de la que hemos analizado páginas atrás a propósito de *El general Della Rovere*, tanto en el caso del general real cuyo lema moral era "cuando tengas dudas de cuál es tu deber escoge siempre el camino más difícil", como en el caso del inmoral y traidor Bardone que se acaba sacrificando por identificarse con ese héroe real y la causa de sus compatriotas.

Ese imperativo es algo que hay que recomendar porque cualquier sociedad será siempre mejor cuantos más héroes (kantianos o no) tenga, pero no está claro que se pueda fundar ningún orden público sobre la base de la presunción de que podremos formular una ley que sea una especie de traducción del imperativo ético y que eso suponga alguna clase de garantía de que la sociedad vaya a mejorar o a ser lo más cercano a la perfección que pudiera pensarse. De alguna manera, el salto entre el poder de la conciencia formal individual (plano moral) y el papel de la justicia en manos de los poderes materiales (plano político) es demasiado grande como para que la teoría pueda unificarlos o la práctica garantizar su armonía.

Hay una especie de salto mortal que no siempre acaba bien cuando se pasa de lo formal a lo público y se identifica la insuficiencia de cualquier Ética material con lo privado y cuando se supone que la crítica de una ley formal y vacía encubre el intento perverso de defender intereses privados contra el interés público. Creo que se trata de parejas de conceptos que no son intercambiables, que, en la mayoría de los casos, es justamente lo público lo que se llena de contenidos materiales y sólo el ámbito de lo privado es el que reserva algo de espacio para la inspiración formal. La legislación pública es todo menos kantiana, es profundamente casuística y ordenancista, faltaría más. Y los jueces, si quieren ser, digamos, positivos para la comunidad deben de procurar atenerse lo más posible a dictar sentencias correctas desde el punto de vista material, porque su juicio, como el de cualquiera, sobre la moralidad privada no es nada fiable, es casi imposible acertar en este mundo.

Podría pensarse que la preferencia por una ley que dijese a cada cual lo que materialmente tiene que hacer significaría una eliminación de la libertad y de la condición trágica de la vida moral, y que contribuiría a identificar la existencia de cualquier Ética material con la del poder capaz de imponerla. No creo que eso sea así, de manera inevitable, aunque nunca dejará de existir el riesgo de excederse en la legislación. La condición moral se alcanza siempre en el seno de una tradición cultural y de un sistema material de mandatos que sólo en casos exquisitos puede llegar a ser plenamente formal, como cuando uno prescinde ya de la partitura y se convierte de mero interprete en individuo creador. Dice mucho del optimismo de los filósofos, y de su despiste, el que piensen que se pueda hacer una mediana orquesta sin partituras y sin director que valga. Pero, en fin, cierta manera de entender la moral de los solistas resulta ser muchas veces incompatible con cualquier buen concierto.

Desde luego que lo importante sigue siendo saber quien manda, por ejemplo Ben Gurion en el momento de juzgar al kantiano Eichmann. Es justamente ese aparato material de poder el que presta la única legitimidad posible al juicio de Eichmann, porque otra no hay. No es que Eichmann no fuera culpable moralmente, es que no era especialmente culpable, o no era el único con ese grado de culpabilidad, y, además, no había ley positiva ni territorio sometido a una jurisdicción conforme al que juzgarle, y, por supuesto, no constan los esfuerzos de los que mandaban en Israel para ir juzgando uno a uno a quienes eran otro cualquiera de los miles de Eichmanns que fueron necesarios para que pasara todo lo que pasó en el Holocausto, porque con uno bien exprimido les bastaba. Suponer que el juicio a Eichmann se apoyaba en algo distinto a esa legitimidad material (a ese poder de hecho que entonces representaba el Estado de Israel) como la única posible en el caso nos lleva a tener que reconocer que el delito que formalmente se imputaba a Eichmann en el juicio es enteramente asimilable al que se aprestaron a cometer sus juzgadores (a saber: matar a un particular porque parece que conviene al Estado) sin que ni Hanna Arendt ni nadie acierte a justificarles. Desde un punto de vista "formal" nadie podría juzgarles... y no es fácil ver como se puede llamar delito a algo que no puede ser juzgado por nadie.

El ideal de Justicia que es un mandato inequívoco de la conciencia moral queda completamente transformado cuando la justicia se coloca en un tribunal que no puede hacer otra cosa sino ejecutar una determinada venganza, un castigo pautado y, deseablemente, cada vez más civilizado que la sociedad se toma para evitar males mayores y para darse una sensación de seguridad moral. Se trata de que "te hacemos a ti lo mismo (lo más parecido a "lo mismo") que nos has hecho a nosotros". Cansada de discutir sobre la naturaleza del juicio a Eichmann, Arendt se expresa con total claridad cuando manifiesta su opinión sobre las verdaderas razones por las que el acusado debe ser condenado: "El mundo de la política en nada se asemeja a los parvularios; en materia política, la obediencia y el apoyo son la misma cosa. Y del mismo modo que tu apoyaste y cumplimentaste una política de unos hombres que no deseaban compartir la tierra con el pueblo judío ni con ciertos pueblos de diversa nación –como si tu y tus superiores tuvierais el derecho a decidir quien puede y quien no puede habitar el mundo-, nosotros consideramos que nadie, es decir, ningún miembro de la raza humana, puede desear compartir la tierra contigo. Esta es la razón, la única razón, por la que has de ser ahorcado".

El problema de la historicidad y la moral

Lo que hace que la sociedad pueda considerarse fuente de moralidad es la conciencia que la sociedad tiene de sí misma. Ahora bien, toda sociedad se constituye como un arreglo entre la naturaleza humana y la historia colectiva de ese determinado grupo. En la práctica, la condición moral que nos proporciona una sociedad está muy determinada por su condición histórica. Y esto es así porque en el fondo la idea que una sociedad tiene de sí misma es una historia, tiene la forma de una narración. De alguna manera podría decirse que los seres humanos no tenemos la suficiente clarividencia como para leer directamente de la naturaleza y tenemos que auxiliarnos con lo que aprendemos a través de la historia.

Historia es una palabra que inventó Herodoto para contar a los griegos una serie de cosas, y significaba algo así como narración, retrato o descripción. La primera historia se escribe como un relato que ayuda a los griegos a distinguirse de los numerosos y pintorescos pueblos que no son helenos. El hombre puede ser curioso acerca de sí mismo porque no sabemos todo lo que podríamos sobre nosotros mismos. El ver cómo eran los demás permitía a los griegos, por contraste, ver cómo eran ellos.

Con lo que ahora llamamos historia, que es una narración pero también algo más, ha pasado una cosa muy importante y es que lo que nosotros pensamos de la historia está influido por los griegos pero tenemos un concepto distinto, el judeocristiano. Este concepto no es meramente descriptivo. Para el pensamiento bíblico, la historia es algo que tiene un origen absoluto y un fin absoluto. Es un tiempo que se mueve y cambia, es como una flecha, define una trayectoria con sentido único. La historia es novedad, progreso, no repetición. Además, esa historia tiene un sentido, es interpretable. De alguna manera se puede decir que lo que fue la idea de naturaleza para el pensamiento griego lo ha sido la idea de historia en el pensamiento cristiano, la realidad del hombre queda definida por su relación inicial con el Creador y por el final de los tiempos, por la culminación de la Redención. En relación con la importancia de este marco temporal todo lo demás es, en principio, bastante irrelevante.

De ese carácter dinámico del tiempo cósmico se acaba contagiando también el tiempo vivido, la temporalidad. El tiempo, psicológico e histórico, empieza a verse como una realidad que se caracteriza por su condición evasiva: nunca se detiene y nunca vuelve, siempre va en dirección a una consumación. El tiempo de la física es, en cambio, reducible a una variable matemática, se puede recorrer de adelante hacia atrás y al revés: el tiempo real no, es completamente irreversible nunca el después vuelve a ser el antes. El tiempo de la vida, el tiempo humano, no es así, es irreversible: no podemos ni ir hacia atrás, ni recordar el futuro. El tiempo presente en el que vivimos es una especie de compromiso fugaz e inestable entre lo que ya pasó y lo que todavía no es. El presente es una realidad que está siendo, que está continuamente pasando entre un pasado y un futuro.

Lo sustancial no es cómo tratamos el tiempo de manera individual, sino cómo piensa y organiza el tiempo el grupo humano al que pertenecemos. En la organización de ese tiempo es esencial la conciencia que tenemos de nosotros mismos. Nuestra identidad ha acabado por ser histórica, cambia con el tiempo. De alguna manera, la sociedad humana está siendo modificada por la historia, por el transcurso de nuestras propias acciones. Lo que tenemos que ver es de qué manera exactamente afecta la historia a la condición humana y, por ello, a la ética.

Nosotros tenemos la idea de ser quienes somos que es la idea propia de nuestra época. Somos lo que somos y hemos dejado de ser de otras maneras, hemos cambiado, y eso se nota a veces en el transcurso de una vida individual, pero es mucho más evidente si se mira al pasado, incluso al pasado reciente, y para entender esos cambios necesitamos construir una historia, un relato que convierta el cambio hacia el futuro, que siempre es desconocido, en una evolución del pasado en algo comprensible. Esta es la ventaja y la trampa de la historia que se construye suponiendo que sabemos lo que pasó porque sabemos dónde estamos, lo que no siempre es el caso.

La historia es una narración que cuenta lo que ha pasado, y, sin embargo, la realidad del pasado ya no existe, es la realidad de algo que ya no hay. Sin embargo, no nos ocupamos de lo que no hay, sino que nos ocupamos de lo que no hay en la medida en que eso nos ha llevado a lo que ahora sí hay, a ser lo que somos. En realidad, la historia que a primera vista puede considerarse como contar el pasado lo que hace es querer ver el futuro. El historiador se ocupa del pasado, pero lo que hace es tratar de determinar el futuro y, en este sentido hay que volver a interpretar lo que decía Cicerón, que la historia es maestra de la vida.

En definitiva, la historia es una construcción o reconstrucción del pasado hecha de cara al futuro. Cuando se abandona la construcción social de un pasado es testimonio cierto de que una sociedad está en crisis, de que no sabe qué pensar sobre sí misma. Las democracias, de hecho, puede parecer que están poco dotadas para dar explicaciones acerca de quiénes somos, y en sociedades viejas como lo es la nuestra eso produce una peculiar inseguridad. Pero aunque sea de manera escasamente deliberada, la conciencia histórica se está constantemente reconstruyendo. El pasado está cambiando continuamente: el pasado está pasando continuamente y al pasar se modifica, por lo que se tiene que estar volviendo a contar, a reconstruir.

La historia es, por tanto y en cierto modo, una invención, nosotros inventamos la historia, la hemos inventado en una manera tal que tendemos a creer que la historia es algo que pasó, que el pasado es inmutable, porque confundimos la fijeza del pasado, con la objetividad de la historia que inventamos y nunca son iguales. El pasado ahí está, pero nuestras historias no siempre aciertan a registrar el pasado, a veces lo que hacen es ocultarlo o modificarlo. Desde cierto punto de vista la historia no se hace solo para entender el pasado, sino que se hace sobre todo para tratar de enfocar y dominar el presente y el futuro. Hacemos historia porque queremos tener una idea de quién somos nosotros, nos certifica la identidad (queremos tener una identidad porque queremos que nuestra actuación sea coherente), la cual necesitamos no para hacer nada en el pasado, sobre lo que no tenemos jurisdicción, sino para poder hacer algo en el futuro en el que, aunque tampoco tengamos una jurisdicción clara, queremos tenerla.

Por estas razones, los políticos manejan la historia, tratan de hacerla en su provecho y pueden llegar fácilmente a mentir, entre otras cosas porque la mentira sobre el pasado es muy difícil de desenmascarar. La política y la historia están encargándose del mismo asunto, la reconstrucción del pasado para preparar mejor el futuro, pero, en la práctica, el político tiene prisa y tiende a ser chapucero, mientras que el historiador debiera tener, y frecuentemente tiene, cierta calma, salvo cuando actúa a golpe de mandato político, cuando hace historia *ad usum delphini*. Ambos experimentan una necesidad básica, la del reconocimiento, el saber quiénes somos y por eso se suele pensar que la historia de un pueblo es motivo de orgullo y se suele insistir en la objetividad del pasado.

Es evidente que en un sentido muy poderoso, el pasado es inmodificable, de forma que no podemos actuar sobre él, pero, tal como dijimos, hay un aspecto complementario que nos obliga a ver que siempre estamos interaccionando con el pasado, porque el pasado está pasando continuamente, no está fijo: por ejemplo, antes del 11-S había un pasado, pero ese pasado hubo de ser reinterpretado forzosamente a la vista del 11-S para convertirse en un pasado bastante distinto.

El tiempo que pasa supone una continua modificación, el pasado ya no es, o no es lo que era. Lo físico también cambia, sobre todo cambia desde el punto de vista del espectador. El hecho de que nos movamos hace que el pasado cambie. Hay una gran diferencia entre lo que pasó y lo que se dice que pasó. Eso que pasó no es tan fijo, continúa pasando. No se puede inventar respecto al pasado, pero en realidad no hacemos más que inventarlo (por ejemplo en la forma que tenemos de contar las cosas que pasaron), de manera que las deformaciones históricas forman parte de la historia. Continuamente tratamos de montar la historia de forma que nos sea favorable, en lo que hay, por supuesto, distintos grados de objetividad.

Hay un aspecto radical en que toda reconstrucción histórica tiene algo de creación. El pasado no está simplemente a nuestra disposición para hacer de él un retrato objetivo. Siempre hacemos una reconstrucción selectiva de la historia. Llamamos hecho histórico a algo que tiene importancia para nosotros, y es muy fácil ver cómo cambia la manera de contar la historia. Los que llamamos hechos históricos en realidad son una elección bastante arbitraria de las cosas que pasaron en la historia (ya que el historiador se fija en aquello que le interesa) y, habitualmente, se premia con interés a lo que ha tenido éxito, frente a lo que ha desaparecido, a aquello que ya no es mero pasado sino que ha continuado o ha revivido. Es muy interesante reflexionar sobre la palabra misma, hecho alude, evidentemente, a algo que se hace, algo que debe bastante al artificio y no puede reducirse a lo meramente dado (una casa sería un hecho, pero la mar no), aunque habitualmente nos fijemos más en que sea algo ya hecho, inmodificable. El lenguaje siempre nos da pistas para reconstruir la intención de los hablantes, pero no solemos caer en ellas, porque también tiende a disfrazarlas. Aludir a hechos suele significar que se quiere acabar, por las buenas, con una determinada discusión y puede verse, también, como un resto del viejo prestigio de la mentalidad positivista.

El pasado nos interesa en la forma en que es la forma de ser presente, aunque nos preocupemos también por las causas de la decadencia. Toda sociedad tiene una concepción histórica. Cuando se nos pregunta de qué forma la sociedad influye en la conciencia moral, la respuesta es en la medida en que nos da una identidad, la cual es básicamente una construcción histórica. Una sociedad y una historia es lo que más condiciona nuestra identidad, aunque no la determine porque somos libres también frente al pasado, podemos cambiar.

En el siglo pasado abundaron las filosofías historicistas, las ideas que llegaban a afirmar que, como dijo Ortega y Gasset, el hombre no tiene naturaleza, sino que tiene historia. Lo que se afirmaba es que el hombre es, sobre todo, un ser de carácter histórico. Preguntémonos pues en qué consiste ese carácter histórico de la vida humana sin que eso nos haga olvidar que una cosa es que el hombre tenga una historia y otra, mucho más increíble, que sea sólo historia, que no sea, al propio tiempo que una realidad histórica, una realidad con un determinado número de condiciones y características naturales. Si el ser humano no fuese una entidad natural, en realidad, tampoco podría tener una historia: tiene una historia porque su naturaleza le permite tenerla, porque hay algo en el hombre que le aleja de una naturalidad limitativa de sus cualidades, pero esto también significa que esa posibilidad de ser de distintas maneras es algo que puede suceder, precisamente, porque la naturaleza humana lo permite, porque es ella misma, en cierto modo, una naturaleza histórica, la propia de alguien que es, entre otras cosas, responsable de ser quien llega a ser, un poco en el sentido en que Abraham Lincoln afirmaba que a los cincuenta años todos los hombres eran responsables de su cara. Hacemos nuestras vidas con nuestra decisiones, con nuestra libertad, y nuestras vidas hacen la historia.

La primera idea simple que hay que superar es la de que la historicidad de la vida humana consiste simplemente en el hecho del paso del tiempo. No hay duda de que el tiempo pasa, pero es menos claro lo que eso significa. La realidad de lo temporal, que está a la base de lo histórico, no es fácil de aprehender: San Agustín decía que sabía lo que el tiempo es si nadie se lo preguntaba, pero en el momento en que había de dar una respuesta ya no lo sabía. La distinción entre pasado, presente y futuro, que nos parece una evidencia, y lo es en el sentido práctico, está más llena de dificultades de lo que podamos pensar. El tipo de distinción que hay en nuestra lengua, es distinto, por ejemplo, al de otras lenguas en que esa distinción no está tan clara.

Nuestra idea del tiempo es, pues, confusa. El tiempo pasa, pero no vuelve, como decía Quevedo, ni vuelve ni tropieza, y puede decirse que, en cierto sentido, desaparece para siempre, aunque continúe siempre, hasta el final, hasta nuestra propia desaparición. El tiempo no es, por tanto, algo que podamos domesticar del todo, no es algo meramente objetivo, aunque lo hayamos espacializado, reducido a una forma de medir el movimiento en el espacio mediante los relojes. En la medida en que el tiempo está unido a una dimensión esencial de nuestra conciencia psíquica, nuestro tiempo no es, sin más, el de los relojes. En la medida en que el tiempo es algo que pasa y no vuelve, el tiempo no puede ser manejado a nuestro antojo y, por mucho que tengamos una idea de lo que el tiempo es, en realidad no se somete por completo a ninguna idea, tiene algo de supremo rebelde, de enteramente ajeno a la racionalidad, es un puro darse de la realidad que no podemos someter a nuestros designios, por más que, de ordinario, nuestra percepción del tiempo esté mediada por su uso puramente práctico, por la diferencia radical que establecemos entre el pasado, el presente y el futuro, entre el antes y el después.

A lo largo de nuestra historia ha habido dos grandes ideas sobre la naturaleza del tiempo, una realidad especialmente huidiza, en cualquier caso. Para los griegos, el tiempo tenía una estructura cíclica, era algo que se repetía, el eterno retorno de lo mismo, el ciclo de los astros y de las estaciones que cada año repite las misma secuencias. En el mundo cultural de influencia bíblica, en el ámbito judeo-cristiano, por el contrario, y a consecuencia de las ideas de Creación y de Redención, el tiempo es, sobre todo el despliegue de una serie de acontecimientos o novedades, de un historia, de un drama, un conjunto de sucesos con sentido, que parten de un principio y llegarán a un fin. Se trata, podríamos decir, de un tiempo más humano que meramente físico o natural, del tiempo de la vida, del drama humano, del cedazo sobre el que se teje la acción creadora de Dios y la respuesta del hombre a su llamada.

Es curioso que la Física contemporánea, a partir de la Termodinámica, haya introducido una idea de tiempo distinta a la idea meramente mecánica (el tiempo espacializado en que el ayer es igual que el hoy o el mañana, porque todo es, en cierto modo, reversible), al abrirse a la idea de que hay fenómenos irreversibles (la flecha del tiempo), que no tienen marcha atrás. Esta idea está más conforme con la idea bíblica del tiempo, que no es la de un tiempo uniforme y sin principio ni fin como el newtoniano, o el aristotélico, que a estos efectos serían comparables, inerte, inespecífico, lineal. Frente a ese tiempo mecánico, uniforme o cíclico, la vida humana es irreversible, y el tiempo histórico también lo es. La idea de un Dios trascendente al mundo, Creador, nos ha permitido ver la realidad como algo cuya forma histórica no es accidental, que varía continuamente y cuya esencia se despliega y realiza en el tiempo.

Para nosotros, historia significa dos cosas esenciales y distinguibles: en primer lugar el hecho de que el tiempo pase y los acontecimientos pasen con él, de manera que el tiempo es, a la vez, destrucción y creación, novedad. La segunda idea, muy importante, es que la historia es, precisamente, la narración de esos hechos. Hablamos pues de historia en el sentido de que hay algo que realmente ha acontecido en el tiempo, algo que ha pasado, y por haber pasado ya no está, pero también resulta que lo que ha pasado, el pasado que es, es sobre todo la raíz de lo que ahora es. La manera que tenemos de articular eso que ya no es, porque ha pasado, y lo que ahora es, que pasa a consecuencia de lo que pasó, es una narración, que es el segundo concepto que designamos con la palabra historia.

El pasado del que hablamos cuando contamos una historia es un pasado que ya no es, que se nos ha ido y queda únicamente como historia. Hay, pues, un doble concepto de historia, y no siempre es fácil distinguir a qué idea nos referimos al usar ese término: hay la historia de cuanto aconteció, lo que suponemos son una serie de hechos y procesos, digamos, objetivos, inmodificables, tal vez, en alguna medida, incognoscibles, y hay la historia que contamos, la narración e interpretación de esos hechos que, dado que aquellos ya no están presentes de manera plenaria se tiende a confundir con el primero de los conceptos que nombramos con historia.

Es importante caer en la cuenta de que aquí nos acechan un buen número de paradojas nada sencillas. Resulta que el pasado ya no es, que, al menos en cierto modo, únicamente es en la medida en que lo recordamos, especialmente cuando nuestro recuerdo no es mera memoria sino la consecuencia de un esfuerzo de reconstrucción, de reviviscencia, como decía Ortega. Así pues, con recuerdos presentes, que enseguida dejan de serlo, y con narraciones que también pasan de manera inmediata, tratamos de reconstruir el pasado que ya no es, de explicar en qué medida continúa siendo como clave de lo que ahora es. El pasado, como tal, es inaccesible porque el tiempo siempre se nos está escapando, y resulta que lo que recordamos del pasado está en el presente y es reconstruido con ideas del presente. En ese sentido decía Benedetto Croce que toda historia es historia contemporánea.

Dejándonos llevar por nuestro sentido práctico, consideramos que el pasado es inmodificable, puesto que no se puede actuar sobre el pasado y que sólo se modifican las historias que lo cuentan. Pero eso es sólo media verdad. Es falso que el pasado sea inmodificable, porque el pasado de hoy no es igual que el de ayer. El pasado va creciendo, cambia de manera constante como cambia el paisaje que dejamos a nuestra espaldas al movernos, sobre todo si lo hacemos velozmente, y no hay nada tan veloz como el tiempo mismo que consume incesantemente y de modo permanente nuestro presente.

Así pues, recordamos el pasado con categorías del presente, y si queremos ser mínimamente rigurosos, y tan objetivos como se pueda, tenemos que tener mucho cuidado cuando manejamos ideas del pasado, con ideas de hoy, aunque resulta que todas las ideas, salvo las novedades cuando las haya, son siempre del pasado. Esto es muy importante a la hora de comprender, por ejemplo, los términos de la teoría ética, y en general de la filosofía, que a veces tienen una historia harto complicada. Podemos creer que estamos pensando lo mismo que Platón cuando hablamos de las Ideas, pero el lenguaje ha cambiado de manera casi constante, y a veces los términos del pasado significaron algo que resulta que es casi completamente indescifrable para nosotros.

Es evidente que nuestra cultura, que se asienta, sobre todo, en la filosofía griega, en la revelación cristiana, en el derecho romano, y en la ciencia moderna, tiene unas dimensiones históricas que es necesario reconocer para comprender las ideas éticas formuladas, en ocasiones hace miles de años, y que los hombres somos unos seres a los que no es indiferente haber nacido en un pasado lejano o haber nacido a finales del siglo XX. Nuestras sociedades son históricas y diferentes a otras. La historia china y la occidental, culturas muy distintas, apenas tienen nada que ver. Ahora bien, la historicidad no anula su naturalidad. Los seres humanos se diferencian, entre otras maneras, históricamente, pero, podríamos decir, se parecen naturalmente.

Hemos de analizar con cuidado el significado de las diferencias entre diferentes filosofías morales también desde un punto de vista histórico. Los diferentes sistemas éticos buscan formas de entender y de juzgar los distintos aspectos de la conducta moral y, esas diferencia dependen también, al menos en el seno de la cultura occidental, más que en discrepancias sobre lo bueno y lo malo, en miradas distintas sobre la vida que responden, en parte al menos, a formas de vida históricamente muy distintas. MacIntyre nos propone, por ejemplo, que comparemos lo que se considera virtud en distintas épocas, y las diferentes listas de virtudes, y esas diferencias expresan, aunque no únicamente, unas diferencias históricas realmente importantes puesto que las vidas de los hombres han diferido de manera muy fuerte en los más de dos mil años en que encontramos reflexiones que podamos hacer nuestras acerca de la moralidad.

La constatación de que la vida humana tiene una dimensión histórica no puede servir, sin embargo, para tratar de justificar lo que no tiene justificación, o para reducir toda la moralidad a los dictados de la época o la moda; la moralidad implica siempre una cierta rebeldía, un preguntarse por el sentido y el valor de las acciones humanas, más allá de su reducción a conductas típicas de una época; además, aunque no siempre sea sí, tiene cierta justificación la idea de que el tiempo histórico introduce una especie de progreso moral general, una característica que tienden a exagerar ingenua y groseramente los progresistas, pero que tiene a su favor algunos argumentos tales como la abolición de la esclavitud, el mayor respeto a la vida humana, la mayor piedad con los animales, etc.

El esquema de libertades del mundo moderno.

Según una distinción bastante común, la Ética se ocupa de problemas morales relativos a la conducta individual, mientras que la Teoría Política se ocupa de los problemas que derivan la estructura de la sociedad en tanto forma de resolver las cuestiones que afectan a la convivencia, a las leyes, a las libertades y, en general, a las relaciones entre el poder y los individuos y las razones que estos puedan tener para obedecer, o para sublevarse.

Si nos fijamos en el caso del pensamiento de Aristóteles, cosa que ocurre en general con todo el pensamiento antiguo, ambas cuestiones están muy unidas, porque el ámbito en el que se desenvuelven tanto la conducta individual como la vida colectiva es la misma polis, esa realidad que, según Aristóteles, modelaba nuestra naturaleza haciendo que los hombres seamos como somos. De todas maneras, Aristóteles distinguía entre Ética y Política, dedicó libros distintos a cada cosa, pero su distinción es muy otra que la común ahora mismo, y que es la que se ha hecho clásica a partir de la aparición de lo que llamamos el Estado moderno, tema que, en sí mismo, desempeña un papel muy importante en la teoría política contemporánea.

El nacimiento del Estado moderno se produce en Europa y, en general, se ha vinculado a lo que consideramos naciones-estado, denominación que se hizo común bastante más tarde, a partir de la separación efectiva del poder civil y el poder de la Iglesia, cuya teoría estaba ya suficientemente clara en el siglo XIV, aunque éste sea un proceso que se ha desarrollado de manera paulatina, con ritmos muy distintos en diversos lugares y que, en general se entiende que culmina con la desaparición del antiguo régimen tras la revolución que da origen a la independencia de los EEUU y la revolución francesa ya en pleno siglo XIX. Este amplio, diverso y complejo movimiento político tiene sus orígenes intelectuales en los teóricos políticos del siglo XVII, especialmente entre los autores ingleses, pero estaba más enraizado de lo que se suele reconocer en los pensamientos de los escolásticos de finales de la Edad Media, un movimiento muy amplio y poderoso en el que hay que destacar las teorías de los profesores salmantinos, y de otras universidades españolas, que dieron origen a la teoría del derecho de gentes y que, en último término, hay que relacionar con los problemas a que hubieron de enfrentarse como consecuencia del descubrimiento de América y la colonización del nuevo mundo.

En cualquier caso, el tipo de relación que va a existir entre la Ética y la política en los pensadores de la modernidad es muy distinto del que consideraba Aristóteles. Para empezar, los modernos piensan que la política tiene más que ver con una determinada historia que con una disposición natural del hombre, como lo veía Aristóteles. Hobbes, por ejemplo, recurre a suponer que la sociedad política es un invento que los hombres han alcanzado para evitar su mutua destrucción, el *bellum omnium erga omnes*, la guerra de todos contra todos, de manera que acordaron renunciar a la violencia natural y depositar toda su fuerza en el soberano cuya misión había de ser, precisamente, evitar la guerra y administrar la justicia, impedir que unos hombre abusen, al menos en exceso, de otros, o traten de someterlos por la fuerza.

Esta idea engarza, de alguna manera, con la tradición de lo que se ha llamado el agustinismo político, expresión que remite a San Agustín a quien se suele considerar el primer filósofo de la historia, un autor que justificaba la legitimidad del poder en su origen divino como medio de minimizar la maldad del hombre, la creencia de que la maldad natural de los seres humanos, su inclinación a la violencia y al pecado, es la que hace que Dios quiera que haya una autoridad, cuyo poder viene de Dios, que evite, precisamente, la mutua destrucción y establezca las reglas necesarias para que haya una vida ordenada y en paz.

En realidad, durante toda la Edad Media, la coexistencia del poder temporal de los príncipes (o los reyes, o los señores feudales) encontraba un cierto freno en el poder espiritual de la Iglesia y un reflejo de ese papel moderador del poder de la Iglesia es, por ejemplo, la doctrina de que es lícito matar al tirano, como sostuvo, por ejemplo, Tomás de Aquino, es decir que las sociedades se sentían protegidas por los límites morales que el origen divino de la autoridad imponía a los poderosos. Las sociedades medievales pueden ser descritas como sociedades en las que imperaba una moral de los vínculos comunales, por emplear la expresión de Oakeshott.

Esto quiere decir que las sociedades estaban organizadas en base a vínculos más religiosos, tradicionales y familiares que jurídicos, cosa que todavía se ha podido contemplar, por ejemplo, en la sociedad rural española de la primera mitad del pasado siglo, en que era frecuente la existencia de criados (*famuli* en latín que es la voz que da origen al término familia) que carecían, por ejemplo, de cualquier clase de contrato laboral y servían a la familia como miembros de ella, con un status ligeramente inferior, en general, pero que podían estar ciertos de que, mientras desempeñasen lealmente su función, la familia se ocuparía de ellos hasta su muerte.

Este tipo de sociedad empieza a desaparecer en los inicios de la época moderna al aparecer individuos que quieren vivir una vida, en cierto modo, más aventurera, más independiente, que abandonan la familia como espacio de vida y comunidad de sustento, y quieren establecerse por su cuenta, pensar a su manera, emigrar, viajar, arriesgar su vida en negocios o empresas varias. Como es lógico se trata de un proceso muy lento, pero que tiene un sentido muy claro, la aparición de los individuos y del individualismo. Son precisamente este tipo de hombres los que piensan en el Estado como una autoridad que evite los desastres que podría traer consigo una sociedad excesivamente desarticulada, demasiado competitiva o incluso violenta; piénsese, por ejemplo, en la imagen corriente del lejano oeste, como un espacio en el que todavía no hay ley, y lo único que hay es la fuerza de cada cual, el valor y las armas.

La sociedad moderna comienza a distinguirse de la tradicional porque en ella florece el individualismo, lejos de cualquier control familiar y/o moral. Se trata de gente que quiere pensar a su manera, practicar la religión de su elección, contraer matrimonio con quien prefieran, vivir en el lugar que se les antoje, etc. Este tipo de individuos, cuyo prototipo será el conquistador de América, el empresario, o el profesional independiente, y a la larga, el habitante de las ciudades, el burgués, quiere lo que se ha llamado una libertad negativa, la ausencia de obstáculos que impidan la realización de lo que libremente se pretenda, también llamada, libertad de los modernos, para poder decidir lo que quieren ser, el lugar en que quieren vivir, la manera de ganar el dinero, con quien se quieren casar, etc.

La distinción entre libertad de los antiguos y libertad de los modernos es de Benjamín Constant, un liberal del siglo XIX. Su idea es que los antiguos se sentían libres cuando podían participar en las asambleas que gobernaban sus ciudades-estado, mientras que los modernos quieren la libertad de poder hacer lo que quieran, con la garantía de que el Estado no interfiera en sus decisiones y los proteja frente a la injusticia y la violencia. En el siglo XX, Isaiah Berlin retoma esta distinción y considera como libertad negativa la ausencia de obstáculos para poder hacer la vida que se quiera, y como libertad positiva, una idea mucho más problemática, la posibilidad de ejercer efectivamente esas elecciones que suelen tropezar con graves obstáculos de hecho.

Esta idea de libertad positiva se presta a numerosas confusiones y manipulaciones; en la práctica ha servido para negar el carácter real de la libertad política suponiendo que quienes, por ejemplo, carecen de bienes suficientes, no poseen ninguna especie de libertad, de manera que la única libertad realmente importante vendría a ser la Freedom from Want, el estar libre de hambre, de enfermedades o de injusticias, de que hablara Franklin D. Roosevelt, es decir la abundancia de oportunidades individuales y de ofertas sociales.

La mentalidad que valora sobre todo este tipo de libertad olvida que nunca se puede decir lo que es suficiente, como decía Blake, el poeta inglés, porque nunca sabremos lo que es suficiente hasta que no sepamos lo que es demasiado, y, además, porque no tiene en cuenta la capacidad de superación y de rebelión del ser humano que no siempre necesita que le lleven el desayuno a la cama. Desde un punto de vista político, la oferta de este tipo de libertades o de derechos, es un arma muy poderosa en manos del populismo, de derechas o de izquierdas, de quienes defienden, como hacía Evita Perón, la líder de los descamisados argentinos, que "toda necesidad es un derecho", política que suele terminar en la creación de un partido mafia, como lo ha sido en numerosos momentos el peronismo.

Ahora bien, desde muy pronto, la ruptura del equilibrio típico de la sociedad de vínculos comunales como consecuencia de la aparición del individuo moderno crea una cierta inquietud en los que no se atreven, o no quieren, vivir una vida más arriesgada, mas aventurera. Estos individuos tienen una vida más interesante y variada, pero eso no siempre resulta atractivo para todos. La fuerza del individualismo produce, por lo tanto, unos efectos contrarios a lo que se proponen, los que se derivan del miedo que sienten quienes son partidarios de una vida más comunal, menos arriesgada e innovadora. El Estado, al que se quería conceder un papel meramente arbitral, no tarda demasiado, hablando siempre en términos históricos, en advertir que, del mismo modo que debe proteger a los individuos de las agresiones, también podría proteger a quienes se sientan desvalidos o perjudicados por los efectos disgregadores del individualismo, y que la protección de esos individuos se convertirá inmediatamente en una fuente de poder y de legitimidad para el Estado.

Por esta vía, el Estado comienza a hacerse cada vez más poderoso, aumenta el número de quienes trabajan para él, aparece la figura del funcionario público con un poder delegado, se crean ejércitos permanentes, y se cobran cada vez mayores impuestos, a los que no gozan del privilegio de poder librarse, a los *pecheros*, los que ha de apechar con el pago porque ni están exentos ni tienen privilegio alguno que los exima; el Estado moderno transforma a los pecheros en contribuyentes, elimina los privilegios, aunque no todos, y extiende el tributo y lo intensifica con la excusa de estar dando cada vez mayores servicios. De esta forma, el Estado incrementa su legitimidad presentándose, sobre todo, en un garante de seguridad para los más débiles. Este proceso no ha hecho sino acelerarse en la época contemporánea en la que el estado liberal casi ha sido completamente derrotado y, en su lugar, nos encontramos con un paradójico ogro filantrópico, tal como lo llamó Octavio Paz, que cada vez es más poderoso y sojuzgador con la excusa de que eso es lo que la sociedad le demanda.

Al convertirse en defensor y garante de los temores de los supuestamente más débiles, el Estado ha podido acercarse de manera imperceptible a un suministrador de deseos de los ciudadanos, y, de este modo, sintiéndose democrático, el Estado tiende a perder cualquier idea de que su poder debiera ser limitado, a confundir la idea, tan discutible, de soberanía, con la ausencia de límites, incluso a pensar que su actuación pueda estar por encima de la ley porque, al fin y al cabo, siempre puede cambiarla. No conviene olvidar que, como decía Montesquieu, hasta la misma virtud requiere límites.

La deformación más grotesca de esta tendencia intervencionista de los poderes públicos es que el Estado llegue a convertirse, como de hecho ha sucedido, en un proveedor de moral, de modo que muchos han llegado a sostener la tesis, absurda para cualquiera que piense un poco a fondo en el asunto, de que la única moralidad posible es la obediencia a la ley positiva del Estado, lo que no es sino, a mi modesto entender, que una legitimación del totalitarismo no menos peligroso y nocivo porque se presente bajo un manto suave y amable. El Estado que ahora conocemos, se ha convertido, en la práctica, en una supuesta autoridad moral, esto es no se limita a dictar normas externas, sino que pretende determinar nuestra conciencia indicándonos lo que está bien y lo que está mal, también en el aspecto moral.

Tal Estado, en cierto sentido, se convierte en un poder rotundamente antidemocrático, porque debieran ser los ciudadanos los que dijeran lo que se debe hacer, y no al revés. En cierto modo, se ha llagado al punto contrario al que sirvió de partida a la naciente democracia norteamericana, porque, como muy bien escribió James Madison en 1793, "si atendemos a la naturaleza del gobierno republicano nos encontramos con que el pueblo tiene poderes de censura sobre el gobierno, y no el gobierno sobre el pueblo".

Puede decirse, por tanto, que la libertad de los modernos ha durado relativamente poco, porque estamos frente a un Estado que prohíbe y ordena, un Estado muy moralizante e intervencionista, cosa que solo ha sido posible porque se ha evitado la poliarquía, le carácter plural de los poderes, formales e informales, la división, la diversidad, la competencia y la separación entre ellos, tanto en sus ámbitos, en su forma de actuar como en sus competencias legítimas. En la actualidad, en España, por ejemplo, el poder ejecutivo controla firmemente al legislativo, a través de la disciplina de voto, el legislativo al judicial, eligiendo por cuotas políticas el órgano de supuesto autogobierno de los jueces, lo que significa que el pluralismo político efectivo está seriamente en peligro (al fin y al cabo, la democracia ha heredado muchas instituciones y hábitos de la dictadura de Franco) porque absolutamente todo está bajo el control de los partidos que no tienen ninguna especie de democracia interna, pese a que la Constitución establezca explícitamente el mandato contrario.

Desafortunadamente, para muchos de nuestros contemporáneos, la idea de libertad en política ha dejado de ser la libertad de decidir, para ser sustituida por el permiso para que el Estado tome cualquier clase de decisiones por nosotros: recuerden, por ejemplo, un spot literalmente orwelliano de la Dirección general de tráfico en que se decía, con tono de lamento: "No podemos conducir por ti". Esta confusión de la religión con un poder ha favorecido que el poder haya querido convertirse en una religión, especialmente si los ciudadanos no han sido conscientes de la necesidad de contener los poderes del Estado dentro de ciertos límites, especialmente de carácter moral; en Europa ciertos partidos han pretendido convertirse en una nueva iglesia autoritaria, y en España han tenido mucho éxito porque estamos muy bien entrenados para obedecer, diga lo que diga la leyenda acerca de nuestro individualismo y nuestro quijotismo: aquí, el verdadero modelo popular de conducta ha sido siempre Sancho Panza, muy buena gente, sin duda, pero no un modelo de valor ni de audacia.

Este Estado que tiende a la autarquía, que no para de crecer es también un Estado autofágico, si se puede hablar así, acaba consumiéndose a base de saltarse toda clase de límites. Que el Estado se salte sus propias leyes indica que la política tiende a ser omnipotente, a no admitir límites, y esto se da de bruces con la teoría liberal del Estado y, a mi entender, con cualquier idea razonable sobre la democracia. Por definición, el poder del Estado debería ser, aunque parezca paradójico, absoluto... pero perfectamente limitado. Y si el Estado rompe una regla, ¿a dónde se puede acudir? La sociedad no tiene medios para defenderse. La historia del Estado moderno es la historia de una progresiva usurpación. Habría un límite económico impuesto por los demás Estados pero no un límite político. El Estado, que es un elemento político, se convierte así en un poder ilimitado e ilimitable.

Desde el inicio del Estado moderno se ha recorrido un gran trecho y las realidades del poder, que siempre tiende a crecer, han hecho saltar por los aires los límites de la teoría, y, con ellos los del sentido político mismo de las instituciones democráticas. ¿Dónde está ese Estado que limita la violencia y garantiza las libertades? Ese Estado ha desaparecido y está enterrado bajo unas formas de Estado que son completamente distintas. El Estado liberal y el Estado que tratan de poner en pie los revolucionarios desaparece bajo el Estado contemporáneo, el Estado social, de bienestar.

Ese paso del Estado simple al Estado complejo, del mínimo al actual, se ha producido por una razón política fundamental: cuando se produce una situación en los que unos cuantos se pueden lanzar a hacer su vida a su manera, hay otros tantos que son más que los primeros que no lo hacen, se quedan rezagados. Se produce entonces una dinámica entre los que se lanzan y los que no, en definitiva entre ricos y pobres. Generalmente los pobres, que son más, piden ayuda al Estado. De manera que, en cierto modo, se justifica el crecimiento del Estado como consecuencia de la necesidad de convertirse en un instrumento de los pobres para frenar a los ricos. Inicialmente la teoría del Estado moderno lo concibe como un artificio diseñado para dos funciones esenciales: controlar la violencia y garantizar la libertad individual. En la práctica, este Estado moderno tan simple teóricamente se ha ido convirtiendo en un organismo complejo y poderoso con el paso del tiempo. Esto se ha debido, sobre todo, a que el Estado ha hecho de la supuesta protección de los más débiles una doctrina legitimadora que le ha permitido acrecentar su poder y su presencia.

Se ha producido un fenómeno de inflación del aparato del Estado, un aumento de funcionarios. ¿Por qué? Porque se ha convertido en un proveedor de bienes y servicios, porque se lo han reclamado los ciudadanos al no ser capaces de tenerlos por su cuenta. Muchos creen que la educación y la sanidad, por ejemplo, son gratuitos. Sin embargo, no lo son, porque nada es gratis, por mucho que los grupos que más se benefician de la existencia de ciertos servicios, y de las corruptelas que se puedan haber asociado con ellos, presenten la defensa de esos servicios, es decir de sus intereses en ellos, como la defensa de un interés general que no siempre es el caso: por ejemplo, si los empleados de una determinada compañía defienden el hecho de que sus salarios sean entre un 30% y un 40% superiores a los de compañías similares de otros países, y lo hacen diciendo defender el carácter nacional de esa empresa, es posible que no se estén engañando, porque pueden llegar a creer en lo que les interesa creer, pero es seguro que nos están ocultando buena parte de la verdadera naturaleza del conflicto.

Lo que suele pasar es que la estructura de coste de esos servicios no es transparente y no se suele discutir lo que le supondría al usuario el empleo de formas alternativas. El hecho de que los costos de los servicios públicos sean opacos hace que los ciudadanos sean menos exigentes. Esto también hace que el político no controle el gasto, que los representantes del pueblo, para obtener el voto, reclamen más y más gasto público porque a medida que crece la economía aumentan las demandas de igualdad. Sin embargo, no es necesario ser un gran crítico para percibir que los aparatos del Estado, en realidad, no están tanto al servicio de los ciudadanos, sino que está al servicio del poder de quienes lo gobiernan. El Estado se convierte así en un gran botín para las fuerzas políticas que lo controlan y que llegan a no ocuparse en seria de otra cosa que de su permanencia en el poder, solos o en compañía de otros.

Es razonable discutir hasta qué punto estos mecanismos realmente protegen a los más débiles. ¿No será que detrás de la retórica de protección a los débiles se ocultan otras cosas? El hecho de que, en la práctica, el Estado liberal haya heredado los poderes de las monarquías absolutas previamente existentes ha favorecido la tendencia de los Estados a identificarse con un poder más allá de cualquier discusión, a ser los dueños del poder, olvidando que su origen está en el pueblo que lo legitima. La gran ventaja relativa de la democracia norteamericana frente a las europeas es que, a diferencia de lo que ha ocurrido en Europa, con esa herencia de las monarquías, en Estados Unidos la rebelión frente a los abusos de la metrópoli, la insumisión fiscal, y el rechazo a la injusticia que la corte inglesa cometía con los ciudadanos de las colonias, favoreció que al independizarse tuvieran que crear un nuevo Estado, no heredaban nada, que no dependía de la legitimidad de la monarquía inglesa a la que expulsa del poder, y eso favoreció mucho el que se hiciera, con las limitaciones que supuso la institución de la esclavitud, un diseño de nuevo Estado verdaderamente democrático, más conforme a las ideas de los teóricos del Estado liberal.

El único factor que puede evitar que el Estado se sobrepase es la existencia de una fuerte poliarquía, de una sociedad civil con instituciones y tradiciones de autonomía, y, sobre todo, el de la división efectiva de los tres poderes básicos, el ejecutivo, el legislativo y el judicial, sin que eso signifique confundir a este último con ninguna clase de órgano específico pero partiendo siempre del respeto a la independencia e inamovilidad de los jueces salvo lo que establezca la ley y acuerde su respectivo órgano de gobierno que debe ser idealmente autónomo respecto al ejecutivo y el legislativo, cosa que, evidentemente, no sucede en España ahora mismo. Tiene que haber leyes, alguien que mande y jueces independientes. Esta división de poderes viene de la idea de que el poder debe ser limitado. En principio, la Iglesia era un factor de limitación. Ahora, no hay una Ley de Dios sino una Ley humana que está por encima del poder, de modo que el poder, en teoría, no podría saltarse la Ley, pero cada día vemos como los gobiernos hacen lo contrario sin demasiados escrúpulos, de forma que la tendencia a que el legislativo no sea de hecho independiente del ejecutivo y el ejecutivo tenga plena capacidad legislativa es muy fuerte, por ejemplo, entre nosotros.

Ahora bien, cuando la garantía que presta la división de poderes, la poliarquía efectiva y el respeto a la ley y a los derechos desaparece, corremos el riesgo de que el Estado tenga un poder ilimitado, y se convierta en un monstruo que tiende a crecer y a extralimitarse forzando cada vez más el apoyo popular de quienes creen ser los protegidos de sus políticas, es lo que se llama populismo.

En los partidos políticos españoles, el de arriba elige al de abajo y no al revés. Por tanto, no existe una democracia real. La poliarquía en este país está complicada porque en la cultura política española no está arraigada la idea de la libertad, apreciamos mucho más el orden. Nuestra cultura política no es excesivamente democrática porque en el fondo hemos sido un país demasiado monolítico, rígido, poco abierto o partidario de la diversidad. Esto que es importante desde el punto de vista política también es importante desde el punto de vista ético: ¿hasta qué punto estamos dispuestos a ser una persona singular con un criterio propio? En el fondo el problema es el mismo, el de la libertad.

La mejor definición de libertad en el ámbito del comportamiento personal en el medio social es la de Hayek: "la libertad consiste en que otros puedan hacer cosas que no nos gusten". Ahora bien, esa libertad sirve para definir un cierto pluralismo social y moral, pero no para definir la dinámica política. La libertad política consiste en que el poder no pueda actuar la margen de la ley común y que tenga en cuenta los deseos y criterios de los ciudadanos, sin que pueda imponerse a estos cuando ellos tengan clara una determinada decisión, es decir que el poder tiene que respetar la libertad de los ciudadanos no solo de manera individual, sino también colectivamente, y sin eso, y sin respeto a la ley legítimamente establecida, no hay ni puede haber democracia. En la práctica, el problema que tenemos es que gozamos gratuitamente de tantas libertades individuales que, de alguna manera, hemos olvidado el poder revolucionarios de la idea de libertad y muchos prefieren determinados bienes a cambio de renunciar gustosamente a ella.

La cuestión es que en la medida en que no se relacione la libertad política y la libertad Ética con la idea de excelencia y de deber, la libertad tenderá a convertirse en algo meramente retórico y a trocarse en deseo de bienes abundantes y baratos, a ser posible conseguidos sin el menor esfuerzo. Se tiende a confundir la libertad con la satisfacción de las necesidades y los deseos. Tanto necesidades como deseos son naturales. La necesidad implica un menor grado de libertad que el deseo. Uno puede controlar sus necesidades, pero puede controlar sobre todo sus deseos, salvo que uno psicológicamente decida abandonarse a los deseos. Cuando eso pasa, hemos transformado los deseos en necesidades. El mayor mecanismo de corrupción política que existe consiste en que los gobiernos prometan a los ciudadanos la realización de sus deseos. Si alguien promete el cumplimiento de todos tus deseos deberás pensar que trata de engañarte.

El concepto de libertad con el que piensan los teóricos del Estado moderno, los filósofos del siglo XVI y XVII, hasta Kant, es, en realidad una gran herencia cristiana, expresa la dignidad inviolable del hombre y de su conciencia a la que Dios ha hecho libre para asemejarla a Él mismo, de modo que la grandeza mayor del hombre está en la posibilidad de decirle que no al propio Dios, que es su Creador, y si puede hacer eso, con mayor motivo podrá hacerlo al Estado, que no es su creador sino su criatura, y en esto radica una de las grandes diferencias entre la idea moderna de la política y la idea aristotélica de que el hombre es un animal social, la idea de que el hombre no se asemeja a un Dios creador y Omnipotente, sino a la comunidad en que ha sido concebido y educado.

Por lo demás, la democracia puede ser entendida o bien como una regla formal de juego, legítima cuando es adoptada por una comunidad constituida que goza de libertad política para dotarse precisamente de esas reglas y establecer mecanismos que las apliquen y garanticen su respeto, pero también como un régimen material, como un clima político y ciudadano, asunto en cuya caracterización sería muy ingenuo querer lograr un acuerdo muy amplio, pues son muchas las opiniones al respecto.

Me referiré aquí a una serie mínima de ellas que está inspirada en los análisis de Robert Dahl. En primer lugar, no existe democracia política sino hay una participación política efectiva; en segundo término, esa participación exige una igualdad de oportunidades para que los ciudadanos puedan expresar su opinión e influir adecuadamente en los conciudadanos y en sus representantes de modo que sus opiniones cuenten efectivamente a la hora de decidir en los asuntos públicos; en tercer lugar, debe haber una garantía completa del derecho efectivo a votar y a que sus opiniones sean consideradas como de igual relevancia que las de cualquiera otros, lo que, cuarta condición, exige que se pueda gozar de un conocimiento suficiente de las cuestiones sometidas a debate, y se tenga acceso fácil a la información relevante, que ha de ser transparente y comprensible; en quinto lugar, los ciudadanos tienen derecho a controlar lo que se llama la agenda pública y a decidir sobre lo que puede hacerse y sobre lo que debe quedar todavía sometido a debate. Por último, la democracia exige que no haya ninguna clase de exclusiones, que sea universal, de todos.

El modelo popperiano de democracia y su teoría de la ciencia

En una presentación idealizada (es decir, simplificada) de la ciencia, Popper subrayó que nuestros esfuerzos para comprender la realidad (lo que llamamos ciencia) son, desde el punto de vista de su valor epistémico, meras conjeturas, y que el espíritu científico en su forma canónica debe procurar no su verificación, que es una meta que por principio consideramos inalcanzable (siempre hay algo nuevo, un más allá), sino ponerlos a prueba mediante una exposición valiente a los procedimientos de lo que el filósofo austriaco llamó falsación. Para ello, esas conjeturas se han de someter a contrastación mediante experimentos, análisis, debates, etc., es decir, se han de someter a una competencia idealmente racional con posibilidades alternativas, evitando que las circunstancias y detalles que puedan resultar desfavorables se desestimen o se destruyan con argumentos oportunistas o trampas de lenguaje. Es evidente que, en la práctica efectiva de la ciencia, las cosas acontecen de una manera harto más compleja y confusa, y que la epistemología popperiana no está libre de críticas de fondo y de detalle. Pero hay un punto esencial en el que esta presentación de la marcha correcta del espíritu científico coincide con otra idealización popperiana que le sirvió para reinterpretar la naturaleza y el valor de la democracia.

De acuerdo con la presentación que se ha hecho más usual, se supone que la política consiste, o debería de consistir, en un intento de alcanzar soluciones viables a un buen número de problemas sociales, y que la política democrática vendría a caracterizarse por ser la puesta en marcha de las soluciones que prefiere la mayoría, condición que le otorga una especial legitimidad. Esta interpretación da por supuesta la contestación a lo que, según Popper, tiende a preguntarse la teoría política: "¿Quién debe gobernar?" Esta cuestión, de inspiración platónica según Popper, es, en cierto modo, paralela al propósito de alcanzar la verificación de una teoría y, será también, por tanto, una manera equivocada de entender las cosas.

Popper, por el contrario, afirma que la verdadera cuestión no es la de la legitimidad, por así decir, metafísica del gobierno sino la del procedimiento ideal para destituirlo, cuando los ciudadanos así lo deseen de forma mayoritaria. En realidad, un gobierno que represente a la mayoría no debería cambiar nunca (y a eso aspiran generalmente los políticos), pero, por otra parte, dado que las mayorías pueden cambiar de hecho muy frecuentemente y no ser coincidentes respecto a problemas distintos, sólo sería legítimo un gobierno sustancialmente inestable (que es, por cierto, lo que Popper piensa que pasa con los gobiernos apoyados en parlamentos que se forman de acuerdo con criterios de representación proporcional) lo que es claramente inconveniente. Según Popper la verdadera cuestión que se ha de dilucidar en la pugna política se puede expresar mejor del siguiente modo: "¿Cómo se puede minimizar los efectos de un mal gobierno?" La respuesta popperiana redefine la democracia representativa de un modo muy operativo: los gobiernos se equivocaran tanto menos cuanto más simple y hacedero pueda ser el sistema que lleve a su sustitución por otro, de manera que la democracia para Popper viene a consistir en el sistema que garantiza la destituibilidad del gobierno legítimo por medios pacíficos.

En esta presentación, la idea de democracia se opone, por supuesto, a la tiranía, pero también al concepto, bastante común, de acuerdo con el cual un gobierno es democrático simplemente por ser representativo. Para Popper lo que caracteriza a un gobierno como democrático no es la mera representatividad, sino el que sea destituible por procedimientos asequibles, sin el derramamiento de sangre que sería necesario para acabar con la tiranía. La destituibilidad de un gobierno es, en definitiva, un signo de la racionalidad del sistema político del mismo modo que, en el caso de la ciencia, la falsabilidad de una teoría debe considerarse una exigencia de su valor epistémico.

Popper ha explicado que, de hecho, fue su abandono de las pretendidas certezas del marxismo lo que le abrió el camino para comprender el valor que tiene la posibilidad de someter a falsación una determinada teoría. Por eso, el sistema democrático y el espíritu científico son compañeros de una misma aventura espiritual y se configuran como procesos ideales capaces de proporcionar sistemas válidos para valorar las teorías alternativas y de asentar la racionalidad de nuestras instituciones. La posibilidad de saber nos hace críticos, y puesto que el que podamos ser críticos en la teoría sobre las cosas es la mejor garantía de progreso intelectual y científico, debemos crear y sostener instituciones que soporten y promuevan la crítica, que sean autocríticas, que no traten en ningún caso de anonadarla, acallándola o pretendiendo mostrar que no conduce a nada. Esta forma de entender en paralelo la democracia y el trabajo de la ciencia, nos permite afirmar que un gobierno que niegue la existencia de una alternativa política a su gestión está negando la posibilidad misma de la democracia, y, análogamente, si una institución o academia llega a sostener que ya se sabe todo sobre cualquier cosa está proclamando y promoviendo en la práctica el cese de la investigación científica.

En esta afirmación popperiana está implícita una fuerte legitimación del pluralismo político (siempre sospechoso para el dogmático a lo Simone de Beauvoir que sostenía que "la verdad es una y el error es múltiple y por eso la derecha profesa el pluralismo"), porque la trama política se traslada del vagoroso terreno de la legitimidad y la representación a la constitución de un sistema que haga posible el cambio político efectivo. El pluralismo político se puede poner en paralelo con la capacidad de cambio y de progreso de la investigación científica, del mismo modo que la destituibilidad del gobierno puede ser vista como un trasunto de la preferencia por la falsación en el ámbito de la teoría.

No puede haber mucha duda que la ciencia es algo excelente, pues representa u gran valor. El mundo de la comunicación, sin embargo, suele presentar una imagen un tanto caricaturesca de la ciencia, como una empresa de éxito continuo, de manera que si hiciésemos caso de lo que dicen nuestras televisiones la ciencia española, por ejemplo, haría casi cada día un descubrimiento trascendental que sirva para curar la diabetes, o para viajar a Marte sin apenas esfuerzo. En la realidad hay miles de científicos que dedican su vida a la ciencia, lo cual es algo apasionante, pero también muy rutinario y no siempre acompañado de éxitos indescriptibles. Por eso no se puede entender la ciencia sólo como aquella actividad que gana el Premio Nobel.

La ciencia es esencial en la sociedad en la que vivimos, y, junto a la tecnología con la que está íntimamente relacionada, uno de los más importantes pilares de nuestra civilización, sobre todo en el aspecto práctico, pero no se puede tener de ella una imagen tan distorsionada, que es la que proviene del positivismo, como si la ciencia fuese la única manera posible de obtener la verdad y debiera estar por encima de todo lo demás, de cualquier forma de pensamiento o de creencia. La imagen contemporánea de la ciencia es una imagen post positivista basada en que la ciencia es un conjunto de conocimientos incompleto, en el que se subraya su vitalidad y también, en alguna medida, sus incoherencias e insuficiencias.

La ciencia es junto con la filosofía griega, el cristianismo y el derecho romano, la cuarta columna que configura la atmósfera cultural en que vivimos cuando nos ocupamos de comprender el mundo. Es indiscutible por tanto la importancia de la ciencia. Ahora bien, no cabe tener a día de hoy la imagen positivista de la ciencia: la imagen del éxito. Ésta dice que la ciencia es exacta, precisa, valiosa, etc. y todo lo demás no sirve para nada. Esta imagen positivista de la ciencia es falsa. La pregunta decisiva es: ¿hay algún criterio para demarcar la ciencia de lo que no es ciencia, es decir, la ciencia de la pseudociencia? El marxismo, por ejemplo, se consideraba una ciencia en la Unión Soviética. El positivismo decía que el criterio de demarcación es la verificabilidad.

La filosofía de la ciencia del siglo pasado se planteó, para superar la insuficiencia del positivismo, de qué manera se podía diferenciar la ciencia verdadera de la pseudociencia, aquello que pretende ser ciencia pero en realidad no lo es, por ejemplo, el psicoanálisis o el marxismo, por poner los ejemplos favoritos de Popper. La respuesta positivista era que la ciencia es verificable, y la metafísica no. El inconveniente de este punto de vista es que no cabe duda es que las ciencias formales, la lógica y la matemática, tienen su propia forma perfecta de demostración, nadie duda de que dos cosas iguales a una tercera sean iguales entre sí, por ejemplo, mientras que, sin embargo, en las ciencias empíricas (física, química, etc.) la demostración, el paso de la hipótesis a la verdad comprobable es mucho más complicado.

Frente a ese criterio de la verificabilidad, bastante rígido e inútil, Popper sostuvo que una verdad es científica si se plantea de tal manera que si resultase ser falsa, su falsedad se pudiera poner de manifiesto con facilidad. Cualquier explicación defendible será tenida por verdadera mientras no haya pruebas que puedan demostrar que en realidad sea falsa. En las ciencias empíricas apenas es posible formular teorías universales. Por ejemplo, no se puede decir que todos los cisnes del planeta son blancos, ya que habría que comprobar todos los cisnes del planeta, lo que es imposible, al menos en la práctica. Pero sí se puede decir que hasta ahora todos los cisnes son blancos, y eso será verdadero hasta que alguien pueda mostrar un cisne negro. Por tanto, lo que hace a la ciencia serlo no es una presunta verificabilidad de cada una de sus proposiciones, sino el hecho de que puedan estar expuestas a la falsación. La ciencia es un conjunto de conjeturas que se creen válidas hasta que haya una experiencia o un argumento mejor que las anule.

De la misma forma que la ciencia no trata de explicar aquello que no es demostrable, la democracia, dice Popper, no consiste en suponer que los mejores sean los elegidos, que en alguna medida lo son, sino en hacer que el gobierno pueda ser destituido pacíficamente, mediante el voto de los electores. Hay un curioso argumento de Bertrand Russell que se puede recordar al respecto de quién, o quiénes, son más responsables del mal gobierno; Russell dice que los elegidos son siempre mejores que quienes los eligen porque, en caso contrario, peor todavía serían los electores, precisamente por haber elegido a representantes tan malos. Se trata de una ironía con un profundo poso de verdad, que sirve, dicho sea de paso, para poner en su sitio tantas críticas demagógicas contra los políticos que son como son porque, de alguna manera, los electores se lo consienten.

La función de la democracia es, según Popper, que pueda haber fácilmente un cambio de gobierno, y sin derramamiento de sangre. La democracia consistiría, en el fondo, en que se pueda cambiar de gobierno pacíficamente. No se trata de elegir al mejor gobierno, sino de poder destituir pacífica y legalmente al que no sea bueno. Lo esencial de la democracia es, por tanto, la destituibilidad. Ciencia y democracia tienen analogía, además exigen para poder existir que haya una sociedad abierta, en la que no exista un súper control de todo lo que acontece. Si la sociedad se convirtiese en algo en que todo es controlado desde arriba, no se podría dar ni la democracia ni la ciencia: sería lo que se llama una sociedad cerrada; por el contrario, una sociedad abierta será aquella en la que cada cual pueda actuar según reglas y criterios que él considere correctas, sin necesidad de permisos y sin absurdas prohibiciones en nombre de poderes absolutos que no respetan las libertades de conciencia y de naturaleza política.

No hay democracia cuando el gobierno se obstina en perpetuarse e impone reglas que impidan su destituibilidad, lo que podría legitimar la rebelión, la vuelta a la guerra legítima contra el poder ilegítimo, lo que se llama frecuentemente revolución, aunque desgraciadamente hayan escaseado dramáticamente las revoluciones que implanten una mayor libertad y hayan abundado las que imponen un autoritarismo distinto y, en ocasiones, peor que el que las provocó. La libertad política es planta delicada que solo se cultiva con cuidado, paciencia e inteligencia colectiva, un bien raro y siempre en riesgo. Cuando un gobierno es destituible pacíficamente entonces hay una democracia. La ciencia y la democracia exigen como condición necesaria para poder existir que haya una sociedad abierta en la que haya una cierta espontaneidad social, intelectual, cultural y política.

IV. Ética aplicada a la comunicación. La construcción social de la realidad

La comunicación social es un campo de la actividad humana que no ha hecho sino crecer en los últimos siglos. Es un tópico considerar que la revolución de la imprenta y luego la revolución digital, en la que estamos plenamente inmersos, han cambiado por completo la configuración de la sociedad, su cultura y las relaciones de poder. El hecho decisivo para entender cómo funciona este sistema, desde nuestro punto de vista, es que se trata de un mercado, un régimen de intercambio de información y de mercancías, con sus excepciones y sus aduanas, con sus privilegios, en algunos casos, en el que el papel y la influencia de las tecnologías y los poderes de todo tipo, económicos, culturales, institucionales, políticos etc., ha tendido a crecer de manera continua.

Qué sea un mercado no es cosa fácil de explicar, pero, a nuestros efectos, implica que las relaciones habitualmente existentes entre las ideas metafísicas, entre conceptos capaces de regular ordenadamente la visión humana de las cosas, ideas tales como realidad, verdad, autoridad, bien, justicia, orden o libertad están sometidas no a un régimen de discusión académico, racional y ordenado, sino, que dependen, al menos aparentemente, de un régimen caótico, al que se ha podido llamar, por ejemplo, la dictadura del relativismo, un esquema de interpretación de la realidad en el que no hay nada cierto a título indiscutible y en que, además, se supone casi escandalosa la pretensión de que puedan existir tal tipo de verdades.

Esta hiperactividad de la comunicación ha hecho que se pueda decir que en nuestras sociedades se ha invertido, de alguna manera, el esquema tradicional para calibrar la relación entre realidades y palabras, entre cosas e imágenes, hasta el punto que muchas veces se da por hecho que es más importante que algo parezca ser cierto que el que lo sea en verdad; algo así se da a entender cuando se afirma "lo que no existe en la comunicación (en la prensa, en Internet, en televisión, etc.) no existe en la realidad", una afirmación bastante chapucera desde el punto de vista teórico, pero de efectos prácticos indudables, y que ha acentuado al extremo la sensación de algo que ya denunció Marx como característico de las sociedades capitalistas, a saber, que "todo lo sólido se desvanece en el aire" (frase está inspirada en unas palabras de La tempestad de Shakespeare), es decir, que las instituciones, creencias y relaciones que durante siglos se han tenido por sólidas y respetadas casi universalmente por innumerables generaciones de seres humanos parecen haber perdido vigencia, estar en trance de crisis agónica, así, por ejemplo, la familia, la justicia, la nación, pero también la ciencia, la democracia o la idea de verdad, etc.

Cuando nos planteamos la necesidad y la conveniencia de una Ética en la comunicación tenemos que examinar a fondo las ideas que la harían posible, y, en particular, ideas básicas como verdad y objetividad, pero también las ideas acerca de la naturaleza de la sociedad humana, y, especialmente, la relación entre naturaleza y cultura, una cuestión a la que ya nos hemos referido, y el carácter artificial o natural de la sociedad humana, hasta qué punto son espontáneas y naturales ciertas formas sociales de relación, o hasta qué punto son entidades completamente construidas, como pretende el constructivismo, cuestión que está ligada íntimamente con la de la naturaleza y la posibilidad de la verdad.

Entenderemos como constructivismo social la doctrina según la cual no hay nada en la realidad social que no sea construido. De acuerdo con esta tesis metafísica, entonces la codificación de la conducta sería posible, y de alguna manera también sería posible ponerse de acuerdo para edificar una sociedad perfecta, cosa que siempre parecerá una quimera, y como todas las quimeras muy peligrosa, a quienes reconozcan que sin que sea posible negar la existencia de elementos constructivos en la estructura social, puesto que, aunque no seamos seres meramente naturales sino, en cierto modo, seres supernaturales, seres históricos, tecnológicos, etc., resulta absurdo pretender una omnipotencia absoluta en relación con la posibilidad de modificar lo humano, porque eso sería confundir las posibilidades, que establecen el ámbito de lo modificable, con la creación desde la nada, una tentación a la que se ha de rendir quien quiera ser como Dios, un legislador absoluto y completamente soberano.

Por el contrario, si la realidad es algo más que una construcción social, entonces cualquier codificación resultará insuficiente y será siempre necesario dejar un margen a la prudencia, la conciencia o la subjetividad, o como queramos llamarlo, y eso será siempre la consecuencia de que lo que somos como seres humanos es de alguna manera irreductible a nuestras objetivaciones, a los conceptos con los que intentamos pensarnos, que habrá algo que siempre se nos escape. Esto equivale a decir que cada uno de nosotros es algo más que las ideas que tenemos acerca de nosotros mismos, que somos algo que está más allá de las distintas categorías que se empleen para intentar objetivarnos, que somos un sujeto libre, un agente moral, alguien que no puede ser explicado por el constructivismo social ni reducido a una nada por una visión relativista, porque es, en cierto modo, un absoluto moral, y tiene derecho a reclamar que se le considera de tal modo por cualesquiera instituciones sociales, a ser tratado como un fin, según lo diría Kant, a ser considerado una imagen sagrada de Dios, según lo diríamos en lenguaje religioso.

Las relaciones entre la naturaleza y la ley, o entre lo natural y lo artificial, o lo socialmente construido, es una gran cuestión sobre la que hay que meditar en la sociedad contemporánea. Las ciencias sociales nos enseñan a ver todo no como natural, sino como construido. Es una tendencia, en cierto modo, antigriega, se tiende a ver todo cuanto existe como fruto de la invención en lugar de como fruto de la naturaleza. El punto de vista característico de las ciencias sociales contemporáneas es el constructivismo, que afirma que todas las relaciones son construidas, incluso el sexo, es decir que no nacemos ni hombres ni mujeres, sino que elegimos serlo, o acabamos siéndolo, que la sexualidad, o el género como ahora se dice, es una construcción, porque, según afirman, el ser humano es irreductible a lo que indica su dotación biológica, y, según este curioso modo de ver, no hay que someter esa condición que inicialmente es supuestamente amorfa, a las exigencias de la dualidad de hombre y mujer.

¿Qué roles y categorías sociales son naturales y cuáles son artificiales? Por ejemplo, el marxismo siempre ha supuesto que el capitalismo era algo anómalo, y que lo ideal sería que la sociedad humana llegase a no tener clases, aunque para ello haya que pasar por la dictadura del proletariado. Mientras que los capitalistas piensan que el sistema de mercado típico del capitalismo está más cerca de la condición humana natural y que, aunque deba ser mitigado por la ley, es el régimen ideal para gobernar la sociedad humana. La cuestión esencial de la Ética es si es posible establecer una Ética válida para cualquier contexto, es decir, más allá de cualquier convención o situación. Los constructivistas consideran que cualquier Ética es una mera construcción social.

La mejor forma de lidiar con estos asuntos es reconocer que el hombre tiene una naturaleza, pero no es solo naturaleza. Por ejemplo, es natural que el hombre quiera comunicarse, pero no son meramente naturales los lenguajes que usamos para hacerlo, porque suponen un acuerdo y están construidos con signos y reglas que, en parte al menos, son arbitrarios, pero tampoco podríamos decir con sentido que los lenguajes sean puros artefactos. Aprendemos los lenguajes porque tenemos una capacidad innata para aprender e interpretar signos, pero somos también capaces de modificarlos, de crear tecnologías con ellos que están muy lejos de cualquier forma de pura naturalidad. La mayor parte de las instituciones humanas son, desde este punto de vista, un poco como los lenguajes: enormemente arbitrarias, pero con límites y fundamentos naturales.

El relativismo cultural pretende que todas las culturas sean iguales. El que el mundo se haya hecho más inmediato y cercano, y que hayamos de convivir con culturas muy distintas, favorece esta consideración desde un punto de vista, digamos, favorable a considerar el respeto debido a la dignidad humana y a la pluralidad de formas de vida, que es una noción que, por cierto, no reconocen todas las culturas. Pero sería muy engañoso pensar que esa igualdad en dignidad implique una igualdad en los méritos, por decirlo así, porque obviamente hay culturas más desarrolladas y con más aportaciones que otras: haber creado la topología diferencial, las sinfonías, el cine o la semiótica supone un nivel de sofisticación al que es un hecho que no han accedido todas las culturas.

Desde un punto de vista histórico ha sido el cristianismo el responsable de subrayar la importancia de lo interior, de la irreductibilidad del individuo humano, de la persona, a cualquier imagen objetiva. Si la moral no está codificada, ésta se convierte en una exigencia muy fuerte. El cristianismo hizo más exigente el criterio de la moralidad y, de alguna manera, contribuyó a que fuera posible una extrema subjetivación. Frente a la moral objetivista de los griegos, la moralidad de la cultura cristiana tiene una vertiente por la que puede considerarse como muy propicia a la subjetivación, hace depender el juicio moral que merecen las acciones de un amplio conjunto de apreciaciones e intenciones, es mucho menos cortante y sumaria que cualquier ética, porque tiende siempre a la comprensión, a la disculpa y al perdón, pero, al tiempo, establece también, precisamente por eso, una exigencia muy fuerte de tender a la perfección moral, o, en lenguaje religioso, a la santidad. Aunque pueda resultar muy paradójico no hay otro remedio que reconocer que esa especie de subjetivación que es inherente a la cultura cristiana también contribuyó a hacer posible el predominio posterior de diversas formas del emotivismo. Este emotivismo tiene mucho que ver, en el fondo, con la influencia de la subjetivación cristiana de la moral porque como dijo Chesterton en cierta ocasión, "el mundo moderno está lleno de viejas virtudes cristianas que han enloquecido. Y ha sido así porque se han desconectado unas de otras y deambulan aisladas".

Desconcierto ético y conciencia moral

Este desconcierto intelectual y moral es típico de nuestra época y se está acentuando con lo que conocemos como globalización, con las influencias crecientes entre mundos y culturas que antes estuvieron casi completamente aislados. Nuestra civilización tecnológica se ha impuesto por todas partes, pero lo ha hecho marginándose en buena medida de los fundamentos culturales que la hicieron posible, básicamente, de la filosofía griega y de la religión judeocristiana (cualquiera puede manejar un *smartphone* o dirigir una central nuclear ignorando completamente a Sócrates y a Cristo), y lo ha hecho de tal manera que se ha complicado de forma muy enrevesada cualquier intento de mantener un esquema moral capaz de ser respetado universalmente. A esta situación se ha reaccionado de maneras muy distintas, pero interesa subrayar dos tendencias fundamentalmente distintas. En primer lugar la de quienes, muy ingenuamente, pretenden que la ciencia pueda proporcionarnos las respuestas esenciales, y dotarnos de una Ética y hasta de una política, posición que parece bastante desesperada y que ignora por completo la historia de la que venimos, y, por otra parte, la de quienes subrayan que la humanidad no puede prescindir por completo de las limitaciones que ha venido respetando tradicionalmente y que se conocen como religión.

No se puede pretender en un texto como éste responder a las mil cuestiones que se plantean en una alternativa como la que acabamos de enunciar, pero sí se hace necesario advertir que en la medida en que los seres humanos no admitan la existencia de bienes superiores al de su mero deseo, la existencia del Bien o del deber o de un Dios, la vida humana colectiva se puede convertir en un deporte de muy alto riesgo, y la experiencia del pasado sí debiera enseñarnos algo muy claro al respecto.

Nuestra vida moral es conflictiva porque no siempre estamos en condiciones de acertar a resolver un dilema esencial en la vida moral. Tendemos a confundir dos verdades bastante básicas pero que en una inmensa variedad de casos y circunstancias no son fáciles de armonizar en la práctica: por una parte hemos de admitir que nuestra conciencia resulta ser un fundamento insuficiente para estar ciertos de elegir bien, pues de lo contrario podría llegar a ser indiscernible el bien de cualquier deseo, y, por otra parte, podemos estar seguros de que siempre que actuemos contra nuestra conciencia obraremos mal. En una forma lógica, podríamos decir que actuar en conciencia es una condición necesaria de la moralidad, pero no siempre puede considerarse como una condición suficiente. La conciencia que debe ser juez inapelable de nuestra conducta no alcanza a ser legislador universal, tiene que nutrirse de fundamentos que no emanan de ella misma.

La importancia que se da a la conciencia en el pensamiento ético ha sido muy fortalecida a partir del cristianismo, la conciencia entendida como una voz interior, mientras que la Ética griega fue una Ética mucho más social y objetivista, mucho menos atenta a la conciencia, aunque sí pendiente de la intelección. Desde el punto de vista cristiano, una acción objetivamente buena, puede considerarse mala si la intención es perversa, y también al revés. El cristianismo hizo más exigente el criterio de la moralidad, pero por otro lado, puso de manifiesto la importancia de la subjetividad, de forma que, en cierto modo, ha hecho más explicable el auge del emotivismo. Si insistimos en este punto es porque en una sociedad muy sometida a la comunicación, a un intercambio incesante de puntos de vista, la dificultad teórica perfectamente concebible en comunidades de tamaño mínimo se convierte en una dificultad práctica de considerabilísima importancia. De alguna manera, a medida que tenemos más información para mil problemas prácticos, padecemos más desinformación a la hora de tomar decisiones éticas, precisamente porque se nos presentan un sinfín de criterios distintos y contrarios, y todos ellos con pretensiones de moralidad. Es muy normal, por tanto, que en la vida contemporánea se haya hecho muy frecuente el recurso a los códigos deontológicos como medio para aliviar la carga moral sobre la conciencia de quien haya de tomar decisiones que pueden ser cuestionadas de mil maneras distintas.

Una pregunta que nunca podemos perder del todo de vista es la de si hay un fundamento común a la ética y la política. La política tiene, en cualquier caso, un componente de objetividad más fuerte que el que parece existir en la ética, a la que referimos, principalmente, a la conducta personal y en la que, en cualquier caso, la objetividad es más difícil, y en la que, de alguna manera, cuando nos referimos a las conductas ajenas, tenemos la obligación de abstenernos de dar un juicio definitivo que es más inexcusable cuando nos referimos a nosotros mismos, puesto que, aunque no sea de manera completamente transparente, siempre conocemos desde dentro, nuestras intenciones, y deseos; tampoco habría que dar por sentado, sin mayores cautelas, la idea, griega, en el fondo, y luego racionalista, muy presente en Descartes, de que nos conocemos perfectamente bien a nosotros mismos, cosa que a un gran novelista como Baroja le parecía "una ilusión helénica". No existirían los psicólogos y psiquiatras si tal fuera el caso, ni existirían, tampoco, las llamadas enfermedades mentales, aunque no quiero decir que se deban a la existencia de tan beneméritos profesionales. Existe ética en la medida en que existen situaciones comprometidas, no fáciles que exigen adoptar posiciones heroicas o arriesgadas que pueden ser no comprendidas por quienes no las tienen que protagonizar.

¿Entre esos dos aspectos de la conducta humana y social hay algo en común, de qué forma se determinan? La idea de que exista algo así como una Ética profesional, una deontología, sería una consecuencia de la comunidad de fundamentos entre la Ética y la política, un ejemplo de campo en que Ética y política vendrían a tener alguna conexión. Lo primero que hay que decidir es si la Ética y la política tienen algún fundamento común. Un filósofo clásico diría que sí, sin embargo un moderno tenderá a decir que no. ¿Por qué se pasa del sí al no? Para unos (nos centramos en Aristóteles) Ética y política tienen en común algo decisivo que es que ambas dependen de un hecho cierto que es que el hombre tiene una naturaleza social (ambas dependen y se juzgan en función de la naturaleza humana). La naturaleza se entiende como un principio que permite discernir si hay o no instituciones que están conformes con lo que somos, y si existieran instituciones que no están de acuerdo con la naturaleza humana, eso nos llevaría a combatirlas. Aristóteles aceptó sin demasiados problemas la existencia de la esclavitud, el hecho de que "por naturaleza" los esclavos fueran inferiores, idea que choca frontalmente con la concepción cristiana del hombre, aunque en determinadas épocas los cristianos, no sus pensadores o teólogos, transigieran con la esclavitud, de los negros en América, por ejemplo.

La idea de naturaleza nace de observar que hay cosas que en todas partes son iguales y otras que en cada lugar es distinto. Los primeros griegos contrapusieron de forma radical lo natural a lo convencional. Por ejemplo, podríamos decir, es natural que los hombres y las mujeres quieran unirse, pero es más o menos convencional la forma en que esa unión se lleva a cabo.

La idea clásica de naturaleza permite explicar ciertas conductas políticas o sociales, y, de algún modo, se descubre esa naturaleza porque hay situaciones que siempre se repiten y otras que, sin embargo, varían. Otro ejemplo: es natural tener hijos, pero el qué se hace con ellos varía en función de la sociedad y la cultura. La diversidad de formas de vida es la causa que permitía pensar a los griegos la diferencia entre naturaleza y convención. Tal diferencia, pensamos ahora, tiene un aspecto no sólo social sino también histórico, es decir, de alguna forma hay una línea de progreso humano en la medida en que las instituciones sociales se acercan más a la naturaleza, y en la medida en que se regulan de manera más conforme a la naturaleza. La naturaleza se convierte en algo más que en un principio de regularidad y puede empezar a verse como un criterio de perfección. Aquello que es natural es algo que inspira conductas, pero además las conductas inspiradas por la naturaleza son más perfectas que las que se apartan u oponen a la naturaleza, (que lo más natural sería alejarse de lo convencional, es lo que pensaron, por ejemplo, los filósofos cínicos).

Para Aristóteles, como la naturaleza actúa conforme a un fin, esa visión permite explicar de alguna forma las razones por las que existen ciertas instituciones sociales y sobre todo, daba una regla para mejorar estas instituciones sociales y hacerlas más afines a la naturaleza. De este modo se obtiene una contraposición entre naturaleza y mera tradición que se convierte en un instrumento crítico muy poderoso. La idea de contraponer lo natural a lo convencional como principio de comprensión de la Ética y la política, nos permite criticar lo que hay.

Siglos adelante con la llegada del cristianismo, esa idea de naturaleza como criterio de moralidad, se transforma en la idea de que, en realidad, la naturaleza de las cosas e instituciones coincide con un mandato o diseño de Dios que es la ley última a la que deben atenerse las cosas. Es decir, Dios tiene un designio para el mundo, esa idea se acoge y se explica en términos del concepto de la naturaleza, en forma que se entiende que si Dios ha hecho el mundo de una determinada forma y ahora esa forma ya no expresa sólo una normalidad, digamos, estadística que recoge el hecho de que la naturaleza sea precisamente así, y no de otra forma, sino que, además, es una norma, es decir una ley, o un mandato moral en la medida en que expresa la voluntad de Dios, lo que el Creador ha querido que sean las cosas.

Este segundo principio (el mandato de Dios) se convierte también en un principio crítico, porque la voluntad divina no sólo es un principio de legitimación sino también una crítica de lo existente al que se puede acudir cuando lo que está vigente no sea conforme a la voluntad de Dios.

Que la autoridad venga de Dios significa, desde luego, que la autoridad tiene un fundamento o una legitimidad muy fuerte pero, sobre todo, que su legitimidad es limitada, porque no sólo tiene que limitarse por el hecho de que sea una institución natural, sino sobre todo por haber sido establecido por Dios, conforme al conjunto de sus mandamientos, y por tanto sometida a la tutela de Dios, y, en la práctica, al juicio de la Iglesia, pero, lo que es más importante todavía, también de la conciencia de cada cual. De este modo se establece que hay principios de carácter moral que están por encima de la autoridad política, precisamente porque toda autoridad viene de la voluntad de Dios y no del mero poder que tenga el soberano, de la fuerza que tenga el poder político.

Estas doctrinas tienen en común el hecho de que hay algo distinto a la existencia de lo inmediatamente real, del poder político, bien se llame "naturaleza" o "ley de Dios" y con ellas estamos en condiciones de juzgar conforme a un criterio absoluto la conducta personal, pero también el ejercicio del poder político, al que permiten criticar o deslegitimar, aunque eso no haya impedido que en la práctica se hayan empleado muy frecuentemente para lo contrario, para exigir un sometimiento al poder político en nombre de la voluntad de Dios. En el caso de la religión musulmana esta separación entre política y religión no se ha producido nunca con la claridad que se ha establecido en la cultura cristiana.

Cuando en la época moderna los filósofos definen la idea de Estado, esta institución política ya no es algo natural sino una convención, un determinado acuerdo entre los hombres, de modo que, por definición, las convenciones no pueden criticarse como si fueran entidades puramente naturales. Cuando la convención se entiende como algo distinto a la naturaleza, la naturaleza misma se convierte en un principio de crítica a la convención, pero cuando se establece una convención para superar las deficiencias de la naturaleza, del estado natural, no tiene sentido hacer ese tipo de crítica, lo que nos permite ver hasta qué punto ha variado la idea de naturaleza en la época moderna, a consecuencia, principalmente, de los efectos de la naciente ciencia, que supuso un modo muy distinto de entender la realidad.

Cuando Hobbes dice que en el "estado de la naturaleza" los hombres están en perpetua lucha, que lo natural es pegarnos, matarnos, no tiene la idea de que la naturaleza sea un principio de orden o racionalidad, sino que es precisamente lo contrario, y, por ello, para evitar los malos efectos de ese principio se recurre a la invención del Estado. Cuando hablamos de la diferencia entre antiguos y modernos respecto a la relación de Ética y política, los antiguos, sean griegos o sean cristianos medievales, consideran que la naturaleza y la ley de Dios (esto último solo en el caso de los cristianos) son principios que regulan la conducta humana y la estructura social, que la naturaleza humana es un principio suficiente para explicar la realidad política. Por el contrario, cuando se piensa que la sociedad en estado natural es de carácter conflictivo, que los hombres dejados a su libertad realizan matanzas y guerras, que lo natural en los hombres es ser agresivos, hay que crear una institución distinta a la naturaleza que es el Estado, precisamente para que evite y encauce esa agresividad, para que establezca una ley capaz de introducir el orden en una naturaleza que es por ella misma desordenada. No conviene olvidar que este punto de vista está también, de alguna manera, enraizado en el cristianismo, concretamente en lo que se ha llamado el agustinismo político, la idea que está en San Agustín de que el hombre pecador es malvado, y que precisamente para limitar el poder del mal establece Dios la legítima autoridad del poder político.

En la época contemporánea, consideramos que la Ética es aquello que se refiere, fundamentalmente, a la conducta individual, mientras que la política, que guarda relaciones con la ética, pero es irreducible a ella, se ocupa de lo que se refiere al juego de poder, aunque por supuesto, no falten pensadores, y no precisamente necios, que no comparten en absoluto este punto de vista. Nosotros nos encontramos actualmente en una situación en la que es posible que nos planteemos una escisión muy peculiar entre lo ético y lo político, porque en el aspecto ético nos da la impresión de que podemos actuar (podemos ser sinceros, trabajadores, comprensivos...), mientras que en el ámbito político tendemos a sentirnos impotentes, porque nuestra capacidad de influencia es mucho menor, mucho más discutible. ¿Hay algo que sea distinto a mi propia conciencia o decisión o voluntad en lo cual yo tenga posibilidad de juzgar mis propias decisiones éticas y/o políticas? De cualquier manera, no está de más recordar que cuando se habla de la naturaleza como principio ético no hay que pensar únicamente en Aristóteles, sino también en Hume, cuyas ideas al respecto ya hemos visto que eran bastante distintas a las del pensador griego y sus seguidores de la escolástica cristiana.

Nuestra relación actual con la idea de naturaleza es sobradamente más problemática que la de los griegos. La conducta de los seres humanos no responde a un conjunto perfectamente predefinido de consideraciones. No cabe duda que somos seres naturales, pero también somos mucho más. Somos, en cierto modo, supernaturales, sobrepasamos a la manera clásica de entender la naturaleza desde muchos puntos de vista. Si sólo fuéramos naturales podríamos ser juzgados por la ley de la naturaleza, pero esto da lugar a cuestiones muy discutibles desde el punto de vista moral (por ejemplo, el violador se entiende que lo es por naturaleza, pero lo consideramos un abuso, inmoral y penado por la sociedad). Desde muchos puntos de vista, lo meramente natural es insuficiente para juzgar la moralidad, porque la naturaleza tiene recursos y actos que muy bien podemos considerar como algo plenamente inmoral.

La teología cristiana ha tratado siempre de reelaborar la idea aristotélica de naturaleza, en especial en lo que se refiere al hombre, asimilándola al designio o al ideal que Dios tiene sobre el hombre, un proyecto al que el hombre puede sustraerse y renunciar, precisamente porque es libre, de modo que aunque se intente una síntesis de las ideas de naturaleza, bien y libertad, que debiera ser la guía de la conducta moral, el cristianismo no ha podido dejar de advertir que la libertad del hombre siempre puede zafarse de esas categorías o limitaciones, aunque el precio a pagar pueda ser tan alto como su eterna infelicidad.

Nos hemos distanciado de la naturaleza, de muchas maneras, pero, sobre todo, mediante la ciencia y la tecnología; de hecho casi todo lo que nos rodea no es ya meramente natural. También somos seres históricos, vivimos de nuestra herencia, sobre todo de la herencia que está encapsulada en el lenguaje con el que tenemos que intentar entendernos a nosotros mismos, explicar el sentido de nuestra vida y nuestras acciones, justificarla y dirigirla. Esa cualidad del lenguaje es algo más que natural, es también inventada, lo que se percibe con mucha más claridad si hablamos de lenguajes específicos como el matemático, o el artístico o el político.

Como el hombre se mueve en esferas que no son reducibles (naturaleza, sociedad, política) resulta casi imposible pretender que las diferentes exigencias éticas que se nos plantean en esos contextos sean plenamente armonizables y no haya contradicciones entre ellas, lo que dota de una conflictividad a la Ética que hubiera sido casi impensable en la época de Aristóteles. De hecho la Ética griega, aunque reconoce los conflictos, como el que ya hemos mencionado de Antígona, tiende a subsumirlos bajo una idea no conflictiva de Bien. Aristóteles ya era consciente de este asunto y pensó que la moralidad exigiría siempre, más que un dictamen infalible, el recurso a requiere un juicio prudente, como cuando pedimos consejo a alguien más experimentado que nosotros, pero se hace difícil imaginar que siempre pueda existir una regla que se pueda aplicar de manera inequívoca e infalible. La respuesta que cada uno de nosotros da es indiscernible de nuestra propia forma de ser, y no puede ser fácilmente reducida a un código ético.

La sociedad humana tiene intereses muy fuertes en anular la conflictividad y constituirse en una forma de vida en la que nunca haya duda de lo que hay que hacer (idealmente, donde todo está prohibido, o bien es obligatorio). Por otra parte, el número de parcelas que pueden someterse a códigos en la compleja sociedad de la información en que vivimos es realmente muy pequeño, y hay que prevenirse contra la tentación de que sea la política, que siempre pretende reducir la moral al cumplimiento de la ley positiva, la ley que ella dicta, quien acabe por definir la moralidad, porque las sociedades siempre necesitarán que sea posible comportarse con una moralidad más exigente que la que pueda imponerse en forma de ley civil, de mandato político.

De la misma forma que los códigos suponen una juridización de la Ética, que puede verse como una consecuencia más del constructivismo social, hay quien pretende que alguna especie de conjunto de reglas para la comunicación ideal puedan actuar a modo de normas de la moralidad universal, pero no deja de ser otro espejismo. En la práctica, la moralidad pública nunca puede ser otra cosa que la suma de la moralidad de los individuos, que una consecuencia de sus acciones e intenciones, aunque eso no signifique, desde luego, que no se puedan y se deban establecer leyes que ayuden a premiar las buenas conductas, y dificulten las malas, si bien es perfectamente claro que los canallas y los hipócritas se las arreglarán para obtener siempre la mejor fama y la apariencia más intachable.

Contra lo que pudiera pensarse a primera vista, el relativismo no favorece específicamente una convivencia abierta, sino que, de uno u otro modo, contribuye a alimentar un espíritu autoritario. En una sociedad en la que crece la convicción de que nadie tiene una verdad mas respetable que cualquier otra, que asuma como paradójica verdad la convicción de que cualquier verdad es enteramente relativa, de tal manera que no exista forma alguna de acudir a criterios de legitimidad, nos encontraremos con que esa posición no conduce necesariamente a un régimen de tolerancia, sino que, más bien, ocurre en la practica que casi todos tenderán a hacer que sea un instrumento neutral el que decida lo bueno y lo malo, y le acabaremos otorgando al Estado, o al dinero o a cualquier otra forma de poder, la capacidad de juzgar moralmente, en lugar de reservarnos esa capacidad esencial. Ya hemos dicho que esa es una de las caracterizaciones del totalitarismo, la reducción de la Ética al cumplimiento de las leyes positivas, con una melodía que la aderece de principios constitucionales y derechos humanos, pero dejando que sea el poder político quien defina el bien y el mal moral.

Esta forma de ver la Ética tiene muchos aspectos negativos, porque en lo que se refiere a las cuestiones genuinamente morales, el riesgo es que el Estado olvide que todo su poder y toda su autoridad se funda en la soberanía popular, y se convierta, ilegítimamente aunque en nombre de aquella, en la única fuente posible de legitimidad, y que olvide, por tanto, que toda su legitimidad está en la conciencia de la sociedad y que los poderes públicos se conviertan en el único proveedor de moralidad, con grave merma para todos. El Estado acaba asumiendo funciones para las que no está pensado, porque en la práctica acaba siendo siempre un instrumento en manos de grupos, y actúa habitualmente en función de sus intereses. Confiamos en que los poderes públicos sean neutrales, pero no es así. Si el ciudadano no trata con cuidado los bienes públicos, ¿porqué van a hacerlo los políticos? No es razonable, de ninguna manera, renunciar a las fuentes de provisión de ejemplaridad y moralidad de que nos ha dotado nuestra cultura, la religión, la razón, la tradición o la literatura, para abandonarlo todo en las manos de los juristas, los comunicadores y los políticos.

Somos seres inequívocamente naturales, además de seres, como hemos dicho, supernaturales: la naturaleza es para nosotros un punto de partida, pero hay cosas que hacemos y padecemos que no son reducibles a la naturaleza, en lo que llamamos el mundo de la cultura, o en el mundo de la libertad. Entre libertad y naturaleza hay una cierta contradicción, puesto que si tuviésemos un comportamiento enteramente natural nuestro comportamiento sería completamente previsible, y no podría ser considerado libre, del mismo modo que, por idénticas razones, un comportamiento genuinamente libre no puede reducirse a una forma legaliforme, no está sometido a constricciones naturales, es, en cierta manera imprevisible, y por ello mismo está más allá de cualquier consideración meramente naturalista. Por ejemplo, si consideramos que el egoísmo es natural, el altruismo no lo sería, por más que ocurra y tenga algunas bases naturales, como se ve en ciertas conductas animales, es decir, el altruismo sería un ejemplo típico de conducta moral y libre, tal como hemos afirmado que lo sería el heroísmo. El caso de los animales es típicamente considerado como inhumano o maquinal, pero eso se debe, sobre todo, a una serie muy poderosa de prejuicios que habría que ir combatiendo. Es obvio que la conducta humana es más compleja y más libre que la de los animales, en la medida en que creemos entenderla, pero la mas que probable existencia de comportamientos altruistas en algunas especies animales argüiría, más bien, a mi modo de ver, no que el altruismo sea natural, obviamente no lo es en la mayoría de los casos, sino que algunos animales parecen ser capaces de conductas morales, al menos a su modo.

De alguna manera, el hombre tiene una propiedad que es su capacidad de superar la naturaleza en general por el procedimiento de ampliarla y modificarla, conocerla más a fondo y hacerla más acogedora y sumisa a sus deseos. Nosotros somos seres supernaturales en la medida en que vemos en la naturaleza no sólo lo que es, sino lo que puede ser, lo que podemos hacer con ella e incluso aparentemente contra ella. Sin embargo, sólo podemos hacer que las cosas cambien aprovechando condiciones que las cosas tienen, aunque sean condiciones que al principio no sean vistas con claridad. No sólo somos seres supernaturales en el sentido de la inteligencia, de la posibilidad y de la tecnología, sino que nos guiamos por otros criterios que no son puramente naturales, sino, por ejemplo, morales. En la consideración kantiana de la moralidad, hay, como hemos visto, una ruptura de moral y naturaleza.

Hemos creado un mundo ajeno y en algunos sentidos, superior a la naturaleza. La cuestión está en que la realidad en que vivimos y la realidad en la que tenemos problemas éticos, ¿Qué tienen de natural, qué de artificial y qué de arbitrario?, esa es la gran cuestión. Se supone que de alguna forma, lo natural es obligado, y que lo que es libre está de algún modo por encima de lo meramente natural, forma parte del mundo del bien o del deber. Hay que saber qué cosas de la estructura son esenciales-naturales-morales y qué cosas de la estructura social son accidentales-históricas-optativas, aclarar eso nos aclararía hasta qué punto podemos optar por hacer unas cosas u otras. Como seres sociales somos seres naturales, históricos, culturales y morales.

La gran cuestión es, dónde están los límites entre las distintas esferas de la sociedad, hasta qué punto las leyes deben ser obedecidas, hasta qué punto las instituciones son legítimas y tienen un fundamento racional, o se reducen a ser meros sistemas de opresión, hasta que punto estamos obligados moralmente a obedecer las leyes y normas de esas instituciones públicas, cuando esa obligación nace de algo no reducible a la presión externa, o si sus pretensiones carecen de cualquier otro fundamento. En definitiva, se trata de preguntarnos cuál es el fundamento de nuestra inserción moral en un grupo humano. El problema al que tenemos que enfrentarnos es qué hay de natural, de cultural, de libre decisión, de elemento religioso, de arbitrariedad... en esta sociedad. La respuesta es que hay una mezcla de todo eso y que no siempre es fácil discernir y elegir lo mejor, lo que debamos hacer.

Lo que llamamos realidad forma, en buena parte, un conjunto de cosas en las que hay algo natural, histórico, cultural, construido, arbitrario, artístico, religioso... es una mezcla. Esa realidad nos impone y reclama un comportamiento moral y ético, y, si queremos ser sujetos libres, tendremos que tener una respuesta autónoma, lo que no quiere decir que sea única o estrictamente individual, puede coincidir con la de muchos otros; lo que no puede ser una conducta autónoma es algo que simplemente venga impuesto desde fuera. La respuesta que hemos de dar a las exigencias morales que una sociedad nos plantea se caracteriza por una peculiaridad muy importante, ha de ser consciente, en caso contrario no sería plenamente humana. En la medida en que los seres humanos no sean conscientes de las exigencias contradictorias y en tensión que constituyen la respuesta social a sus demandas, en esa medida no pueden ser libres. Sólo mediante un esfuerzo que nos permita hacernos conscientes de todos los factores que configuran la realidad social en que vivimos, sólo en esa medida somos capaces de ser libres y podemos tratar de luchar para reconfigurar la sociedad para hacerla mejor, más humana y más capaz de soportar la libertad de todos. Si no nos hacemos conscientes de esa complejidad seremos esclavos de fuerzas que no seremos capaces de dominar.

El problema con la Ética no es sólo que sea difícil sino que los métodos para resolver las cuestiones que se nos plantean no son simples ni meramente lógicos, de manera que lo más común es simplificar el problema y acogerse a un modelo simple, que pueda ser entendido. Los seres humanos tenemos varios problemas, entre ellos el problema de saber quiénes somos, a lo que no tenemos una respuesta definida, aunque, desde luego, podamos tener una serie de creencias al respecto, religiosas, por ejemplo. El hecho de no tener una respuesta se debe a que tenemos muchas respuestas contradictorias y parciales que lo son, precisamente, porque carecemos de una respuesta definitiva y total.

En la vida práctica podemos prescindir de muchos de estos problemas ya que vivimos en vista de fines que habitualmente no nos exigen una tensión teórica tan alta. Además, poder actuar de una manera satisfactoria desde el punto de vista de la Ética resulta, en la realidad, una cosa bastante práctica, al menos desde el punto de vista psicológico, el problema reside en que la ética, incluso nuestra ética, no tenga siempre una solución teórica absolutamente clara. ¿Cómo podemos tener una regla de conducta que sea moral? esa es la pregunta esencial que deberíamos responder, y sobre eso tenemos, tal vez, un exceso de teorías. El imperativo categórico dice que debes actuar de tal forma que tu norma de conducta se pueda universalizar. El criterio Kantiano tiene el problema de que no es fácil de aplicar, deja a la conciencia de cada cual el elegir qué regla es la que corresponde, por tanto, es un criterio ético y no de carácter social o político. Tomas una decisión Ética cuando estás dispuesto a defender que esa norma que tú has practicado puede ser universalizada considerándola desde el punto de vista de su carácter moral. La Ética nos enfrenta con problemas prácticos ante los que no tenemos soluciones teóricas universales, sino criterios morales.

Debemos escoger entre diversos criterios morales. "Queramos o no queramos", tomamos decisiones éticas, lo que un moralista nos puede exigir es que nos hagamos conscientes del tipo de decisiones que tomamos. Las decisiones éticas nos van haciendo ser quienes somos, y ahí entrarían también aspectos psicológicos de la personalidad, y no sólo puramente éticos. Ejemplo: si admitimos y toleramos la mentira, habrá un momento en nuestra vida en que tendremos que mentir aunque no queramos, porque nos habremos acostumbrado. Aquello a que nos acostumbremos cada vez nos resultará más fácil.

Cada vez que tomamos una decisión por una regla meramente psicológica, más que moral, favorecemos tomar una decisión del mismo tipo y más grave. El aspecto ético de este asunto es que deberíamos aprender que nuestras decisiones, por mínimas que sean, son muy importantes, porque nos habilitan para llevar a cabo con mucha mayor facilidad un determinado tipo de conducta. Desde este punto de vista la ética, es exigente, es algo que nos recuerda que nuestra conducta es algo más que puro capricho o respuesta a un estímulo, que debiera ser una conducta en la que nos empeñásemos en tratar de hacer lo mejor.

En el terreno ético, la conducta humana no puede ser plenamente reducida a ningún código. Los códigos deontológicos, en concreto, suelen tener una función de carácter primariamente defensivo: pretenden proteger al que lo sigue de demandas de terceros. Se hacen con una mezcla de consideraciones sacadas de la buena voluntad y bastante aderezadas con la hipocresía de mejor circulación en cada momento. La Ética profesional es justo el intento de codificar la clase de acciones que es lícito llevar a cabo. De manera que la Ética de un publicista o periodista sería las acciones propias y dignas de un buen periodista o publicitario. La mera existencia de esta idea supone que las acciones humanas se pueden codificar. ¿En base a qué se codifican? En los sistemas deontológicas se codifican en base a la opinión mayoritaria, que puede resultar muy frecuentemente hipócrita, porque los seres humanos tenemos una característica básica que es que, con gran asiduidad, actuamos de una manera y decimos actuar de otra, suele haber una disonancia entre nuestra conducta y las normas que supuestamente la guían, cosa que cuesta bastante reconocer de manera declarativa, pero que es evidente cuando se examina con rigor la conducta de cualquiera, incluso de quienes presuman de ser intachables.

Aristóteles decía que solamente cuando la vida está acabada es cuando podemos juzgarla. Hay muchas decisiones trascendentales que no parecen serlo tanto. En nuestra vida no tenemos una trayectoria predeterminada, no la vivimos sabiendo previamente cómo va a ser, y, aunque tratemos de dirigirla hacia ciertos objetivos, nuestra vida acabará casi siempre por sorprendernos. No sabemos nunca cuándo la decisión que vamos a tomar será trascendental. Esas decisiones van actuando sobre nosotros, no son decisiones que nos dejen indiferentes. Además, no siempre somos valientes con nosotros mismos. Por ejemplo, no solemos decirnos: "me he enamorado de cierta persona por ser rica". No siempre somos conscientes de los aspectos menos positivos de nuestra conducta, y tendemos a justificar las acciones que tomamos por los motivos más nobles.

Que podamos ser hipócritas de una forma tan elemental se basa en que casi nunca nos tomamos la molestia de analizar las consecuencias últimas de las decisiones que tomamos. Nos gusta hacernos una imagen de nosotros mismos y suponemos que actuamos de acuerdo con dicha imagen, aunque a veces esto diste de ser cierto. La vida ética personal, por tanto, no sólo es conflictiva por razones objetivas, sino que es también conflictiva por el hecho de que solemos ser bastante ilusos con respecto a nosotros mismos.

Es verdad que no podríamos vivir en un mundo tan complejo como en el que vivimos si no estuviese dotado de sistemas de simplificación. El intento de aplicar a la Ética ese esquema de comportamiento es el intento de codificar la conducta. Si nuestra conducta fuese codificable, como lo es el manejo de un avión o de una central nuclear, habríamos resuelto de un plumazo una parte muy importante de la conflictividad ética, la vida sería más sencilla. En cambio, esto no podemos hacerlo, porque no hay una ciencia del bien y del mal, y por tanto no hay una tecnología del bien y del mal. La conducta ética más común, pero ciertamente no la más valiosa, consiste en la adaptación, en el no singularizarse. El actuar conforme a las normas de lo que se lleva en el ambiente social es la norma más corriente de simplificación de la vida ética. De este modo nos plegamos al poder social, en lugar de contribuir a crear una sociedad mejor, más cercana al ideal, aunque sepamos que nunca será perfecta; nos arrellanamos en lo que nos indica nuestra cultura, nuestra situación, nuestra educación, nos hacemos comunes y aceptables, simpáticos. Cuando esto sucede, la hipocresía es, efectivamente, el precio que se suele pagar por esa renuncia: decimos que es bueno hacer no lo que hacemos sino lo que creemos haber hecho: por eso es una buena precaución fijarse más en lo que la gente hace que en lo que dice, aunque sea mejor hacer lo que dicen que lo que hacen.

La idea de verdad: fuentes y contextos

Las ideas de sujeto y objeto no son apenas problemáticas en el ámbito práctico, pero se convierten en un auténtico semillero de paradojas cuando nos enfrentamos a ellas de una manera más radical. Empezaremos por ver el problema que hay en relación con la idea de verdad. Normalmente suponemos que una proposición cualquiera es verdadera si lo que dice la proposición, por ejemplo, "estamos en Fuenlabrada" se corresponde con que de hecho estemos en Fuenlabrada, y no en otra parte. Esta definición de la verdad, digamos, no parece plantear demasiados problemas pero empieza a no ser tan clara como a primera vista pueda parecer en cuanto se la somete a un examen más a fondo.

En una película de Woody Allen, éste (que no se representa a sí mismo sino que interpreta un personaje) se encuentra a la cola de un cine esperando para ver una película de Fellini y no puede evitar escuchar una sarta de pretenciosas tonterías que está diciendo el espectador que le sigue en la cola a propósito del arte, Beckett, el teatro..., las teorías del profesor MacLuhan y el cine felliniano. Harto de soportar lo que le parece una pura bazofia, decide aclararle las cosas a su compañero de espera y se enzarza con él en una discusión. Como el experto dice ser profesor en una Universidad (que a él le parece prestigiosa) y pretende estar en posesión de un saber verdadero sobre las opiniones de MacLuhan, Woody Allen se dirige a lo que queda fuera del plano y extrae de allí al profesor MacLuhan (no a alguien que haga de MacLuhan sino al propio MacLuhan que oportunamente pasaba por allí, haciendo de sí mismo). Tras presentárselo al atónito académico (que, al menos, reconoce a MacLuhan en persona), la discusión queda sometida a su veredicto con el resultado que el lector puede suponer: MacLuhan da la razón al protagonista y el experto queda en evidencia.

No existiría la filosofía ni tendríamos problemas con la noción de verdad (ni con la de bien, ni con tantas otras) si siempre pudiéramos hacer algo como llamar a MacLuhan. Este es un lujo que se puede permitir un director de cine famoso con ganas de ironizar sobre ciertos comunicólogos neoyorquinos, pero nada más. En los problemas filosóficos no podemos recurrir a un expediente tan sencillo, aunque en las ciencias hemos encontrado sucedáneos eficaces del procedimiento y en la vida práctica podemos hacer, si hay suerte, comprobaciones con alguna frecuencia. Es decir, podemos comprobar ciertas verdades recurriendo a la experiencia, a la verificación de informaciones que lo permitan etc. Pero ni las cosas mismas, ni la realidad, suelen estar sencillamente a nuestro alcance cuando la cuestión es delicada.

En la vida ordinaria utilizamos la palabra verdad con otros significados que guardan alguna relación con la noción de correspondencia entre proposiciones y cosas. En primer lugar, verdad nos parece lo contrario de falsedad y de mentira, de lo que se nos dice con la intención de engañar. También usamos la palabra verdad en otro sentido, por ejemplo cuando hablamos de un amigo verdadero, o de un verdadero embrollo.

Que puedan existir el engaño y la mentira es un hecho decisivo para comprender el problema de la verdad. Nos pueden decir o enseñar o hacer creer que algo es lo que no es, precisamente porque suponemos que nos pueden decir, enseñar o hacer creer que algo es lo que precisamente es y no otra cosa.

Implícitamente, por tanto, suponemos que el conocimiento correcto, que la verdad, es posible. De alguna manera, podemos decir que una proposición es verdadera porque la realidad misma que la proposición refleja también lo es. Si se nos da una pepita de oro, diremos que la proposición que afirma "esta pepita es de oro" es una proposición verdadera porque el oro es oro de verdad. Es decir, que del mismo modo que esperamos que nadie nos engañe suponemos que también la realidad evita engañarnos.

A esta disposición para darse a conocer, a la propiedad que las cosas tienen que permite que las conozcamos, se la ha llamado, en ocasiones, "la verdad de la cosa". Una proposición será verdadera, pues, cuando esté de acuerdo con la verdad de la cosa. Ahora bien, esto es en buena medida paradójico, porque lo que son las cosas no nos lo dicen nunca las cosas mismas, sino, en todo caso, lo que nosotros interpretamos o logramos saber de ellas. Las cosas no llevan un letrero que diga "soy tal cosa". Aún si lo llevaran, podríamos preguntarnos si el letrero corresponde correctamente a la cosa, como lo hacemos cuando sospechamos que, a la hora de comer o en otros contextos, nos pretenden dar gato por liebre.

¿Cómo sabemos, pues, lo que son las cosas? Esta pregunta no es una pregunta muy natural. Lo que algunas veces nos preguntamos es si las cosas son lo que parecen ser. Esto sucede, sobre todo, porque nosotros no somos nunca "el primer hombre", porque no hemos estado, como narra la Biblia de Adán y Eva, en el paraíso poniendo nombre a las cosas, con el visto bueno de Dios. Adán, seguramente, no podría dudar, para él las cosas estaban claras, hasta cierto punto, pues, al menos a primera vista, no les fue muy bien. Nosotros, por el contrario, tenemos que dudar, empezamos a hacer preguntas cuando estamos escarmentados de las respuestas que hemos recibido. La pregunta por la verdad es, por tanto, un fruto de la decepción, de habernos sentido alguna vez engañados.

Así, antes que preocuparnos teóricamente de la noción de verdad nos damos cuenta de lo importante que puede ser a partir de la experiencia del engaño. Pero conviene no olvidar que nos damos cuenta del engaño porque somos capaces de comprenderlo, porque por nuestros propios medios alcanzamos a distinguirlo de la verdad. La superchería existe porque podemos saber. Podemos equivocarnos porque somos y nos sentimos capaces de acertar.

Esta capacidad de conocer es tan requisito de la verdad como lo que hemos llamado la verdad de las cosas. Las cosas son lo que son ante nosotros que podemos equivocarnos sobre qué y cómo son y, para quienes crean en un Dios que se ocupe de estos asuntos, las cosas son lo que son ante Dios que no puede equivocarse. Es decir, la verdad es verdad ante un sujeto que conoce aunque esta situación no puede interpretarse en el sentido de que el sujeto determine de modo absoluto la verdad. Por el contrario, asumimos que, antes y tanto o más que por el sujeto, la verdad se deja determinar o configurar por las cosas mismas, pues aunque estas, en cuanto tales, queden siempre fuera del alcance del sujeto, nos permiten obtener, por así decirlo, una representación de sí mismas que nosotros interpretamos como su vera imagen, como ellas mismas a la mayoría de los efectos.

En la medida en que aplicamos el concepto de verdad no sólo a los saberes teóricos sino a la vida y a lo que tiene que ver con la práctica, tendemos a ver lo verdadero como lo que funciona, lo que responde a las expectativas que nos hacemos sobre algo. Así, una amistad verdadera es una amistad que responde a lo que esperamos, que es duradera, que se basa en el desinterés, en el afecto por encima de otras consideraciones etc. En esta línea, se puede considerar que un saber es verdadero cuando resulta útil, cuando resuelve problemas, cuando nos hace vivir mejor.

Esta verdad vital se aleja bastante del ideal de verdad definido en una situación teórica pretendidamente más ambiciosa, pero para las mentalidades pragmáticas es todo lo que da de sí una idea como la de verdad. Quienes así piensan (pragmáticos y pragmatistas) dirán que, más que resolver los problemas los olvidamos, que nos desprendemos de las viejas maneras de pensar para ensayar otras más cómodas que nos planteen menos dificultades, puesto que lo que propiamente hace que algo sea una verdad es que sea útil para la vida. Si tenemos necesidad de preguntar si este último concepto de verdad es suficiente (verdadero), entonces la solución pragmática nos sabrá a poco. Pero si pensamos que no merece la pena luchar con lo que nunca venceremos, el concepto pragmático de verdad es todo lo más que podremos alcanzar.

Por último, conviene distinguir entre saber si algo es verdad, lo que siempre es interesante, y saber en qué consiste la verdad de algo, lo que es un verdadero problema filosófico. Naturalmente, si pudiéramos resolver éste de manera plenamente satisfactoria, es fácil suponer que tendríamos un camino seguro hacia la verdad casi en cualquier ocasión. Dado que esto no es así, deberemos seguir esperando y peleando con cada pretensión de verdad caso por caso; pero si olvidamos lo que la filosofía nos plantea contra toda esperanza es casi seguro que los criterios de verdad que habitualmente utilizamos irán siendo cada vez menos exigentes.

Que podamos referirnos a una verdad Ética exige que hagamos previamente un cierto análisis histórico de las formas en que los filósofos han tratado de explicar en que consiste el carácter de la verdad, qué hace que algo pueda ser tenido por verdadero, es decir en qué consiste la verdad.

A lo largo de la historia ha habido diversas aproximaciones a la idea de verdad que hemos de repasar aunque solo sea de manera sucinta. No se trata de ideas incompatibles, sino de ideas que subrayan aspectos distintos de lo que entendemos por verdad, de manera que vamos a ello. Para empezar será bueno que caigamos en la cuenta de que en nuestro uso cotidiano de la palabra verdad, la oponemos a tres ideas distintas, a la mentira, al error y a la falsedad. De la misma manera que no podremos decir que existen ricos si no existiesen pobres, o guapos si no existiesen feos, la idea de verdad tienen un origen práctico y se basa en formas de existencia de algo que consideramos como su contrario.

En realidad, nuestra idea más intuitiva de verdad se basa en una doble evidencia, la de que, en ocasiones, nos engañan, o nos engañamos, pero también en la evidencia de que hay cosas que desconocemos, que no sabemos la verdad a su respecto. En este sentido práctico, la idea de verdad no es demasiado problemática, pero cuando tratamos de precisar qué es lo que hace que la verdad sea verdadera, por decirlo así, la cosa se complica bastante.

Una primera aproximación a la idea de verdad el la idea griega de *alétheia,* término griego que puede traducirse de varias maneras, como "desvelamiento", "desocultación", "exposición" o "manifestación" o, "verdad", una manera de considerar que lo que es verdadero es lo que se manifiesta, lo que es evidente, lo que no se oculta. La verdad es lo que las cosas manifiestan ser, lo que ellas nos indican. En este concepto de verdad, la carga semántica está en una propiedad del ser de las cosas que hace que estas nos informen, por así decir, de lo que ellas son. Se trata de una posibilidad radical, porque si las cosas no se dejasen conocer, no habría verdad posible, pero el problema está en que, si simplificamos tanto el asunto, entonces no habría forma de entender con facilidad las razones por la cuales no lo sabemos todo, o el porqué de equivocarnos con tanta frecuencia.

Algo más deberíamos tener en cuenta a la hora de entender lo que sea la verdad. Esta idea representa, de alguna forma, una visión optimista de la verdad, una idea acerca de la verdad que no podemos abandonar, no conoceríamos ninguna verdad si ésta se ocultase. En general el pensamiento griego sostiene que la verdad es posible porque la realidad tiene una estructura que permite que la realidad como tal se manifieste.

Aristóteles ya cayó en la cuenta de que esa manifestación de la verdad es una propiedad que tienen las cosas, pero en realidad la verdad sólo se da en el juicio, esto es, cuando afirmamos algo sobre lo que es en realidad. De forma que esta segunda idea acerca de lo que constituye la verdad afirma que la verdad es una cualidad o propiedad que se da en el entendimiento, que se puede predicar de los juicios, que parece concretamente en el "acto de juzgar".

A partir de esta segunda idea los lógicos medievales definieron la verdad de una forma bastante precisa, como "la adecuación entre el intelecto y la cosa", esto es, que un juicio es verdadero cuando hay una adecuación entre lo que tenemos, o pensamos, en el entendimiento y lo que hay, así que se asume que de alguna forma el entendimiento recoge la realidad, la imita, la reproduce y cuando ese acogimiento es igual a la realidad, entonces hay verdad. Esta definición tiene un defecto y es que traslada el problema de qué es la verdad, al problema de qué es la adecuación, pero, evidentemente, apunta a un elemento que no quedaba tan claro en la primera idea de verdad como desvelamiento o no ocultación de las cosas.

Ni una ni otra idea de lo que es la verdad nos proporciona un criterio para diferenciar la verdad de lo que no lo es, y la idea de la adecuación supone que tiene que haber un juicio exterior que diga qué es verdad y qué no, lo que a su vez necesitaría otro juicio que hiciera lo mismo. De esta forma podemos caer en una especie de proceso infinito al preguntarnos si un juicio verdadero realmente lo es, lo que hace que tengamos que colocar la idea de verdad como una especie de ideal al que debamos acercarnos, pero sin que tengamos la certeza de poder llegar plenamente a la verdad misma. Por tanto, esta definición de la verdad como adecuación de alguna forma se puede objetar porque incurre en un proceso que no tiene fin, hablando siempre en el plano teórico.

La primera idea de verdad tendría que ver con el hecho de que pueda existir la verdad, que pueda ser conocida, que sea cognoscible, y eso pasa porque la verdad "se manifiesta" y no se oculta. No todos los filósofos griegos pensaban así ya que, por ejemplo, Heráclito opinaba que la verdad gustaba de ocultarse, que el logos de las cosas era difícil de descifrar, pero la ciencia en general se ha hecho sobre esta base optimista, sobre la suposición de que el mundo puede ser comprendido, que podemos alcanzar la verdad porque se nos ofrece de algún modo. Esta idea ha tenido una larga vida a lo largo de la historia del pensamiento, y reaparece, por ejemplo en una conocida frase de Einstein que dice "Dios puede ser sutil pero no es malvado".

En cuanto a su forma de ser y de aparecer, es corriente distinguir entre dos tipos muy diferentes de verdades, las que suelen denominarse como "verdades de hecho" y las "verdades de razón". Las verdades de razón no son discutibles. Ejemplo: el todo es mayor que la parte. En ellas desaparece el criterio de adecuación. Son verdades en sí mismas, que cualquier inteligencia reconoce inmediatamente. La ciencia trata de aproximarse idealmente a ese tipo de verdades, pero escasean y pueden ser criticadas diciendo que, en el fondo, son verdades analíticas, lo que significa que no añaden más conocimiento al que teníamos sino meramente que lo esclarecen.

Las verdades de hecho no tienen carácter analítico, sino sintético. Ejemplo: aquí estamos seis personas, una proposición que no hay manera de saber si es o no verdadera salvo refiriéndola a una experiencia limitada en el espacio y en el tiempo. Las verdades de hecho no pueden ser demostradas con el rigor con el que son demostradas las verdades formales. O son obvias, o demostrarlas es muy complicado, aunque las ciencias empíricas han avanzado enormemente y hoy conocemos una auténtica infinidad de verdades de hecho sobre cosas que la humanidad ha ignorado a lo largo de miles de años.

Me interesa esta distinción porque en el plano de la vida social lo que suele interesar es, sobre todo, las verdades de hecho, lo que realmente sabemos en relación con los asuntos que nos interesan. Muchas verdades de hecho son verdades de razón disfrazadas, por ejemplo, si decimos que "es un hecho que las cosas son como son", estamos diciendo una tautología, una verdad que no depende para nada de la experiencia sino de reglas lógicas y, en último término, de reglas de nuestro lenguaje. En la práctica, y fuera del ámbito de las ciencias empíricas, ciencias basadas en la experiencia y que se refieren a hechos que nadie discute, en la vida política y moral hay disputas interminables sobre muchísimas cuestiones, sobre la verdad de infinitas proposiciones que pretenden reflejar la verdad de hecho sobre algo.

Frente a tanta infinita abundancia de verdades, que se multiplica por las casi infinitas versiones que se pueden encontrar de ellas, hay una tentación muy explicable, la de reducir las verdades de hecho a puras versiones, afirmando que todo consiste en una versión, que la única verdad es una verdad perspectiva y que la verdad misma depende del punto de vista. Sin embargo, una cosa es reconocer que ciertas verdades sean difíciles de establecer y otra que no existan, porque, en último término, aunque cada perspectiva pueda contener alguna forma de verdad, también hay una verdad sobre cualquier perspectiva, pese a lo difícil que pudiere resultar llegar a ella.

El hecho de que el reconocimiento de una verdad cualquiera suela traer consigo un acuerdo sobre ella, ha conducido a que se pueda pensar en la verdad como en una especie de lugar de encuentro, que la verdad pueda ser vista o bien como una coherencia entre proposiciones, idea que se suele contraponer a la definición de la verdad como una adecuación entre proposiciones y cosas, o bien como un acuerdo entre personas. Ambas concepciones recogen algún aspecto importante en relación con la idea de verdad, pero no acaban de ser capaces de sustituir con auténtica ventaja a la teoría clásica, a la idea de la adecuación entre proposiciones y cosas.

O bien admitimos que el acordar sea la esencia de la verdad, o reconocemos que el acuerdo es un criterio operativo para reconocer la verdad, pero no es su causa. Confundir la esencia de la verdad con el poder o capacidad para identificarla puede implicar un cierto riesgo teórico, porque el acuerdo es un criterio operativo para definir la verdad, pero no agota su naturaleza. Por ejemplo, los matemáticos acuerdan que un teorema es verdadero, y para alguien que no sepa de matemáticas lo más fiable es preguntar a los expertos, si nos dicen que es verdad nos lo creemos. Acudir a los que entienden de algo constituye un criterio operativo para reconocer la verdad, pero no da una cuenta perfecta de su razón de ser.

La concepción clásica de la verdad ha sido renovada, en el pasado siglo, por el trabajo de Alfred Tarski, un lógico y filósofo polaco en lo que se ha llamado "teoría semántica de la verdad". El trabajo de Tarski consistió en dar una interpretación más rigurosa de la idea clásica. El ejemplo tarskiano que se ha hecho clásico es el siguiente: la proposición "La nieve es blanca" es verdadera si solo sí la nieve es blanca. Es decir, una proposición es verdadera cuando refleja en su estructura profunda, gramatical y semántica la verdad que constituye la cosa a que se refiere. Esta definición tiene diversas dificultades, sobre todo porque no nos saca de ningún apuro, porque no ayuda ni poco ni mucho a que podamos obtener una verdad cuando nos sea necesario, y lo es muy frecuentemente.

Puesto que una definición metafísica, lógica o semántica de la verdad no nos dice de manera explícita el cómo llegar a la verdad, nos plantea diversas dificultades y nos obliga a caer en complicados razonamientos circulares, muchos filósofos han considerado que tales definiciones constituyen una especie de malentendido y que es inútil darle vueltas a tal discusión, que lo razonable es atenerse a una definición pragmatista de la verdad, comenzar a pensar en el conocimiento no como una relación entre proposiciones y cosas sino como una relación entre personas y proposiciones. En esta concepción pragmatista de la verdad, lo que caracteriza a una verdad, lo que hace que podamos hablar de la verdad de una proposición es que esa proposición nos otorga una determinada ventaja, que tiene una utilidad para la vida humana. Se trata de salir de una discusión metafísica, a la que no parece haber solución plenamente satisfactoria, y entrar en un análisis pragmático de lo que queremos decir cuando afirmamos tener una verdad, poseer un conocimiento verdadero.

Richard Rorty, por ejemplo, uno de los filósofos que más ha insistido en adoptar este cambio de perspectiva ha afirmado que lo imprescindible es que los hombres nos ocupemos de la libertad, porque la verdad ya se ocupa de sí misma, esto es, que lo importante es garantizar las condiciones en las que sea posible la libertad intelectual y política sin dedicar mayores esfuerzos a establecer una imposible teoría general de la verdad.

Este giro pragmatista subraya, además, que una cierta forma de defensa de la verdad absoluta, por así decir, puede favorecer en la práctica la creación de una mentalidad autoritaria, porque es fácil llegar a la idea de que sea el poder quién defina la verdad. La verdad, por el contrario, debe poder ser libremente proclamada, independiente, y eso significa que ningún poder debe estar legitimado para imponerla más allá de la conciencia individual.

En este análisis pragmatista, lo importante para los seres humanos es la libertad intelectual, no la verdad, lo que significa que cuando no hay libertad, la definición de la verdad puede tender a convertirse en una tentación autoritaria: a reducir la verdad a lo que cree e impone el que manda. El poder, que siempre tiende a extralimitarse, carece de cualquier capacidad para acercarnos a la verdad, pero tiene medios para imponer creencias, para imponernos su verdad. Frente a una imposición autoritaria de la verdad, la visión pragmatista subraya que, al menos en el orden de la ciencia, y en el orden de la política, la verdad es siempre un objetivo, una meta cuyo alcance depende sobre todo de que hayamos conseguido establecer un régimen de libertad, de discusión libre de coerciones intelectuales o de cualquier otro tipo, una situación también ideal que raramente se da en la práctica de manera perfecta. Un corolario ético de esta discusión es que lo que debería preocuparnos es preservar las libertades, antes que imponer cualquier forma de ortodoxia científica, política o académica. Naturalmente, esto significa implantar un régimen de tolerancia que, como toda obra humana, también tendrá que tener sus límites porque, por ejemplo, no sería razonable admitir en un congreso de matemáticos a quien sostuviese que todos ellos han cometido el espantoso error de considerar verdadera la proposición aritmética que establece que 2+2=4.

En cualquier caso, tengamos la idea de la verdad que tengamos, lo importante es que tengamos preocupación por la preservación de la libertad. Preocúpate por la libertad, que la verdad ya se preocupará por sí misma, según recordamos que recomendaba Rorty. Nuestra naturaleza nos inclina a pensar, en general, cosas sensatas y verdaderas, pero sin libertad no tenemos garantía de respeto a esa la verdad. Esto vale también como crítica contra las sociedades pretendidamente perfectas, especialmente cuando ya sabemos que todos los intentos de alcanzar la perfección social han conducido a sociedades totalitarias más imperfectas, ineficientes e injustas que las sociedades que supuestamente pretendían mejorar. Como lo dijo Hölderlin, todos los intentos de lograr el paraíso en la tierra han conducido a un nuevo infierno. El pragmatismo subraya, pues, el valor de la libertad intelectual. El poder, político o de otro tipo, puede tener celos de esa libertad, y le suele molestar la actividad intelectual porque tiende a aspirar a un reconocimiento sin limitaciones de su autoridad, a negar los límites que el pensamiento libre siempre le recuerda.

La teoría popperiana de la ciencia y su visión de la naturaleza de la democracia están, en el fondo, de acuerdo con esta visión pragmatista de la verdad, aunque Popper mismo expuso su preferencia por el análisis tarskiano al respecto, porque, en el fondo, no hay una contradicción entre ambos análisis. La verdad es un útil con el que nos abrimos paso en la vida porque el conocimiento es un medio para movernos en la realidad. Tenemos una inteligencia que nos permite crear teorías que aspiran a ser verdaderas. La verdad será tenida como tal en función de su utilidad, de manera que un criterio pragmático para reconocer la verdad, aunque sea sobre un asunto en el que no seamos capaces de alcanzar una absoluta certeza, será que consideremos verdadero aquello sobre lo que hemos podido discutir mucho y con entera libertad.

Verdad, objetividad e interpretación

En la práctica de trabajo de quienes manejan la información surgen muchos conflictos éticos en relación con la idea de verdad, en relación con las consecuencias morales y políticas de aquello que decimos y con la legitimidad que podamos tener para decirlo. La información es, por ello, un poder, la capacidad de influir o forzar a alguien a hacer o creer, a decidir de un modo u otro, y, al menos idealmente, tal poder de los informadores, y de los medios, debiera ser independiente de cualquier otro poder político, puesto que esa independencia constituye una importantísima condición para lograr que exista poliarquía, pluralidad de poderes en la sociedad política, una pluralidad irreductible de poderes distintos y con metas distintas que se discutan entre ellos y se equilibren, y cuya legitimidad sea plenamente independiente de la de los otros poderes de forma tal que no pueda ser sometida por ellos.

Para avanzar en esta cuestión debiéramos distinguir entre poder y autoridad. Vamos a hablar sobre las ideas de verdad, autoridad y poder. La moral y la política son distintas, pero el juicio político y la moral van muchas veces unidos. Las ideas de verdad, autoridad y poder son instrumentos que nos ayudarán a decidir la siguiente cuestión ¿es todo arbitrario o hay algo que puede ser exigido en función de su propia condición? ¿Es la sociedad un puro constructo, un juego de poderes e intereses, o hay normas que tienen cierta autonomía?

La idea de autoridad implica prestigio, originalidad y reconocimiento, lo que espontáneamente reconocemos a un sabio, un gran escritor o un artista. El poder político ha de tener cierta autoridad, pero no debiéramos confundir la autoridad y el puro poder. Todos tenemos alguna especie de poder, la capacidad de hacer algo, pero no reconocemos a cualquiera una autoridad que merezca la pena escuchar y respetar. La principal característica de los poderes es que tienden a juntarse, a asociarse para potenciarse mutuamente, mientras que una persona con verdadera autoridad no necesita de esa clase de complementos o arreglos porque vive de su autenticidad, de meramente ser lo que es y lo que se le reconoce de buen grado. Por supuesto, esto implica que, también en el terreno de la calidad y la creación, los autores pueden prostituirse buscando el reconocimiento, los premios, que se haga público y radiante su prestigio para poder gozar efectivamente de un poder, pero, en realidad, nada de todo eso añade ni un ápice al valor de un buen poeta, un buen pintor o un músico extraordinario. Nerón tenía poder, y se empeñaba en ser un gran poeta, pero sabía de sobra que nadie se lo reconocía, salvo por el miedo que inspiraba: un poeta no debiera aspirar a que su autoridad y su prestigio se fundasen en que el BOE se lo reconozca, aunque ahora ocurren muy frecuentemente este tipo de cosas porque se ha hecho de la fama una religión absurda y muy exigente.

Los poderes políticos de una democracia necesitan de legitimación, una especie de autoridad o razón por la cual no se reduzcan a ser una imposición y puedan ejercer su función de manera socialmente pacífica, porque sean aceptados por la comunidad y no porque tengan detrás el respaldo de la fuerza física. Tiene que haber, en todo caso, una distinción entre autoridad y poder, aunque los poderes tienden siempre a hacerse con toda autoridad y a sobrelegitimarse. Es casi inconcebible que el poder no se corrompa, que los hombres que lo ejercen se limiten por las buenas a ejercer su función en beneficio de los demás, sin procurar ningún beneficio ilegítimo para ellos mismos. Como hemos dicho varias veces, si los ciudadanos corrientes no respetan, por ejemplo, los bienes públicos o las normas comunes, no cabe suponer que los que tienen un mayor poder y una mayor capacidad de ocultación, impunidad y disimulo no lo hagan igualmente. La única manera de evitarlo es la transparencia, y la separación de poderes, cosas más fáciles de decir que de practicar.

Las funciones de comunicación social dependen de un alto número de poderes, de los poderes económicos, políticos, de los intereses que configuran los medios, del mercado, etc. La tarea del informador se desarrolla en medio de un número enorme de intereses, de poderes que, muy frecuentemente, van más allá de lo que sería razonable, se exceden porque necesitan, o eso creen, que la opinión tenga una determinada idea sobre las cosas, necesidad que suele ser más acuciante cuando esa idea que ellos pretenden imponer sea muy distinta a la verdad, normalmente porque la verdad les parecerá muy contraria a sus intereses. La verdad es algo que necesitamos, y cuando la verdad realmente existente no nos conviene, es corriente que empecemos a mentir. Tenemos necesidad de disponer de alguna especie de verdad que nos autorice a hacer determinadas cosas, que nos confiera una legitimidad para hacer lo que pretendemos hacer, por ejemplo, la mujer infiel, o el marido, que se justifican porque su marido, o su mujer, no le hace el caso que cree merecer.

De la misma manera que la hipocresía es un homenaje que el vicio le rinde a la virtud, la mentira y la manipulación de la información son homenajes que el mentiroso y el manipulador le rinden a la verdad auténtica, son formas de reconocer su importancia, su valor, y de tratar de evitar que la autoridad y el poder que siempre emanan de una determinada verdad se interponga en la consecución de nuestros propósitos. La verdad suele estar en la contra de nuestras pretensiones porque, por definición, la verdad limita nuestras posibilidades y, tal como anotó Aristóteles, nuestra capacidad de desear tiende a ser infinita.

Quienes niegan cualquier título propio a la verdad, y que, de alguna forma, su pleno reconocimiento nos habilite para poder tener libertad de conciencia, se convierten en relativistas, en personas que pretenden que su oposición a la verdad depende exclusivamente de limitaciones de la misma verdad, no de sus pretensiones o intereses, porque, según afirman, no hay verdades a título propio, sino meramente opiniones o puntos de vista, no hay nada objetivo todo son construcciones sociales y, como tales, relativas, arbitrarias, elegibles. La generalización de este tipo de puntos de vista constituye un caldo de cultivo muy favorable a la implantación de un autoritarismo político radical, porque en el mundo en el que no hay verdad y no hay más que opinión, perspectiva y relativismo acaba por suceder que, como le dijo Humpty Dumpty a Alicia, lo único importante sea saber quién manda.

En un mundo en el que se sospeche o promueva la idea de que la verdad es indiferente, que todas las opiniones son iguales, no se está promoviendo la libertad y la tolerancia, que en el fondo dependen de la idea de verdad y de la convicción de que las personas, pero no siempre sus opiniones, son merecedores de todo respeto, sino que se facilita el éxito de un engranaje que tiende fatalmente al totalitarismo, dada la tendencia del poder a fortalecerse y a agruparse en masas cada vez más poderosas.

Lo ideal sería que el poder tuviese una enorme autoridad, es decir que fuese pacíficamente reconocido por todos en función de su legitimidad de origen y de su legitimidad de ejercicio, de que no se desvía de sus funciones y no traspasa sus límites, pero una experiencia muy común nos asegura que el poder siempre representa un peligro para los individuos y una amenaza a las reglas de la convivencia en la medida en que tiende a saltarse los límites que lo legitiman. Cuando el poder se vea sometido a vigilancia, a competencia, en cualquier situación en que exista una cierta poliarquía, se corromperá de manera más limitada, y podrá ser corregido y revocado, de manera que siempre es mejor que cualquier poder esté limitado. lo que constituye la exigencia esencial del liberalismo político.

Autonomía y responsabilidad de periodistas y de agencias y medios

En la sociedad contemporánea los medios de comunicación y las agencias son enormes máquinas de poder que, además, están ahora mismo sometidas a una revolución tecnológica sin precedentes. Bastará con considerar el ritmo de desarrollo relativo de tres tecnologías decisivas, la radio, que se implantó con bastante lentitud, la televisión que lo hizo algo más rápidamente, e Internet que se ha implantado en un tiempo muy corto, como también lo ha hecho la telefonía móvil. Para hacerse una idea de la velocidad de implantación es interesante recordar que en 1996 la Compañía Telefónica, que hacía muy poco tiempo que había dejado de ser un monopolio, estimaba que en España habría mercado, a lo sumo, para cuatro millones de móviles. Como se sabe, en la actualidad, hay más líneas móviles que habitantes y en el acceso a la red empieza a predominar el uso del teléfono, convertido en un instrumento mucho más sofisticado y versátil que el invento de Meucci y Graham Bell. Esa previsión de la Telefónica se quedó notablemente corta, aunque también hay ocasiones en que las previsiones exageran los rendimientos previsibles. Todo esto ha traído consigo una crisis empresarial casi crónica, lo que hace que la independencia política de los medios tienda a ser muy precaria.

En una situación ideal, el mercado de la información debería estar presidido por una triple autonomía en el plano ético y en el profesional. En primer lugar, la autonomía de los profesionales frente al mercado de la opinión, y frente a los intereses de las empresas; en segundo lugar, la autonomía de las empresas respecto al poder político, y el poder económico del mercado, de sus anunciantes, etc.; por último la autonomía e independencia de los jueces, que han de juzgar los contenciosos entre los protagonistas de los conflictos inevitables en el mercado informativo, y también la autonomía e independencia de las instituciones de la sociedad civil para que sean capaces de exigir y proteger la libertad de información que necesitan para ejercer sus derechos y perseguir legítimamente y con seguridad sus propios intereses.

Desde un punto de vista ético, la función del periodista es muy fácil de caracterizar: debe procurar que la sociedad llegue a saber lo que los distintos poderes pretenden ocultar. Su función profesional y su ética le imponen al periodista una función conflictiva. Es imposible que no haya conflictos entre quienes pretenden que algo no se sepa, y quienes se deben esforzar para conseguir que esas cosas lleguen a saberse. La autonomía del periodista tiene que permitir su capacidad para indagar en contra de los intereses de los indagados.

Una noticia es todo aquello que alguien quiere que no se sepa, y el periodista que realmente lo es, trata de evitar esa ocultación, pues de lo contrario no es un periodista sino un propagandista. De esta definición deriva el segundo principio ético esencial para la información, el deber de informar con el máximo de objetividad y el mínimo de tendenciosidad, algo que como es obvio, escasea, como en general son escasos los bienes públicos.

La función social de la prensa es hacer un relato distinto y opuesto al del poder político en general, que no esté al servicio del que está en el poder, de ningún poder, sino al servicio de la necesidad que la sociedad tiene de recibir informaciones sustancialmente verdaderas. Los medios de comunicación son también un poder y, como tal, deberían ser completamente independientes de los demás poderes como el político, el económico, o el sindical. Es un hecho evidente que no lo son, y eso plantea un desafío ético y político incesante, porque la democracia no puede salir adelante sin esa aportación esencial de lo que se llegó a llamar el cuarto poder.

Cuando los medios de comunicación no cumplen con sus funciones esenciales puede que no pierdan poder, pero pierden cualquier clase de autoridad. El poder de la prensa debería estar fundado exclusivamente en la autoridad. Cuado se sabe que las empresas de prensa son crónicamente deficitarias, cabe pensar que su interés esté en otra parte, que viven del mercadeo y de la obtención de beneficios atípicos, como se dice en la terminología de la banca. Así, su poder podrá consistir en ocasiones más en ocultar, tal vez chantajeando con dejar de hacerlo, que en informar. La prensa debería dedicarse a poner en cuestión el poder y mantener una objetividad lo más irreprochable posible en sus enfoques, lo que no es incompatible con la diversidad de puntos de vista y el pluralismo informativo que son indudables bienes públicos.

¿Ahora bien, qué es la objetividad, cómo se cultiva y cómo se atenta contra ella? Hay que partir de que los medios son por encima de todo, poderes, y lo interesante es que tengan una verdad en la que apoyarse, una legitimidad. La cuestión es hasta qué punto existe legitimidad o no. Por ejemplo, los grandes periódicos tienen un poder indudable, pero ¿responden a algo que suponga un beneficio social o se limitan a ser un servidor o una mera comparsa del poder político?

El poder tiende a ocultarse, mejor aún, a cultivar un combinación de ocultamiento y exhibición que le sea favorable, y los medios de comunicación, cuando colaboran en esa ocultación, o contribuyen a esa exhibición, sin ejercer una vigilancia crítica, pierden cualquier adarme de legitimación social como poder independiente y muy necesario para la buena marcha de las democracias. Cuando actúan así, los periodistas, cuya función es contar no meramente lo que no se sabe, sino, sobre todo, lo que no se quiere que se sepa, se convierten en agentes publicitarios lo que puede que favorezca a las empresas para las que trabajan, pero no favorece en nada los intereses generales de la sociedad política. Un periódico se tiene que poner al servicio del lector, proporcionando utilidad a la sociedad. Primero hay que hablar de independencia, que es multifactorial. Empieza con la del poder político y acaba con la del periodista. Debe haber una ética pública de respeto a la información veraz.

¿Qué características definen las condiciones de la objetividad? El siguiente esquema formal es aplicable tanto a las tareas de información, como a las tareas de búsqueda de la verdad como a cualquier otra clase de actividad que requiera de una objetividad ideal:

En primer lugar, la objetividad requiere que exista previamente una completa libertad de información.
La objetividad exige pluralidad. El testimonio único jamás puede considerarse como objetivo,

porque la objetividad exige el contraste de la pluralidad de puntos de vista.

En tercer lugar, es necesario que los medios y los informadores acepten la existencia de reglas de arbitraje. Un arbitraje es algo que se hace para evitar que un conflicto se convierta en insoluble, por lo que su existencia y su aceptación social es un síntoma de que existe una cultura política que aprecia las reglas de objetividad y rechaza el encono de los conflictos aparentemente insolubles. Asumir la posibilidad de una instancia arbitral, de someterse a unas reglas generales a un intérprete independiente. El arbitraje es un procedimiento que permite restaurar una cierta objetividad cuando resulta difícil establecerla en situaciones de conflicto; en estas situaciones lo mejor es ir a un tercero, aunque puede no serlo (se puede sobornar) pero no es lo normal y no está ahí para que pase eso. El arbitraje nace de la convicción de que por malo que sea el arbitraje, siempre es mejor que no hacer nada.

Asumir que los contendientes actúan de buena fe, aunque no siempre suceda. Hay que suponer en otros las conductas que nosotros mismos debemos practicar y decimos respetar.

La cultura del arbitraje es de matriz inglesa, es lo que encontramos, por ejemplo, en los deportes, y nace de la convicción de que siempre es mejor un mal acuerdo que una contienda inacabable. En España no hay una cultura general de aceptación de la discrepancia ni del mecanismo de arbitraje, por esa razón, las discusiones de fútbol, o de política, se convierten en una historia aburrida, repetitiva e interminable. De hecho, en español muchas palabras relacionadas con el significado de arbitro o arbitrio tienen una connotación negativa, por ejemplo, arbitrariedad que habitualmente se entiende como algo contrario a la verdadera justicia o al buen sentido, puesto que entendemos que justicia y buen sentido solo puede coincidir con nuestras preferencias particulares. El arbitraje nace por la convicción de que por malo que sea un arbitraje siempre es mejor que la lucha a muerte. En cuarto lugar hay que asumir que los contendientes que expresan formas diversas de entender las cosas actúan de buena fe. El uso de la buena fe quiere decir que tú tienes que suponer en el otro la misma buena intención que te reconoces, y que no le puedes exigir otras formas de conducta que las que tú mismo realizas.

El ideal de objetividad está emparentado con el principio de tolerancia, que en materias de carácter epistémico se puede enunciar, un poco a la manera de Carnap-Smullyan, diciendo: "interpreta las cosas de la manera más favorable al que las dice", es decir, no le busques sistemáticamente cinco pies al gato, lo que de ningún modo impide una aproximación crítica a cualquier cuestión, pero sirve para evitar polémicas estériles o discusiones meramente verbales.

En esta dimensión, es muy importante entender bien el término interpretación, que, de modo caricaturesco, se suele entender como el procedimiento mediante el cual, es posible hacer que algo parezca decir lo contrario de lo que dice. Una buena interpretación consiste, por el contrario, en aproximarse máximamente a entender lo que realmente cuenta una historia, y en aprender a separar las piezas de la historia que parecen no poder ser discutidas de las que sí, de modo que podamos articular una comprensión en que, al leer un texto o analizar una narración, quepa distinguir las categorías del hablante de las distinciones reales en lo que refiere, que aprendamos a distinguir los planos en los que esa narración se articula. El arte de la interpretación, la hermenéutica, se basa, a la vez, en la libertad de lectura y en la buena fe del interprete o lector, es decir, en que el intérprete asuma las reglas que definen el texto objetivo que está leyendo porque sino, cualquier cosa podría significar cualquier otra.

Todo mensaje es, de hecho, reinterpretado por el que lo escucha. Las informaciones funcionan siempre de manera asimétrica. A largo plazo la gente valora excesivamente lo que dicen los medios de comunicación. Los periodistas deberían ser los máximos interesados en informar de la forma más objetiva posible, lo que muchas veces impedirá el sensacionalismo, el morbo o la manipulación. Hay que intentar que las narraciones se acerquen a un ideal exigente de objetividad.

Nada de esto tiene arreglo con meras prohibiciones, solo puede conseguirse con un esfuerzo por alcanzar la verdad, la imparcialidad y por servir a los ideales más altos de la libertad política y de la democracia. Lo ideal es que el número de prohibiciones tienda a cero, porque la prohibición es un fenómeno expansivo.

En relación con esta exigencia de objetividad, hay tres fenómenos bastante importantes que hay que tener en cuenta:

Asimetría: la posición y el poder de los medios es muy distinta que la de sus usuarios, oyentes o lectores. Este fenómeno es particularmente importante en un momento en el que la retórica de los medios da a entender que en su trabajo se nutren mucho de las aportaciones de la audiencia. Esta simulación pretende hacer ver que hay una simetría entre el receptor y el emisor, cuando en realidad hay una tremenda asimetría. Cualquier medio tiene un poder que el simple mortal no tiene, por lo tanto la relación entre emisor y receptor es asimétrica. El medio que informa, tampoco crea nunca la información, sino que da una forma a algo que está ahí y que está ahí también en la mente de los que reciben la información a través del medio. Por tanto, muchas veces los fenómenos de opinión pública en el fondo son completamente incontrolables. Aparecen formas de oposición o resistencia que son muy importantes y que nos hacen ver que esa asimetría, que es real, tiene unos límites muy importantes. Por tanto, es verdad que hay asimetría entre medios y receptores, a favor de los medios de comunicación, pero los receptores tienen formas de preservar su independencia bastante rotundas.

Inequidad: los medios tratan las informaciones de manera específica, creando una determinada escala de prioridades lo que se conoce como establecimiento de una agenda que expresa, por encima de todo, la intención y el significado del medio, su manera de enfocar la objetividad. En función de ello, ningún medio es idéntico a otro y, precisamente por eso, la pluralidad de medios es un índice de riqueza y una garantía de mayor pluralidad y tolerancia social.

Manipulación. Tiende a pensarse que el trabajo de los medios puede ser manipulador o no, pero siempre es manipulador, no puede no serlo. La cuestión no es, por tanto, si manipulan o no, sino si actúan conforme a una ética públicamente defendible, si tienen en cuenta los intereses de la audiencia y el valor de la veracidad. Hay que tener en cuenta que no existe cultura sin alguna forma de ocultación y de intimidad. Hay un derecho a la intimidad que está habitualmente en tensión con el derecho de los demás a conocer, con el derecho de la prensa a desocultar. Los medios de comunicación han convertido lo privado en un asunto público. La capacidad de atención del público es limitada, por lo que si se centra en estas cosas, los medios de comunicación no tienen espacio para los asuntos específicamente públicos. El aumento de poder político del Estado no ha ido acompañado de la vigilancia de un poder independiente como la prensa. En nuestra sociedad el poder político se desarrolla en un ambiente social en el que se da un nivel de conformismo muy alto. Para esto, el poder de los medios ha sido decisivo, ya que ha desviado la atención a contenidos que no están en el ámbito de lo público. Cuando en la esfera de la opinión pública se introducen temas de menor entidad, se están expulsando de ella a aquellos que tienen verdadera importancia.

En un modelo ideal hay una tensión entre la función ética y política de los medios de comunicación y los individuos. Cuando el medio deja de cumplir con el "hablar de lo que no se quiere que se hable", por la fuerza del poder los medios tienden a crear una esfera autónoma de la información en la que se acaba hablando de cuestiones privadas (la vida de Belén Esteban, o las aventuras de la Duquesa de Alba, etc.). Estos contenidos acaban interesando porque los medios imponen su vigencia, absolutamente impropia, en la agenda mediática.

Por otra parte no querría dejar de señalar que las creencias que subyacen a la existencia de una determinada opinión pública se estructuran en capas de diverso espesor y de distinto fundamento y arraigo. La capa más superficial puede cambiar con una cierta facilidad; las más hondas lo hacen, si es que lo hacen, de manera mucho más lenta. Por esta razón, las encuestas no siempre aciertan en sus previsiones electorales y de todo tipo, además de que también influye el indudable nivel de disonancia que se da en muchos sectores, por ejemplo, gente que se cree ser de izquierdas pero obedece a criterios muy conservadores, o al revés. Todos estos fenómenos relativizan el poder de los medios y atenúan y matizan la asimetría entre su poder y el de los ciudadanos.

Actualmente, la industria de la comunicación está en crisis. Esta cuestión es casi de carácter estructural. El hecho de que las empresas periodísticas no sean capaces de obtener beneficios las condena a sufrir fuertes tentaciones de aminorar su independencia. Tiene sentido el hablar de Ética en este contexto en la medida en que se respeten mandatos éticos de carácter personal que puedan cumplir los profesionales. Pero claro, si uno tiene que informar de ciertos temas, este contexto político condiciona la ausencia de ética en el profesional. La independencia del informador en el medio informativo sólo puede llevarse a cabo si el medio a su vez lo es. Los medios de comunicación sólo recuperarán su autoridad y su viabilidad económica en la medida en que sean empresas rentables ejerciendo su verdadera función y no haciendo sensacionalismo.

La deontología profesional y los códigos éticos

En el terreno de lo profesional, la Ética confluye con la política, a través del ejercicio de funciones públicas típicas de cada profesión, y a través de la legislación. Un ejemplo claro de esta coincidencia o solapamiento entre ética, política y legislación son los códigos deontológicos, que pueden llegar a convertirse en normas o reglamentos, algo parecido a una ley. La tendencia a juridizar la Ética o a codificarla en mandatos políticos, o constitucionales, es un intento de obviar su carácter conflictivo, una cualidad que se compagina mal con las necesidades prácticas del poder político y de la vida común: en ambos casos se necesitan normas, antes que dilemas o dificultades filosóficas. Como hemos advertido repetidamente, la filosofía es importante por los problemas que plantea, y, al hacerlo preserva nuestra libertad intelectual y moral, y no tanto por las respuestas que da. Esto no le resta importancia, sino todo lo contrario.

Las cuestiones de carácter ético no son tampoco de fácil respuesta en muchas ocasiones. Esta condición problemática de la Ética es común, en el fondo, con la condición problemática de la política, aunque en la Ética no podemos recurrir a celebrar elecciones para otorgar el poder, o, en otro orden de cosas, la razón, a uno de los rivales en pugna. La pregunta es: cuando cada uno de nosotros protestamos de algo, ¿cuál es el criterio que nos hace considerar que ese algo es malo, injusto, o que ha de ser evitado? ¿Existe alguna regla indiscutible que nos permite distinguir con claridad si algo debe ser hecho o no, tanto en el orden moral como en el orden político? La gran cuestión es: cuando protestamos por algo ¿Por qué lo hacemos? ¿Cómo sabemos lo que debe ser evitado? ¿Existe una verdad que debamos atender y respetar tanto en el orden político como en el ético?

Cuando Aristóteles consideraba la naturaleza como criterio para comprender la condición del bien humano y político, lo hacía porque entiende que es un principio que tiene más categoría que lo convencional. La ética permite oponerse a la costumbre, la naturaleza es el criterio para discutirla. Es un principio de perfección para la sociedad. En la sociedad judeocristiana, el papel que jugaba la naturaleza lo pasa a jugar la ley de Dios, que permite juzgar la naturaleza y que también permite juzgar y objetar la costumbre, el poder de hecho. Por ello los poderes se ven, al menos en teoría, como algo limitado, ya que el que tengan su origen en Dios significa que están bajo la ley de Dios, y que, de alguna manera, los reyes y los poderes terrenales estaban sometidos a Dios y debían respetar el poder de la Iglesia que nada les debía a ellos. Por eso la historia del Estado moderno es también, al menos en Europa, la historia del intento de control de la Iglesia que pretende ser independiente y tener un poder semejante al de un Estado, un poder moderador y limitador de los poderes del Estado, una doctrina que no se ha acomodado nunca especialmente bien a las modernas filosofías políticas liberales y/o democráticas.

Cuando se formulan las teorías modernas de la política, la cuestión que se plantea y se quiere responder es distinta. Ahora no se ve la idea de obediencia a la naturaleza o a Dios, ahora la naturaleza no es un principio directo de inspiración política (aunque sí pueda continuar siéndolo de inspiración ética). No tiene sentido aplicar una regla naturalista al Estado, ya que la función del Estado es regular el estado natural del hombre que es violento. Este Estado es una invención para evitar que nos hagamos daño. Toda la teoría griega sobre la política se aplica con dificultad al Estado moderno. ¿Qué clase de legitimidad tenemos para revelarnos contra el Estado?,¿qué legitimidad tenemos para considerar qué una política sea buena o mala? En los orígenes del Estado liberal sí había respuesta para esto: son los ciudadanos los que deben dar lecciones de moral al Estado y no al contrario. Ahora es la sociedad y el Estado quienes pretenden tener el monopolio de la verdad Ética y política y eso supone un riesgo permanente de que la libertad moral perezca asfixiada por la legislación y por las exigencias del poder que cree poderlo todo en función de su origen y legitimidad democráticos.

La teoría de los valores, a la que ya nos hemos referido, es una teoría Ética que, con independencia del juicio que merezca, ha tenido un gran éxito de público. Se trata de una filosofía que ha conseguido, tal vez sin pretenderlo, una cierta simplificación de la problemática moral y, en consecuencia, una peculiar popularidad. Son varias las razones que ayudan a entenderlo. En primer lugar, su gran promotor, el filósofo alemán Max Scheler pretendía fundar una doctrina, en cierto modo, contraria a la de Kant, si la Ética kantiana es una Ética formal la Ética de Scheler, a la que llamó Ética material de los valores, pretende no serlo, ser material, concreta. En segundo lugar, la idea de valor estaba muy extendida por razones ajenas a la Ética y se podía entender con cierta facilidad lo que había de ser un valor ético si era también fácil entender lo que era un valor estético, científico, artístico o económico. El que los valores fueran materiales, según Scheler, hay que entenderlo en el sentido de que, según el filósofo, los valores no son sino que valen, lo que, de alguna manera, evitaba la objeción de Hume conforme a la cual no se puede pasar del ser al deber. Esta caracterización de la realidad del valor supone una apuesta por la objetividad de los valores y, por tanto, una cierta manera de simplificar las decisiones éticas, de modo que pudieran llegar a ser casi tan simples como las económicas, que, por otra parte, tampoco son nada simples porque del mismo modo que no hay una ciencia del bien y del mal tampoco hay una ciencia económica que nos permita un progreso inequívoco y constante porque, en otro caso, todos seriamos millonarios, lo que, como es obvio casi constituye una contradicción en los términos porque para que haya millonarios tiene que haber muchos más que no lo sean. Por último, el hecho de que existiera la tendencia a confundir las normas positivas con criterios éticos, las leyes con el bien moral, sin más, también favorecía la buena recepción de esta doctrina.

Scheler sostiene una teoría muy general sobre diversos tipos de valores: valores del gusto, vitales, espirituales, estéticos, jurídicos, intelectuales, religiosos y, finalmente, los valores morales. Su tesis distingue entre los valores, que se presentan de un modo directo e inmediato a la persona, y los bienes, que son sus portadores circunstanciales. Los valores son objetivos, están estructurados, y poseen una polaridad, esto es, son positivos o negativos. Entre los valores, que pueden ser de muy distinto tipo, existe una jerarquía que hace que unos sean inferiores o superiores a otros.

Los valores morales son un tanto distintos al resto porque, en realidad, no poseen portadores, son valores puros. Su realización es más bien indirecta a través de la acción moral, de manera que una conducta éticamente valiosa es la que realiza los valores éticos fundamentales. La doctrina scheleriana, ha influido notablemente en la existencia de los códigos éticos, normas deontológicas, que han recibido un notable impulso al crecer la legislación aplicable a las profesiones que, como la medicina o la abogacía, se habían considerado tradicionalmente profesiones liberales, aunque su origen esté fundamentalmente en el tráfico jurídico y en las demandas judiciales frente a los supuestos errores de este tipo de profesionales. "Deontología" (del griego δέον "debido" + λόγος "Tratado") es un término introducido por Jeremy Bentham, el fundador del utilitarismo, y se usa, sobre todo, para hacer referencia al sistema de normas que suelen fijar determinados colegios profesionales en relación con sus responsabilidades específicas en los campos de su especialidad.

Un código ético, o deontológico, es un documento, aprobado por algún colectivo o instancia que representa a un determinado tipo de profesionales o de personas que comparten una dedicación, y que trata de sistematizar las normas y valores por los que se supone se debe regir su actividad en tanto que miembros de ese grupo. En general se consideran ejemplos de autorregulación, puesto que la adopción de un código evita que ese tipo de normas pueda ser dictado desde fuera del colectivo que se autorregula, y en ese sentido es una manera de defender la autonomía y la libertad de actuación, dentro de esos límites, del grupo afectado. Tal vez la razón por la que se use más frecuentemente el término deontológico que ético sea que la tontería está muy extendida, y mucha gente cree que una palabra más larga y menos común es, por ello mismo, más técnica y respetable; pasa mucho entre la gente que no sabe gran cosa, y que ignora el origen de las palabras, además de las reglas de astucia que rigen su uso retórico.

Una función esencial que explica la existencia de los códigos éticos es la de defender a los que actúan bajo su amparo de las demandas de sus clientes, pacientes o de los usuarios de sus servicios. Naturalmente, los códigos solo pueden regular aquellos aspectos de la conducta de los afectados que no estén específicamente regulados por una ley civil que siempre tiene un carácter de obligación superior.

Junto con el aspecto defensivo, los códigos suelen cumplir una cierta función de uniformización de los estilos de trabajo de los profesionales afectados y pretenden potenciar los niveles de calidad, exigencia y honorabilidad ligados al ejercicio de la actividad afectada. Con frecuencia, si la ley lo permite, los códigos regulan las formas de ejercer una profesión, y pueden servir para otorgar a los que presiden los colegios profesionales la facultad, si la ley lo contempla, de regular la entrada y la permanencia de un determinado profesional en el grupo, admitiéndole o expulsándole del colegio profesional, o del órgano que en cada caso cumpla la función de regular el ejercicio de la actividad regulada por el código. Esta clase de instituciones es quien, comúnmente, se encarga de vigilar el cumplimiento del código y de establecer las sanciones que se puedan aplicar en los distintos casos de incumplimiento de las normas profesionales.

Los códigos éticos, o deontológicos, son, en suma, intentos de listar de manera sistemática las normas de carácter moral aplicables específicamente en un determinado campo. Desde el punto de vista moral, los códigos éticos son ejemplo de una pretendida autonomía moral de un colectivo, pero, al tiempo, representan para cada sujeto particular afectado una norma externa que le obliga y contra la que, cabe pensar, al menos, que pueda estar obligado a actuar alguna vez en función de su conciencia moral, si bien, lógicamente, ese no será el caso más corriente. Piénsese, por ejemplo, que en la medida en que tienen, frecuentemente, una función defensiva de una determinada profesión se prestan, a ser usados como arma de un cierto corporativismo que pueda ser incluso repugnante desde un punto de vista moral independiente, es decir ajeno a los intereses del grupo profesional. Así pues, desde el punto de vista de la autonomía que expresan, son autónomos en cuanto el colectivo tiene una cierta personalidad moral, pero son heterónomos desde el punto de vista de cada persona. Piénsese que también la mafia tiene su código ético, si me permiten la ironía, pero seguramente no es un gran deber moral el seguirlo a rajatabla.

V. Para una Ética de la opinión

Es probable que la conjunción de los conceptos de Ética y opinión resulte chocante a los oídos de nuestros contemporáneos porque, como es bien sabido, formamos parte de una cultura que pese a mantener la Ética en un rango teórico casi sublime la aparta, con uno u otro motivo, de infinidad de menesteres en los que podría tener algo que decir. Que pudiera llegarse a calificar como contrario a la Ética sostener y emitir una determinada opinión, seguramente nos suena tan extraño como, por ejemplo, hablar de una obra de arte perversa. Por otro lado, el conjunto de teorías según las cuales el significado de un mensaje depende del receptor ha acentuado el subjetivismo con el que se considera cualquier clase de pensamiento u opinión. Me basta este somerísimo esbozo para subrayar que la extrañeza que pueda provocar el enunciado de estas indagaciones podría testimoniar un cierto grado de oportunidad en las mismas, pues, si no me equivoco, en la medida en que la producción de teoría no se vea como una actividad precisamente moral estaremos atentando contra las posibilidades de una vida mejor, más razonable y humana.

Me propongo analizar con algún detenimiento las ambiguas relaciones entre los ideales éticos que llevan a defender como un bien la libertad de opinión y cierta clase de ideales a los que (recordando al viejo Aristóteles) podríamos llamar dianoéticos que tal vez pudieran ser interpretados como principios ligeramente propensos a relativizarla.

Ello sucede porque los primeros principios aludidos consideran la emisión de una opinión o conjetura suponiendo la licitud de que cualquiera exponga su parecer ante los asuntos que le parezca oportuno (suponiendo además no solo que hay derecho a opinar sino que las distintas opiniones enriquecen el debate), mientras que la segunda clase de principios consideran esa misma situación desde el punto de vista de su fundamento teórico en relación con la cuestión, es decir suponiendo que hay opiniones que iluminan y otras que oscurecen, que hay opiniones pertinentes y atinadas y hay también otras que nada aportan, pero cuya existencia no es indiferente ni a la calidad de las opiniones establecidas ni al progreso del saber porque, como mínimo, incrementan el nivel de confusión y suponen un riesgo cierto de sinrazones y errores adicionales.

Así pues, aunque la condición escéptica y la actitud crítica sean recomendables por sí mismas, no estaría de más que la participación y los discursos de quienes justifican su originalidad o extravagancia (tan comunes hoy día) en que no se dejan sujetar por dogmas y/o prejuicios viniera acompañada de precisiones que edifican y extienden el saber y no solamente de impertinencias; la aplicación de ambos principios viene a coincidir en un punto que me gustaría subrayar: el que un pensador responsable identifica plenamente al preguntarse si él tiene (o no) algo que decir en relación con cualquier tema. A estos efectos, entiendo por opinión cualquier proposición o discurso que pretenda contribuir al saber en la forma que fuere. Es indiferente que se trate de ciencia, filosofía o política (por no citar más que algunos géneros) pues lo decisivo es la intervención en un ámbito que se ha de suponer orientado por la voluntad común de producir un avance en el conocimiento.

Pretendo, pues, examinar una cuestión que afecta a la vez a lo que se podría considerar una Ética profesional del pensador y también a las reglas ideales que deberían presidir cualquier disputa intelectual. Ni que decir tiene que no está en cuestión el significado jurídico y político de la libertad de opinión: lo más que se podría decir desde este punto de vista es que se suele realizar una traslación inapropiada de cierto principio de presunción de inocencia a un terreno (el académico o de la teoría) en el que la discusión racional y cierta agresividad intelectual no deberían necesitar paliativos. Ello es así porque aquí el riesgo consiste en que se tome en consideración hipótesis que no conducen a nada, en que circulen nimiedades con el mismo ropaje que conviene al análisis riguroso y documentado, en que la necedad se disfrace con las galas de la sabiduría: el riesgo, en suma, consiste en que no se ejerza a fondo el supuesto que hace especialmente recomendable la libertad de opinión misma, en que no se piense.

Los hombres de hoy vivimos en una situación paradójica desde el punto de vista del saber. En ninguna otra época han contado nuestros semejantes con una cantidad lejanamente parecida de conocimientos fiables, de saberes interesantes, útiles y verdaderos. En lógica armonía con esta situación puede decirse que los filósofos que no reconocen el valor de la ciencia no existen. Ello configura una situación en principio ideal que, no obstante, tiene sus riesgos específicos: si, por un lado, aportar cualquier novedad significativa, asumible y que suponga una mejora clara es cada vez más difícil, por otro, en cambio, las oportunidades (y las obligaciones) de publicar están a la orden del día. Es muy difícil aportar algo realmente relevante en cualquier campo y lo es, sobre todo, porque es punto menos que imposible llegar a saber lo que se sabe y lo que no se sabe respecto, casi, a cualquier cuestión.

En los saberes que crecen por acumulación el problema es menor y la tentación obvia es aplicar la acumulación a las áreas del saber que no la precisan. Por lo demás, pensar bien no siempre ha estado al alcance de cualquiera. Hay, además, una especial dificultad que añadir a todo ello y es que no existe filosofía sin filósofos, de manera que en la formación de estos cada época se juega una parte importante de su destino especulativo porque no siempre se llega a estar a la altura de lo que se precisa. No estoy sugiriendo, sin embargo, que la tontería sea insuficiente para explicar los fárragos y desatinos y que precisemos recurrir a la maldad: la tontería es proteica y casi omnipotente.

El corolario es simple: se aumenta la literatura porque aunque hacer precisión es difícil, guardar silencio es aún más incómodo. Sin embargo, aunque el respeto a los hechos, su reconocimiento y su uso como punto de partida para la investigación está ampliamente asegurado, en todo lo demás, estamos, de alguna manera, peor que nunca y, en consecuencia, buena parte de nuestras grandes discusiones (éticas y de otro tipo) prosiguen denodadamente el esclarecimiento de los modos en que hemos de lograr un acuerdo. Por lo demás, vivimos en una sociedad que aprecia sobremanera la novedad, que vive de ella, que la precisa y ese hecho le produce a uno -no siempre, pero si las más de las veces- la impresión de que muchas buenas gentes corren detrás de una nueva opinión de plástico para deshacerse de la incómoda opinión de madera natural porque aún nadie le ha descubierto su nobleza. El reinado de la novedad es no sólo paradójico sino tiránico, porque toda novedad es frágil frente a la siguiente: el principio de la rotación, la obsolescencia planificada que inquietaba a Marcuse, nos deja permanentemente inermes frente a la vanguardia, incluso si, como es sólito, esta vanguardia se instala en la década, cuando no en el siglo, mediante la explotación de técnicas de persuasión y mercadotecnia aplicadas con excelencia: es lo que acontece cuando la vanguardia se sucede a sí misma. En fin, la ciencia se complementa con la moda y sobre los goznes de esa extraña alianza gira la rueda de nuestros días.

En mi opinión, y es sólo una metáfora, del mismo modo que una sociedad sin clases medias es explosivamente inestable, el espíritu del tiempo tampoco puede contentarse con la sola presencia de una minoría poderosa -la ciencia y la tecnología- y una inmensa mayoría depauperada, alimentada tan solo con la moda y la novedad, con el periódico y el zapping. Es preciso que exista una amplia clase de opiniones fundadas, es necesario que la Filosofía nos defienda de la ciencia y fortalezca a la opinión, de manera que podamos vivir en una sociedad razonable. Si se supone que la única especie de verdades sólidas se encuentran en las ciencias y en lo demás estamos ante la mera subjetividad estamos sentando las bases de una cultura insensata, de una aldea global estupidizada y enferma. No hay que extrañarse, por tanto, si el nivel de los saberes no se traduce en valores culturales de signo humanista o racionalista, o al menos, no abiertamente tendentes a la irracionalidad, porque ese cultivo no se da de modo espontáneo. Formamos parte antes que de una cultura del conocimiento, de una cultura de la confusión que, como todo lo que se vende, ha encontrado también sus partidarios y propagandistas. No creo que sea necesario insistir mucho en cómo -merced a las razones urgentes de la novedad- junto a la ciencia florece, además de la beatería cientificista, que sabe mucho más de lo que nunca ha llegado a saberse, la "paraciencia" y las más enloquecidas versiones de cuanta pseudociencia sea posible concebir.

La tolerancia de que nuestras sociedades hacen gala no sabe encontrar remedio a tal estado de cosas: nos consolamos con la benévola creencia de que tal vez no lo haya, o que, de haberlo, pudiera resultar peor que la enfermedad. El hecho es que es punto menos que inevitable que el prestigio del saber esté en manos de quien no tiene la capacidad de juzgarlo porque el abismo que reina entre el saber común y la capacidad técnica para entender cualquier asunto mínimamente relevante tiende a crecer de modo casi exponencial. Siendo esto así, es claro que -al menos entre nosotros- los créditos se conceden a ciegas y una vez concedidos se propagan con la fecundidad de la mala hierba.

Apenas puede haber duda de que cualquier floración de confusas y seductoras simplezas y afirmaciones sin mayor fundamento puede considerarse, desde un cierto punto de vista, como parte del impuesto que -con cierto gusto- se ha de pagar por vivir en sociedades en las que se garantizan las libertades de pensamiento y palabra. Lo que resulta menos defendible es el papel que ciertos intelectuales y filósofos profesionales han decidido jugar ante una situación como la sucintamente descrita. Se da el caso de que buena parte de los herederos de una tradición gloriosamente crítica se han vuelto repentinamente mansurrones (sin renunciar a los gestos propios de la insumisión) frente a las añagazas de la sociedad del espectáculo, produciendo un tipo de doctrinas que favorecen desmesuradamente la propensión a confundir el derecho de opinión con algo rotundamente distinto y que se parece bastante a una supuesta democratización de la infalibilidad hecha posible por la hinchazón mediática del que habla y el correlativo derecho de quien con él se identifica.

Cuando se sostiene que, puesto que no existe en la práctica -fuera de nosotros mismos- ni criterio ni instancia ni autoridad concebible que nos muestre la verdad en cada una de las situaciones y problemas posibles, se han sentado las bases para que nada de lo que se le ocurra a cualquiera pueda razonablemente ser considerado como erróneo.

Ello acarrea en la práctica el indeseable supuesto de que el único fondo de provisión del pensamiento es el propio intelecto y corre serio riesgo de confundir la libertad de la inteligencia con la estulticia desatada, porque una vez que la relevancia social homogeiniza las opiniones del sabio con los torpes discursos del necio el final es previsible. La inteligencia y la razón que han venido creciendo a costa de su enfrentamiento tenaz y profundo con toda clase de desvaríos nunca se han visto tan seria y sistemáticamente amenazadas como en el día de hoy. La razón no ha tenido nunca tantos ni tan poderosos enemigos: pese a ello no cumple ser pesimista sino atenerse con más escrúpulos que nunca a las buenas reglas del oficio intelectual, o del que fuere, aunque ello suponga habitualmente renunciar por completo al mercado de la fama. No convendría, por lo demás, extremar el diagnóstico aunque sólo sea para no incurrir en uno de los males que lo justifican cual es el de prestar crédito y atención, cuando no homenaje, a la notoriedad infundada o poco fundada, hábito intelectual y moral nada infrecuente y que podríamos considerar como una enfermedad de la estimativa, como una exageración de la exageración. Entiéndase que hablo del buen sentido y no de ninguna dramatización ni fuerza oculta de la historia: la buena dialéctica, la mera posibilidad de someter a debate los fundamentos de cuanto se dice, la creencia de que no todas las opiniones y creencias son igualmente lógicas, iluminadoras y valiosas.

La versión académica de la clase de cuestiones que suscita esta situación puede formularse del modo siguiente: es claro que el primer mandato de una Ética de la opinión es el de la libertad, pero ¿nos hemos preocupado suficientemente de establecer si existen mandatos ulteriores y de examinar en qué consisten?

Historia mínima del término "opinión"

Buena parte de los términos filosóficos experimentan mutaciones de significado a lo largo de la historia. Si nos fijamos en el término opinión es fácil dar con un par de cambios especialmente importantes. El término aparece entre los presocráticos y hay un hermoso texto de Jenófanes, que Sir Karl Popper, ha citado, en más de una ocasión, por ejemplo en Conjeturas y refutaciones (1983, 5, xii), y que puede verse también en el análisis que hace de estos usos Brian Magee, (1974, 37). El texto del filósofo presocrático nos advierte de hasta que punto "ningún hombre conocerá nunca la verdad sobre los dioses o sobre cuántas cosas digo; pues aunque por azar resultara que dice la verdad completa, sin embargo no lo sabe. Sobre todas las cosas no hay más que opinión" (cito la versión de Sexto Empírico que tomo de Kirk y Raven (1970, 255)). Supongo que la razón por la cual este texto gozaba de las simpatías popperianas, tal como pueden verse en Popper (1994, 249 y ss), es su alusión al conocimiento en sentido objetivo -"la verdad completa": algo que puede decirse, aunque tal vez no podamos nunca estar seguros de que aquello que decimos es la tal verdad- y, al tiempo, su nítida advertencia crítica respecto a la falibilidad de los conocimientos humanos, que están urdidos en una red de opiniones de la que penden las creencias de los hombres y de la que es imposible librarnos mediante una supuesta superación de sus limitaciones.

Sin embargo, cuando Platón, por ejemplo, en República, V, XX, 477 a, b, utiliza y define el término opinión (*doxa*) lo hace de modo negativo, contraponiéndolo a conocimiento verdadero, al subrayar su falta de fundamento o referencia (en el ser o la realidad, por así decir) y su carácter en cierto modo intermedio entre el saber y la ignorancia, su condición, en fin, de saber sobre lo que está entre el ser y el no ser, sobre lo cambiante.

En su origen, pues, *doxa,* u opinión es una forma del logos o discurso caracterizada de modo privativo, que se sostiene a falta de algo mejor; esta caracterización del concepto subyace de algún modo en el uso moderno de opinión -que sigue oponiéndose a ciencia y distinguiéndose de lo que no es discutible, de los hechos- aunque, como veremos muy brevemente, las notas características del uso moderno de este término lo colocan en una tesitura muy distinta, en un contexto que favorece el olvido de sus peculiares limitaciones.

En el pensamiento moderno el término opinión pasará a desempeñar, sobre todo, dos nuevas funciones que lo alejan de las carencias que están presentes en su sentido original. La clase de discurso al que se llama opinión suele ser considerada desde el punto de vista de las libertades públicas, y pasa a ser algo de lo que se habla, sobre todo, en relación con el público, la opinión pública. De este modo la opinión se substantiva en tanto que adquiere un doble perfil: sociológico y jurídico político. Por un lado -aspecto sociológico- la opinión no precisa sujeto que la sustente sino que se convierte en realidad con títulos propios y peculiares, y, en consecuencia, se propende a olvidar la calidad que pueda tener en cuanto logos, y, por otro lado -aspecto jurídico político-, la opinión se convierte en un derecho que emana de la autonomía del sujeto cuya emancipación es correlato de la afirmación del poder del pueblo soberano.

En cuanto privilegio y marca de la libertad subjetiva, el derecho a la propia opinión se propuso como una superación de la estrechez de lo dogmático, como una relajación, primero, y una abolición, después, de los límites que a la libre conciencia del sujeto imponían diversas especies de autoridad. Tener opinión es ser libre. Tener opinión equivale a ser un igual a cualquiera, a ser ciudadano, a tener el mismo derecho de decisión y la misma dignidad. Pero este estadio político y jurídico de la libertad de opinión como conquista de la autonomía se iba a ver pronto sobrepasado en cuanto se derrumbó la creencia en una realidad comprensible y, en cierto modo, obvia, en cuanto se problematizó la relación del hombre consigo mismo y con las cosas, lo que sucedió cuando el idealismo dio el paso de la libertad de indeterminación a la libertad trascendental y, de ahí, espíritus más alegres dieron un nuevo salto en el vacío.

De la libertad del sujeto a la negación del objeto

Históricamente, en paralelo al descubrimiento teórico del sujeto que lleva a cabo la modernidad, aparece un individuo que no parece que haya de rendir cuentas a nadie, y al que posteriormente, en virtud de los postulados igualitaristas de la democracia, ha habido que someter, por el contrario, una amplia clase de explicaciones: esa clase de sujeto capaz, por ejemplo, de inspirar el justamente famoso editorial del New York Times que se quejaba de las dificultades que el ciudadano medio experimentaba para comprender los conceptos y teorías de la nueva Física (vid. González Quirós (1992, 58)). La pretensión de que aquello que no se entiende de modo vulgar es un engaño o una trampa es la versión sociológica, más o menos tardía, de una cierta proclamación de la soberanía del sujeto que se llevó a cabo por la Ilustración en su lucha contra la pretendida mentira instalada en la tradición, la religión y la metafísica. Ese objetivo desenmascarador sostiene una lucha que, con este mismo sentido, se prolonga y se extiende a través de las llamadas "filosofías de la sospecha", marbete con que cabe describir, al menos, a Marx, a Nietzsche y a Freud que, en cierto modo, encuentran sospechosa de mentira a la misma Ilustración.

De nuevo la presencia pujante de la ciencia y su incompatibilidad histórica con la religión y con la metafísica vino a resultar decisiva. La ciencia actúa en un doble sentido, desde el punto de vista de su significación sociológica: establece un modelo de saber que descalifica el valor de lo que no es ciencia (de la filosofía, de las creencias etc.) y mina de modo continuo y persistente la confianza en un universo de suyo inteligible, en un mundo en el que la actividad humana (y la ciencia misma entre otras cosas) adquiera y conserve plenitud de sentido. La ciencia es interpretada y recibida de un modo acosmista, tanto porque no se puede decir nada con seguridad respecto del todo, como porque en su misma metodología resulta especialmente disolvente de aquello que ella no alcanza. Desde el punto de vista del significado filosófico, la ciencia pone realmente difícil el programa a quien quiera hablar por sí mismo de las cosas: el refugio corriente está en hablar de aquello de lo que la ciencia no puede, sea la estética (con menos motivo) la ética, sea la relación del lenguaje con los referentes o la analítica existencial. Pero las sustancias y esencias (nombres técnicos de las vulgares cosas que pueblan el mundo ordinario) se han visto arrastradas por el desagüe de la bañera en que los modernos estaban bañando al niño.

Cuando a todo ello se añade el impacto producido por el contacto de Occidente con otras culturas, el ámbito de la opinión y el de la libertad parecen quedar entrelazados y sin fundamento común alguno. De modo que la conquista de la libertad viene a confundirse con un enfrentamiento con la nada, con la muerte de Dios, con la necesidad de reconocer que el mundo es solo la huella de ese desconocido que es cada uno de nosotros. Nunca el sujeto experimentará en la práctica de modo más radical aquella soledad que, en el laboratorio de su propia mente, había experimentado Descartes. La solución cartesiana consistió en engancharse, sin duda que a la desesperada pero no de forma incoherente, a Dios: la solución posmoderna es salir a la calle para leer el periódico y ver que, en realidad, no ha pasado nada. Y una vez hecha esta rotunda comprobación olvidarse de todo lo demás.

La libertad del sujeto vino a suponer, pues, la abolición de la relevancia del objeto, y, al menos en un sentido, su plena desaparición después. Si, por el contrario, se cree de algún modo en la mismidad de las cosas y del mundo, la tarea del sujeto no será crearlas sino describirlas y, puesto que no tiene otro remedio que hacerlo desde la libertad, esa tarea habrá de ser, desde su origen también una tarea ética.

La opinión entre la metafísica y la ética

Es común suponer que la mente de los modernos se abrió paso frente a la supuesta universalidad del sistema de creencias y valores de la época medieval de tal manera que la libertad de pensamiento y la de expresión se hubieron de considerar conquistas frente al autoritarismo y el oscurantismo. De este modo se estableció un clima intelectual que considera preferible, el triunfo de la libertad individual a la consecución de la verdad: es lo que de modo paradigmático se expresa en la preferencia de Lessing por la búsqueda de la verdad frente a la simple posesión y goce de ella: "Si Dios sostuviera en su mano derecha toda la verdad, y en su mano izquierda la pasión por buscarla, aún con la condición de que al buscarla habría de errar siempre, y me hablase: ¡Elige! Yo escogería humildemente tomar su mano derecha y decirle: ¡Padre dámela! La pura Verdad a Ti sólo te pertenece" (Wolffenbüttler Fragmente).

El prestigio de la nueva ciencia actuó de ariete en la implantación de una nueva conciencia que -entre otras cosas- suponía se podrían llegar a establecer con igual seguridad los preceptos necesarios para la vida feliz y la sociedad justa. Tanto en Spinoza como en Hume encontramos esa pretensión que la historia posterior ha desmentido con largueza.

Esa actitud crítica respecto a las afirmaciones de la tradición se refleja en el conjunto de la filosofía moderna -desde Descartes a Nietzsche, Wittgenstein o Heidegger, Hume y Kant incluidos- que está troquelada por una lucha contra lo establecido que, en ocasiones, puede parecer ser casi el único rasgo común de buena parte de los filósofos modernos. Curiosa vocación anarquista que ha dado lugar a toda suerte de excesos en la cohorte paradójica de los seguidores. La filosofía contemporánea, esto es, amplios sectores de ella, parece haber heredado sin problemas esa condición de instancia crítica de cuanto viene del pasado -aunque lo que venga sea precisamente esa tradición- y en alguna medida por ello mismo, de mensaje destructivo frente a cualquier pretensión de obtener un conocimiento precisamente verdadero.

Un paso en verdad revolucionario se dará cuando -de modo tan poco claro como decidido- se pierda de vista que lo que legitima a una opinión en el espacio lógico de las cuestiones tiene poco que ver con el sujeto que la sostenga, cuando se comienza a poner en duda el valor de la verdad como idea capaz de regular el funcionamiento del mercado de las opiniones, cuando se da en suponer, por ejemplo, que no es la misma verdad la de Agamenón que la de su porquero, o que, como ironizaba Pascal, la verdad no suele ser la misma a ambos lados de los Pirineos.

Sea pues por motivos de emancipación, de sospecha o de multiculturalismo nos encontramos con que la mayoría de las opiniones no tienen otra cosa a qué referirse como no sea ellas mismas, el valor con que se cotizan en su respectivo mercado. La opinión ya no se ve como algo propio de la autonomía y la libertad del sujeto, sino como un fragmento de un universo cerrado sobre si mismo y que sólo a si mismo se refiere. Si recordamos a Platón, la opinión deja de serlo, pierde cualquier connotación negativa porque no hay otra forma superior de conocimiento. La opinión pasa a ser de este modo la única referencia de sí misma: es el origen teórico de la democracia sociológica en la que lo único que cuenta son las encuestas.

Y si de Platón volvemos a Jenófanes, hallamos que se ha perdido esa conciencia de la falibilidad porque ha sido sustituida por el derecho del yo a pensar como quiera. En este caldo de cultivo, el derecho a la libre opinión puede confundirse con facilidad con la afirmación de que no existe nada que pueda considerarse como verdadero.

En el mundo de hoy, diversas fuerzas decididas a la relativización amenazan con convertir un ejercicio de masoquismo la pretensión de objetividad, con subvertir el orden razonable de las cosas consagrando la definitiva superioridad de los presuntos valores de la retórica y de la mismidad de cada cual sobre los valores del saber y de la verdad. Desde el historicismo de los idealistas hasta el pragmatismo de los filósofos norteamericanos, un viento de subjetivismo e irracionalidad azota la, en cualquier caso, endeble morada en la que se ha de refugiar quien quiera tener alguna especie de aproximación a algo que pueda llamarse conocimiento verdadero.

Se puede reprochar a este análisis el que parezca estar basado en la supuesta viabilidad y evidencia de alguna clase de metafísica y que, dado que este no es el caso, lo que ha de tomarse a modo de concesión retórica, pues, por supuesto, no creo que haya ninguna metafísica que pueda ser enseñada como se enseña el abecedario, que tenga a la vez sencillez y utilidad. Pero eso no significa en absoluto que no crea que la metafísica sea necesaria porque la identifico con la filosofía y ya he subrayado lo imprescindible que resulta para vivir de modo razonable. En suma, sobran las lamentaciones acerca de los marcos "externos" a la opinión que, además de no existir, cuando existen o se suponen son, (o se supone que son), inconmensurables con los de otras culturas. Bien, pues precisamente porque la metafísica es en exceso conjetural se precisa una ética más clara y una lógica más rigurosa y exigente. A mi modo de ver, este es, por otro lado, el significado de la obra de Kant: no sabremos cómo son las cosas en sí mismas, pero sabemos a qué estamos obligados.

¿Cuáles son los supuestos que permiten e inducen la confusión entre la libertad de opinión y el relativismo? Porque si la libertad de opinión tiene algún sentido positivo, es decir, si supone algo más en el plano del conocimiento que una conquista como pudiera ser, por ejemplo, la de la libertad de canto, es precisamente en tanto se parte de que el discurso de cualquiera puede contener elementos de verdad que hayan pasado inadvertidos, que de otro modo nadie iba a saber apreciar y que, por ello, la prohibición de una sola voz nos privaría también de la posibilidad de nuevos conocimientos, de la presencia de un testimonio que -de uno u otro modo- vendría a resultar siempre decisivo.

Así pues, aún cuando haya habido una tendencia a identificar relativismo y libertad de opinión, será posible distinguir entre los fundamentos de ambas doctrinas, de modo tal que la defensa de la libertad de opinión (y en especial, cuando se recuerda el significado ético que necesariamente implica) no haya de confundirse con la aceptación -ni en el plano teórico ni en sus consecuencias prácticas- del relativismo. Por lo demás, el relativismo supone la negación del pluralismo, más precisamente de los límites de este que son quienes lo configuran y le dan pleno sentido. Por ello el análisis de lo que constituye los fundamentos y los mandatos de una Ética de la opinión vendrá a ser también la base necesaria para una apología racional del pluralismo sin que haya lugar a su confusión con la promoción innecesaria del género de deformaciones y el desaliño intelectual que el relativismo permite y promueve.

La libertad del sujeto racional

La capacidad del sujeto racional para hacerse cargo de las cosas, para entender el mundo en que vive, para tener proyectos, para lograr una imagen de sí mismo, es una característica que, al menos en nuestra tradición, se considera como parte de la definición esencial de lo que somos. La manera en que esa capacidad se explica y se concibe a sí misma es, por otro lado, problemática desde muchos puntos de vista. En relación con ello están la mayor parte de las discusiones sobre el entendimiento humano, sobre la naturaleza de la ciencia, sobre los límites de la razón, etc. cuestiones que pueblan de modo sobreabundante el universo de las doctrinas en la historia del pensamiento. Como es lógico, no se trata de reproducir aquí ninguno de esos problemas; nuestro objetivo es, ahora, otro: mostrar hasta que punto la indefinición en que se mueven los saberes sobre tal capacidad humana supone una serie de problemas que se pueden situar en el plano ético, en el universo de las argumentaciones acerca de lo que está bien y debe hacerse y también sobre sus contrarios.

Para este análisis es un punto de partida esencial el reconocimiento de que a la base de nuestra capacidad de intelección hay un cierto tipo de libertad. Es precisamente esa libertad esencial del entendimiento la que justifica sobradamente el que se considere absurda la imposición de límites arbitrarios y exteriores a lo que la inteligencia sea capaz de formular. Sin embargo, aquí anida el equívoco del que deriva parte importante de nuestros errores. Cuando se concibe la libertad del entendimiento de modo que este se supone ilimitadamente soberano frente a su objeto, cuando se pierde de vista el carácter absolutamente peculiar de su vinculación con ellos y con las cosas mismas, además de con los problemas y las entidades teóricas que pueblan el Mundo 3 de Popper, con aquello que se somete a su juicio, entonces se está a un paso de arruinar la posibilidad misma de la argumentación, el fundamento del saber, la idea de lo verdadero.

¿En qué sentido y respecto a qué es libre el entendimiento? En primer lugar el entendimiento es libre respecto a los sucesos comunes de la naturaleza, es decir, no parece determinado por ninguna necesidad, por ningún mecanismo describible en principio. Es común suponer que es el cerebro quien determina nuestro entendimiento sea siendo su sede, su causa, su instrumento o como quiera decirse. Pero el sencillo argumento del que ya nos hemos ocupado y que se remonta nada menos que a Epicuro muestra que concebir las cosas de este modo implica un absurdo. En efecto, si suponemos que cuando llegamos a entender que, por ejemplo, "los números primos son infinitos" ese acto pueda estar causado por algo distinto a nuestra misma capacidad de entender que la anterior proposición se deriva inequívocamente de la condición esencial de tales números, entonces también podría ser el caso de que esas causas necesarias que supuestamente determinan mi entendimiento me llevaran a creer que "los números primos no son infinitos", de modo tal que o bien admitimos que mi entendimiento es libre (no está determinado, por así decir, físicamente) o bien admitimos que no entiende porque no es capaz de discernir a título propio lo verdadero de lo falso.

Nuestra capacidad de reconocer algo como verdadero (y para esto vale tanto la famosa sentencia cartesiana "pienso, luego existo" como el más simple e irrelevante de los hechos que tengamos por verdadero) supone de modo evidente la libertad o indeterminación del entendimiento por cualquier otra cosa que no sean las relaciones inteligibles que se establecen entre los mismos objetos presentes al entendimiento. De manera que si mi cerebro, que es alguna clase de mecanismo (todo lo complejo que se quiera), fuese quien determinase la aceptabilidad del argumento euclideano sobre los números primos, entonces cabría añadir que la única razón por la cual (el ejemplo es de Bertrand Russell) es verdad que yo y mi supuesto e improbable lector somos hombres y no huevos escalfados depende del hecho de que los que creen ser hombres son mayoría respecto a los que se sienten huevos escalfados, lo que no siempre será verdad en todas partes.

Por razones de índole semejante habrá que admitir no solo la libertad esencial del entendimiento, sino también el hecho de que el conocimiento es siempre argumentable y, como tal, perfectamente objetivo y nada elusivamente privado o subjetivo. Precisamente el carácter argumentativo del saber es el que permite ver que la rectitud de principio que reconozco a mi entendimiento no pueda confundirse con su infalibilidad. En otro sentido, aunque sea obvio que siempre se le pueden buscar nuevas vueltas a lo que damos por cierto, no es menos claro que por más vueltas que le demos lo hacemos por estar convencidos de que tras la consideración del peso de los argumentos llega algo como la evidencia o, en caso contrario, el retroceso a posiciones más firmes y la confirmación de ciertas suposiciones como meramente hipotéticas.

El drama de nuestra inteligencia consiste en que es capaz pero limitada, en saber que la realidad es más compleja que nuestras entendederas, que no sabemos con certeza hasta que punto son relevantes ni nuestras intuiciones ni nuestras convicciones. Sin embargo, esta intuición de que nuestro entendimiento es fiable ha llevado a extremos curiosos en la escala que lleva del escepticismo al dogmatismo. Y ha producido, en la época moderna, la convicción de que cada individuo es soberano respecto a sus creencias como lo es respecto a sus decisiones. Pues bien, esta soberanía es, desde luego, limitada. Lo es, en primer lugar, porque no dicta ni el carácter ni la presencia de los objetos (aunque los condicione de algún modo) y, en segundo lugar, porque el entendimiento está subordinado, de algún modo, respecto a las reglas del pensar que él mismo es capaz de establecer, y a las limitaciones de nuestra condición. Por lo demás, es obvio que el entendimiento no es la única forma de contacto con la realidad y que las otras formas de conocimiento tienen ciertos derechos a matizar y relativizar las pretensiones excesivas del entendimiento, puesto que el idealismo sin límites sería la filosofía propia de un sujeto inmortal.

La idea de verdad recoge en su genealogía la creencia griega de que lo verdadero se manifiesta independientemente de mi y, además, se reconoce mediante el razonamiento. Pero recoge también la idea moderna de que la verdad aparece en medio de abundantes falsedades y mentiras y de que su reconocimiento es subjetivo. El compromiso entre ambas intuiciones es inestable, no puede zanjarse de una vez por todas. De manera que mi libertad no es solo la libertad de principio que me faculta para conocer a título propio, sino también la libertad que me exige el tener que pronunciarme por la verdad de creencias incompatibles, por la elección de una verdad entre las distintas flores del mal. En la práctica, el resultado es la liberación del sujeto racional frente a los prejuicios sin fundamento, en la teoría, la pendiente resbaladiza que hay entre reconocer e inventar, la que hay entre las dos mismas acepciones que "invención" tiene entre nosotros: aquello que hallo, pero también aquello que pongo en el ser, lo que sólo existe en tanto en cuanto yo lo realizo.

Desde el punto de vista ético la libertad de opinión se limita en cuanto el sujeto se somete de buen grado a la aceptación de que existe un límite a su discurso y que ese límite está puesto por el hecho de que nada vale lo que se afirma si lo que se afirma no es, de algún modo, verdadero. La idea de verdad cumple, por tanto, un menester ético en cuanto subordina la libertad del entendimiento a un mandato racional, a un mandato que se impone en función de su propia contextura, de algún modo, como se impone la evidencia de que el número de los números primos es infinito. Pero ese límite es un límite muy severo, más severo a medida que se es más exigente, a medida que se sabe lo mucho que no se sabe. Y es un límite formal, por cuanto la verdad me limita aunque yo no la conozca y, de algún modo, precisamente, en cuanto no la conozco. Pues si la conociera como tal, no sería un límite para mi conocer sino, en todo caso, para mi deseo, pero esta es otra cuestión.

Esta libertad del entendimiento no es, por tanto, una libertad negativa, sino positiva, no consiste en que no haya límites externos sino en que no existen otros límites que los que el sujeto se ponga. Pero en relación con el conocimiento no hay tampoco libertad negativa porque la limitación no consiste en que el conocimiento verdadero me deje pensar lo que yo quiera, sino en el hecho de que yo he de pensar con acuerdo a lo verdadero. Aquí está la diferencia respecto a la libertad en su aspecto político que es, esencialmente, negativa: consiste en que nadie me impida pensar y decir lo que me parezca oportuno. Pero esa libertad que es exigible frente a los demás hombres y frente al poder, carece de sentido tanto frente a la verdad como frente a los buenos argumentos.

La ética del pensamiento

Lo que introduce la ética en el mundo del pensamiento, como en cualquier otro ámbito, es el hecho de que no estamos solos. Lo que aparta a la ética del mero capricho y la configura como un saber es el hecho de que, en tanto seres racionales queramos fundamentar argumentalmente nuestras conductas. Lo que une ambas situaciones es el hecho de que tendemos a engañar y a engañarnos, a conformarnos con la apariencia que rinda buenos frutos olvidándonos de la verdad: y lo que acaso sea disculpable en el ámbito práctico -al fin y al cabo se trata de vivir- no lo es en el ámbito de la teoría donde lo único que importa es la verdad y no ni Agamenón ni el porquero.

El hombre solo no podría engañarse, no tendría para que. Podría equivocarse, pero jamás, es de suponer, se mentiría a sí mismo. La forma en que la mentira es lo contrario de la verdad es distinta a la forma en que el error le es contrario. Por ello, una Ética que ordenara evitar el error no tendría mucho sentido, aunque si lo tiene la que ordene (cuando se sabe que es tal) no propagarlo, porque eso es ya mentir y la mentira es de imposible justificación si no se asume el derecho exclusivo a obrar como si sólo nosotros importáramos, si no se es un solipsista práctico. La falsedad y la mentira son incompatibles con el ideal de la comunicación, con la decisión de compartir una vida razonable y de cooperar en el progreso del saber mediante argumentos racionales. Por tanto, lo que una Ética del pensamiento y de la opinión ordena no es solamente el no mentir, sino obrar de acuerdo con las pautas del pensamiento que mejor eviten la propagación del error y la falsedad, que mejor promuevan el verdadero saber, aquello que, por ser como es, es siempre una especie de lugar de encuentro, parte de un camino que no es preciso recorrer en solitario. Y aún más, la evitación de aquellas formas del discurso que puedan ocultar con su espesor una información más correcta. Esta Ética puede llegar a ser muy exigente y, al menos en apariencia, a chocar con el mandato del *sapere aude!*. Porque en verdad ocurre que no siempre estamos seguros de si lo que pensamos es o no cierto, aunque estemos seguros de que es lo que pensamos. La verdad de nuestras opiniones no siempre es evidente y nuestro convencimiento no constituye evidencia sino que cuando está fundado se apoya, de una u otra forma, en ella.

La Ética del pensamiento es, por tanto, una Ética de la moderación y la prudencia, no podría ser, en ningún caso, una Ética de la transgresión. La transgresión puede ser una opción en el ámbito de lo social, pero no es una alternativa razonable en un ámbito como el del conocimiento en el que deben primar los ideales y la objetividad por encima de las peculiaridades y los deseos. La primera obligación de una opinión habría de ser la de situarse en ese ámbito, la de referirse tanto a lo que se sabe como a lo que se discute, huyendo del enmascaramiento de lo que se afirma: una obligación de claridad, en cierto modo, y una obligación de audacia sin duda alguna. La opinión ha de estar documentada y fundada y ha de exponerse con nitidez, arriesgarse al desmentido, a la falsación, no refugiarse en la nebulosidad de la mala dialéctica en la que todos los argumentos son pardos. Dicho sea de paso, aquí encontramos un tipo de criterios absolutamente válidos para distinguir al escritor del filósofo (aunque la miopía social los confunda y el decoro impida la atribución de nombres pretenciosos), y al artista del sabio. Indirectamente, la suposición de que la metafísica sea una de las ramas de la literatura (fantástica) está bien como ingeniosidad borgiana, y aunque oculta tras su ironía el hartazgo frente a muy frecuentes excesos, no resulta un criterio admisible para entender la específica función del filósofo. Es de suponer que, a su modo, también el escritor y el artista buscan una verdad, y desde luego pueden contribuir a que aumente la luz: pero no están obligados por un canon tan estricto como el que vincula a quienes pretenden saber antes que cantar, pues estos no pueden ser contradichos, aunque si puedan ser olvidados o preteridos.

¿Cuál es, pues, el fondo de provisión que dota a las opiniones de una ética propia? Sin duda alguna su imbricación en la geografía propia del saber y, por ello, su referencia directa al fondo de lo sabido y su respeto estricto de la corrección argumentativa, que es, por supuesto, algo más amplio que la mera lógica formal. Ello supone y exige un esfuerzo peculiar, porque nos obliga a hablar desde una altura determinada, a partir de una experiencia personal y de un trato familiar con los problemas. En tanto en cuanto la opinión se ofrezca como testimonio exclusivo de la subjetividad del hablante, debiera ofrecer a la vista también sus puntos débiles y mostrando, en cualquier caso, que no forma parte de ningún saber reconocido. Entendida de este modo, la opinión se aparta del marco de referencia en el que puede adquirir valor que es, por principio, un ámbito intersubjetivo, discursivo y dialéctico. De ahí que, aunque la caricatura sea también una forma de expresión, pero no la forma canónica de la representación, la incursión en el ámbito de las doctrinas ajenas con el propósito de la ridiculización sea también una forma de conducta inmoral, porque el desacuerdo no autoriza a la incomprensión (aunque la incomprensión sea frecuente causa de desacuerdo) ni se justifica con el esperpento.

El mandato de la hermenéutica, a veces tedioso sin duda, es el de una interpretación benigna, aunque sin confundir las proposiciones con nubes algodonosas que tan sólo sirven para fundirse, confundirse e intercambiarse. Es el trabajo que ha requerido, más que la buena intención (siempre supuesta), lo que avala la calidad ética de una opinión y de una interpretación de la opinión ajena. Smullyan (1989, 202) ha propuesto una máxima (que el mismo relaciona con el principio de tolerancia de Carnap) aplicable a lo que aquí se defiende: "En vez de tratar de demostrar que tu oponente se equivoca, trata de descubrir en qué sentido puede tener razón", lo que vale tanto como decir que se ha de suponer que quien sostiene una opinión tiene buenas razones para hacerlo, de modo que quien no las tenga comete un doble fraude pues atenta al tiempo al principio de racionalidad y al principio del diálogo.

Hablar por hablar carece de interés, aunque pueda ser divertido. Publicar por publicar puede ser interesante para la vanidad del que lo hace, sobre todo si su vanidad es barata. Pero ambas son actividades que, si se pretenden convincentes y relevantes, se han de insertar en una red de conceptos, problemas y argumentaciones cuyo conocimiento previo obliga a la no repetición (o, en su caso, a la cita) y no autoriza a decir cualquier cosa.

Es un hecho que la filosofía ofrece ese aspecto precisamente, el de que cualquier cosa puede ser dicha. Sin embargo, la palabra puede es aquí clave; veámoslo un poco más de cerca.

1. Puede decirse cualquier cosa porque de hecho se han dicho toda clase de cosas contradictorias, absurdas, irrelevantes. Este poder es el que corresponde a lo meramente pensable, que es un continente infinitamente más amplio que el de lo verdadero, en el que, además, se incluyen numerosas cosas que no son siquiera pensables (no refieren nada, o refieren un absurdo etc.) que pertenecen al ámbito aún más amplio de lo decible.

2. Y puede ha de entenderse también en el sentido de que nada ni nadie debería impedir a quien quisiera hacerlo decir cualquier clase de cosa. Es el poder de la libertad en su sentido meramente legal y político.

3. Sin embargo hay muchas proposiciones que no pueden decirse en el sentido de que no deberían decirse, porque no son verdaderas: es decir, o son manifiestamente falsas (*quoad omnes* o *quoad sapientes tantum*, como distinguían los escolásticos) o bien no hay razones suficientes para suponer que sean verdaderas. Este es el ámbito en el que el pensador debe atenerse a una ética exigente en la que se pueden leer los siguientes mandatos:

1. Guardar silencio cuando no se tiene nada que decir que no haya sido dicho (aunque repetir siempre es necesario: es la enseñanza al que no sabe, que según el viejo Catecismo era una obra de misericordia).

2. Guardar también silencio si no se sabe si lo que piensa es mínimamente verosímil y ha de trabajar más todavía hasta hablar de ese asunto. Esto no atenta contra la necesidad de conversar: ese momento en que, en una atmósfera de confianza, hay que emplear más sugerencias que convicciones; lo importante es conversar para entender, para saber mejor lo que sabemos y lo que no sabemos.

3. No ofrecer como verdadero aquello de lo que no se está seguro. No confundir su seguridad con un argumento y distinguir sus intuiciones de sus razones. Ser implacable con los propios prejuicios. Sígase un consejo de Bertrand Russell (1978, 274): "Verifiquemos cada día para nosotros, por lo menos una verdad desagradable, y notaremos que es tan útil como la buena acción diaria de los boy

scouts". El fundamento de ello es que hay que aceptar la verdad aunque no nos convenga, porque lo que hace ser a la verdad nada tiene que ver, en principio, ni con nuestros deseos ni con nuestras decisiones.

4. Mostrar los puntos débiles de cualquier argumentación propia sin construir una red de excusas que presente los contraargumentos como excepciones que nada objetan a la validez de la tesis.

5. No implicar suposiciones que se muestren válidas sin que haya argumentos para ello. No ser esclavo de la moda, aunque la moda se vista de seda. La moda obliga a lenguajes y puede complicar innecesariamente la exposición de las cosas. Hay que hablar con los contemporáneos, pero no siempre es necesario hacerlo únicamente con ellos. El síndrome de Estocolmo puede aparecer también cuando somos victimas de la ilusión según la cual aquello de que se habla y los que lo hacen son quienes tienen la razón: no siempre es el caso.

6. Procurar no sustentarse en afirmaciones cuyo fundamento se desconoce. Este mandato tiene una versión positiva que no se opone al principio de benignidad sino que lo complementa: ser todo lo crítico que se pueda ser, tan crítico con uno mismo como con lo que no se comparte.

7. Lo dicho no confiere ninguna categoría ontológica especial. Que algo se afirme o se piense no implica, de ningún modo, que sea verdad. La repetición de lo dicho tampoco. El error puede ser

un lugar común y en ello se parece a la verdad, pero lo que hace ser verdadera a la verdad del saber no es, precisamente, su posibilidad de ser lugar de encuentro. No confundir la política lingüistica, la manera de decir las cosas, con las cosas que resultan dichas. En el mundo del pensamiento vale más una verdad inelegante y desaliñada que una hermosa necedad. El lenguaje sirve para comunicar pero también oculta y disfraza. Conviene la claridad, siempre que sea posible, y desechar el eufemismo intelectual si es que callarse no hace al caso. La retórica y la ironía son armas muy poderosas: la una construye y la otra descubre la debilidad. Pero ambas sirven a su dueño y no deben ponerse en lugar de la nada.

8. Desechar los paradigmas que abdican de lo verdadero porque son excusas del conformismo. Una cosa es el escepticismo hacia nuestras capacidades (y las de cualquiera) para acertar, la conciencia de nuestra falibilidad, de nuestros condicionamientos fisiológicos, psicológicos, históricos, políticos y culturales o de cualquier otro tipo y otra la suposición de que todo es relativo, la renuncia a la verdad a ir tan lejos como se pueda. No es imposible acercarse a la verdad aunque sea muy difícil, como no es imposible batir el record de los 100 metros. Para hacerlo hay que estar cerca del punto de ruptura, no conformarse con avanzar de cualquier modo y hay que conocer cuál sea nuestra pista y nuestra especialidad. No es imposible progresar porque hay que distinguir la marca personal de la marca mundial, aunque el establecimiento de esta no sea tan obvio como el de las especialidades atléticas. Pero el entrenamiento debe hacerse del mismo modo,

porque sin densidad espiritual es imposible siquiera intentarlo.

9. La distinción de géneros es decisiva. No es lo mismo la filosofía que la literatura porque aunque se pueda considerar la dedicación a la filosofía como una de las bellas artes (Innerarity, 1995), la filosofía no tiene sentido si se hace fuera del espíritu de la buena ciencia, fuera de la subordinación a la creencia en la verdad. Esto significa que la filosofía es algo más que el testimonio personal o el estilo de cada cual, algo más que la marca de una época o que la participación en una gran conversación sobre no se sabe qué. La filosofía sólo se justifica por la apuesta por la verdad posible, por el apoyo en la plena capacidad y validez de las razones aunque la inmensidad de las preguntas nunca pueda ser por completo satisfecha.

10. El filósofo debe creer en algo como la objetividad del Mundo 3 popperiano e insertarse en ella para, si está en su mano, traspasarla, llevarla más allá de donde estaba en cualquiera de las innumerables direcciones en que puede ser recorrida. Frente a la inmensidad de esta tarea siempre cabe la tentación del abandono, de la renuncia a lo verdadero: vano intento que no hace sino añadir caminos que a nada conducen en una red compleja en la que, pese a todo, abundan las posibilidades, los senderos no hollados y las cuestiones abiertas.

11. Hay también un problema, digamos, de oficio. Ofrecer nuestras opiniones con toda la información necesaria, pero sin añadidos que no

son del caso. Procurar la claridad evitando la oscuridad innecesaria. Ser lo breve que sea posible, todo lo que permita el sistematismo y la retórica que se requiere.

Podría extenderme más en estos y otros mandatos, pero creo que se puede entender con claridad el fondo común. Creo, a su vez, que deben ser recibidos desde la afirmación que ha procurado fundar en los apartados previos: no estamos seguros de cómo es la realidad pero no debemos olvidar la obligación que nos dicta el ejercicio de nuestra propia razón: ser inteligibles es el único camino posible para llegar al conocimiento verdadero y, sin creer en ello, carece de justificación racional seguir hablando.

Me parece necesario llamar la atención sobre hasta que punto existe una incompatibilidad lógica entre estos, y otros, mandatos y las exigencias de la sociedad del espectáculo, de algunas formas de entender la participación de los filósofos y los científicos en la cultura de masas. La conversión de la filosofía en noticia (González Quirós, 1993) puede suponer una mala noticia porque implica el riesgo evidente de subvertir categorías propias en aras de otras singularmente inadecuadas sin beneficio para nadie. Existen límites a la popularidad aunque el papel, o la pantalla, lo aguanten todo.

Pluralismo y sentido

Para terminar, me parece oportuno salir al paso de una objeción que podría insinuarse ante las afirmaciones anteriores. Podría suponerse que todo ello implica un rechazo del pluralismo y, por ello, una amenaza a la libertad. Sin embargo creo que ello sólo se podría temer si se confunde la creencia en la verdad como valor con una defensa fundamentalista de determinadas opiniones a las que supuestamente se pueda conceder el privilegio de ser la encarnación misma de la verdad de las cosas en el orden que sea. No está a nuestro alcance semejante proeza. La idea de verdad es un horizonte y un fundamento, a la vez que una calidad que suponemos en determinados juicios. Pero es obvio que la verdad no está nunca a nuestra entera disposición, que no podemos descorrer por entero el velo del misterio ni hacer de lo que creemos saber un dogma sin sentido preciso.

El pluralismo debe ser visto como la consecuencia lógica de la peculiar apertura humana a la realidad, de la inabarcabilidad de las cosas, de los muchos caminos para aumentar el saber y la conciencia que están ante nosotros. En suma, de la libertad de los hombres que consiste en la capacidad de perseguir y reconocer la verdad pero nunca en la de dominarla o abarcarla por completo. Así considerado, el pluralismo es el fundamento teórico de la tolerancia en el mundo de la práctica. No obstante, tanto el pluralismo como la tolerancia tienen sus límites, precisamente por ser opciones argumentables, por ser hallazgos de la razón en su afán por proteger cualquiera de los caminos de acceso al conocimiento verdadero. Estos límites se fundan en una adecuada interpretación conjunta -sin confusión ni exclusión- de estas dos proposiciones:

1. Sin subordinación a la idea de verdad no tiene sentido el conocimiento racional.

2. La verdad sin más nunca está disponible por completo ni está enteramente a nuestro alcance.

Por la primera nos vinculamos a un ideal que está fuera de discusión, de modo tal que renunciamos a valorar nuestro conocimiento con otros criterios que los veritativos, por más que no esté siempre a nuestro alcance una determinación exacta y definitiva de su valor. Por la segunda confesamos nuestra propia debilidad y confiamos en que el buen sentido con el que declinamos el dogmatismo sea compartido por cualquiera que tenga algo que decir, de tal modo que el pluralismo viene a ser la versión consecuente de la atención que somos capaces de prestar a discursos distintos del nuestro sin que ello obste para que seamos tan exigentes con ellos como lo somos con nosotros mismos.

El pluralismo es, por tanto, una consecuencia de la Ética de la opinión que manda subordinar ésta al valor de la verdad y someterla a una crítica mediante la argumentación, de manera que cualquier voz que comparta el designio de fondo deba ser oída con independencia de la valoración que merezca el discurso que esgrima. El pluralismo es, por tanto, una reserva de sentido por la que se subordina la iniciativa individual a un orden superior, a una verdad que siempre está más allá de nuestros deseos.

Lo que no está incluido ni el en el pluralismo ni en la Ética es el respeto bobalicón a las necedades prestigiosas, ni el gesto según el cual da todo lo mismo porque nunca llegaremos a saber nada definitivo: admitir esto supone una renuncia a la legitimidad del pensar, a su libertad plena. En el terreno del pensamiento el pecado de idolatría, la adoración a un dios falso, es imperdonable porque nos sume en el abismo. Tal vez sea lógico que en el ámbito político se respete a quien tenga el poder aunque sus títulos no sean del todo legítimos: los conservadores siempre lo han hecho así, de modo que debe ser útil y hasta razonable. Pero en el ámbito de la opinión, la sumisión a la apariencia y al poder, a la propaganda y al mandarinato, a la escolástica forzada y al ídolo local o del momento son errores muy graves. So capa de pluralismo algunos pretenderán construir cosmovisiones de campanario, argumentos de alcance autonómico o distrital, escuelas que se apacientan en el privilegio administrativo. Ante esa estirpe de mansedumbre y conformismo hay que recordar que el respeto a la persona no alcanza a sus opiniones porque estas nada valen como tales por pertenecer a alguien en particular. Frente a la sumisión al poder hay que ejercer sin frenos artificiales la libertad del entendimiento, la legitimidad de la crítica. En cuanto a la necedad disfrazada de ensayo es evidente que hay que proceder con la acuidad del pensamiento certero sin confundir la generosidad intelectual ni la piedad personal con la cohonestación de la tontería y la insignificancia. Ser crítico es una obligación para cualquiera a quien importe la verdad; ser iconoclasta es una práctica muy saludable con tal de que no se enderece a la erección de nuevos altares sin mayor fundamento como lo son siempre los altares del yo, de modo que no se ha de confundir la extravagancia con un síntoma de creatividad. Con frecuencia los más inofensivos son capaces de ser los más revolucionarios, porque sólo quien se dedica con paciencia y tesón a trabajar ocultamente estará en condiciones de aportar algo distinto a lo que ya se sabe.

Stuart Mill llegó a recomendar, incluso, que se fomente la excentricidad porque el pluralismo es un bien en sí mismo. Evidentemente el riesgo para el pluralismo no nace de reconocer cualquier clase de preeminencia a la verdad y a la libertad, sino de la presión social que la escuela, la prensa y los poderes sociales puedan ejercer en una determinada dirección para imponer un punto de vista que estimen políticamente correcto. La paradoja de este tiempo es que, por mérito de las técnicas de propaganda (en lo que podemos considerar su fase post-orwelliana) lleguemos a ahogar el pluralismo y la libertad con la excusa hipócrita de imponer su vigencia. Esto no pasará, sin embargo, mientras existan personas capaces de dedicarse al saber, mientras subsistan instituciones y medios que permitan la vida de quienes amen la discrepancia y la filosofía, de aquellos que, como en cierta ocasión dijo Gilson, saben que, fuera de la verdad, nada es interesante.

Sobre la relación entre la cultura, los medios y el Estado

La relación entre la cultura y el Estado está paradójicamente definida por una curiosa contradicción: la cultura, en el sentido más noble y viejo del término, cultura como cultivo del espíritu, exige una cierta ocultación, como hemos visto, y es casi inevitablemente elitista. El Estado propende por el contrario a la exhibición y al igualitarismo. Esta encrucijada de intereses contrapuestos está detrás de todas las polémicas relaciones entre una y otro. Nos la encontramos, por ejemplo, cuando se pretende que la ley y los poderes públicos impidan fenómenos como lo que llamamos cultura basura o televisión basura. ¿Qué es lo que se debe prohibir y qué se puede tolerar? Esta cuestión tiene que ver con la relación entre la cultura y el Estado. El Estado, en su carrera hacia la sobre-legitimación, ha decidido que la cultura es un terreno en el que debe dejar sentir su presencia: eso le autoriza a subvencionar y, como la cultura implica libertad, el Estado, aunque pague, no se siente legitimado para promover ni prohibir nada, se hace rehén paradójico de una cultura anómica. Este es el esquema en el que ahora nos encontramos.

Sería mejor una situación en la que no se produzcan fenómenos como, por ejemplo, subvencionar ciertas películas. ¿Qué se podría hacer para evitar estas cosas? El problema es que estamos en una situación cultural en la que se ha producido por una parte la presencia de un universo informativo totalmente artificioso (universo en el que cabe la telebasura o que los periódicos adelgacen su focalización en los asuntos públicos, por ejemplo). En este contexto, la actuación del Estado está guiada por el mismo esquema, mientras que los medios generan un cierto ámbito de impunidad. Los poderes públicos favorecen, fomentan y subvencionan estos fenómenos.

La única solución a todo esto es que los ciudadanos recuperen la conciencia fiscal que existía, por ejemplo, en los comienzos del parlamentarismo, cuando las cortes o parlamentos se reunían para evitar que los reyes aumentasen los impuestos. La enorme paradoja es que ahora son los parlamentos son los que piden aumentar el gasto público, lo que se debe a que se ha generado una conciencia populista que hace que cualquier deseo privado pueda llegar a ser considerado un derecho, un bien que los poderes públicos están obligados a proporcionar, y a que tengan que ser los gobiernos los que intentan ponerle freno a un gasto que se desboca y amenaza con arruinar las economías nacionales, tal vez con la única excepción de la economía de la única nación imperial actualmente existente, que tiene medios, por ejemplo, militares, suficientes para sostener indefinidamente una deuda creciente, aunque ya se verá en que acaba el fenómeno.

Un ciudadano con conciencia fiscal, es decir que sabe que lo que se gasta públicamente lo acaba pagando siempre privadamente, está en condiciones de poner cierto freno a esta clase de fenómenos, pero son muchos los obstáculos que se ponen al predominio de esta clase de ciudadanos, porque a los políticos de todas las tendencias nada les gusta tanto como gastar y que los ciudadanos poco avisados, la mayoría, les agradezcan su generosidad. El remedio es que los ciudadanos puedan recuperar poder político, que tengan más conciencia de que es con su dinero con lo que se hacen los gastos que acaso estimen absurdos e irracionales, y que se seguirán haciendo, e irán a más, mientras ellos lo consientan plácidamente. La única solución, por tanto, es el re-apoderamiento del individuo, que la gente sea un poco mejor, un poco más exigente. Esto es muy difícil de concebir en las sociedades latinas, aunque es posible que se avance un poco a medida que se comprenda que el crecimiento indefinido del gasto público es un caldo ideal de cultivo para la corrupción política y que, en consecuencia, habría que mirar con lupa esa tendencia a crecer sin control ni transparencia.

La política, sus usos, las ideas que la rigen, los saberes necesarios para practicarla con éxito, la astucia y la prudencia que requiere su ejercicio, forman parte de una u otra manera, de la cultura, aunque constituyan también una esfera suficientemente específica que puede diferenciarse nítidamente del resto. La manera en que la política está incluida en la cultura depende, lógicamente, de qué concepto de cultura manejemos. Si nos fijamos, por ejemplo, en lo que suele llamarse "cultura política", en cómo son de distintos los hábitos y los procedimientos de regulación de la vida política, incluso, en países culturalmente cercanos y regidos por sistemas democráticos, estaremos considerando la realidad política en tanto forma parte del concepto de cultura entendido a la manera sociológica. Si nos fijamos, por el contrario, en la diversidad de ideas políticas como una manifestación de la libertad del pensar, estaremos considerando que la política es parte inherente de la idea de cultura entendida como libertad. Finalmente, es obvio que un buen conocimiento de la evolución de las realidades políticas y de sus distintos sistemas de valores, controles, etc. forma parte de los conocimientos cuya posesión estimamos necesaria en una persona cultivada.

El término cultura (González Quirós, 2003) está sometido a un exceso de usos que hace que se haya convertido en una palabra que se presta a toda clase de equívocos y manipulaciones. Cabe distinguir, básicamente, tres significados fundamentales: la cultura como libertad, es decir el hecho de que los seres humanos somos algo más y algo distinto que seres puramente naturales, la cultura como cultivo del espíritu, que es el significado más antiguo del término, lo que se usa al distinguir a una persona culta de una que no lo es, y la cultura en sentido sociológico, lo que se refiere a la serie de rasgos específicos de un grupo humanos en particular, que es el uso del término que ahora es más abundante conforme al cual nadie es, en realidad, inculto.

Toda forma de cultura es, en cierto modo, una forma de poder, en especial una fuente de legitimación y de limitación de los poderes, la forma en que la razón humana se ha dotado de recursos para relativizar el poder absoluto de la mera fuerza bruta. Hay, pues, unas relaciones internas entre cultura y política, pero eso es sólo una parte de la historia, porque lo que ocurre en la actualidad es que la cultura se ha convertido, por muy diversas razones, en un ingrediente importante de cualquier agenda de acción política en casi cualquier lugar del mundo. La creciente complejidad de las sociedades occidentales ha supuesto también una transformación bastante amplia de las formas de la política y del gobierno, lo que ha traído consigo el que muchos Estados hayan mudado buena parte de sus funciones clásicas, abandonando algunas y penetrando en otras. La cultura forma parte de estas últimas, al menos en los sistemas políticos de esta parte del Atlántico. ¿Cuáles son las razones que hacen que el Estado se haya interesado por la cultura? ¿Cuáles de entre esas razones son enteramente legítimas, más allá de los intereses y de la controversia política del día?

La actuación de los Estados, y de las fuerzas políticas que los gobiernan, en esta materia no está, desde luego, sometida a una lógica rigurosa sino que se ha ido configurando, sobre todo, en virtud de intereses políticos bastante inmediatos, en función de situaciones de hecho y de la tendencia de toda clase de poderes a extenderse y a obtener nuevas fuentes de legitimación. En cualquier caso, la justificación política de la acción del Estado ha sido una consecuencia necesaria de la extensión del concepto sociológico de cultura (la idea de que todo es cultura), lo que hace natural que el Estado intervenga de uno u otro modo, salvo que pensásemos posible un Estado que no se interese ni intervenga en nada, cosa que tal vez pertenezca al reino de las ensoñaciones liberales pero que está más allá de cualquier deseo razonable. No hay que dar por sentado que la alta cultura sea la única que importa y que lo que los medios de comunicación puedan hacer en este terreno es algo que no interesa al Estado, súbitamente atacado de un liberalismo oportunista al respecto.

Seguramente la razón de no querer intervenir en las barrabasadas contra la cultura, y contra una buena serie de valores muy respetables, que frecuentísimamente perpetran los medios de comunicación tiene que ver con el enorme peso político que se concede a esos medios y el temor reverencial que sus responsables inspiran a los políticos. A estos efectos, como argumentó el viejo Karl R. Popper en su último artículo publicado, es bastante cínico sostener que existe alguna clase especial de distinción entre educación e información y/o entretenimiento como formas de promover unos valores culturales, morales y políticos de calidad contrastada.

Cualquier persona con un mínimo de experiencia docente sabe bien que los alumnos, en especial los más jóvenes, se ven mucho más influidos por lo que ven en la televisión que por lo que estudian en la escuela, de modo que si en determinados programas de la televisión se defienden, por ejemplo, una serie deleznable de valores como la zafiedad, la falta de respeto, el mero griterío en lugar del diálogo, etc., es bastante inútil que los profesores se empeñen en inculcar lo contrario. Está claro que hay una serie de valores que se han de defender a capa y espada en todos los contextos, pero esta actitud la reservamos ahora, si acaso, para evitar el sexismo.

El caso de la llamada telebasura es paradigmático al efecto. No se trata de emprender una causa general contra la televisión pues, en cualquier caso, los beneficios de la televisión seguramente superan con creces los males que causa la insólita frecuencia con que acaban apoderándose de buena parte de la programación una serie de malísimos programas, entre otras cosas porque como escribió Arthur C. Clarke (1999, 530), " Television has done more than any other medium to make this One World", sino de preguntarse por las razones de lo que puede considerarse una abstención incoherente de la política en esta cuestión, aunque teniendo bien presentes las dificultades del caso, que no son pequeñas.

El nombre mismo de la telebasura nos remite a una analogía sanitaria (la comida basura) que puede hacernos reflexionar. En el campo de la salud nos encontramos con que los expertos subrayan continuamente el contraste existente entre, por poner un ejemplo bastante obvio, la tecnología de vanguardia que nos permite solucionar quirúrgicamente numerosos problemas del corazón y el hecho de que no seamos capaces de hacer que la mayoría de la gente adquiera unos hábitos alimentarios razonablemente sanos, capaces de aminorar la omnipresente amenaza de las enfermedades cardíacas. La situación es enteramente similar por lo que se refiere a la telebasura: hemos de soportar y padecer el hiriente contraste existente entre una cultura de calidad cada vez más sofisticada y el hecho de que muchísimas personas sean incapaces de sentir repugnancia por esa clase de programas o, en otro campo, el contraste entre nuestros muy avanzados conocimientos científicos y el hecho de que esa clase de espacios televisivos den continuamente cobijo a gentes capaces de creer las más burdas estupideces, de acoger ideas que son enteramente contrarias al más elemental conocimiento de cómo funcionan las cosas.

Hay algunas consideraciones previas que nunca pueden perderse de vista a la hora de proponer que el Estado tome alguna clase de medidas contra la proliferación de programaciones de tan bajo nivel. En primer lugar, que la telebasura no es fácilmente definible, lo que es un inconveniente muy serio a la hora de poner en marcha medidas concretas, legales o de otro tipo, capaces de hacerle frente y combatirla. Puede decirse que con la telebasura pasa como con el lujo: un lujo es todo aquello que nosotros no tenemos y decimos no necesitar, pero cualquiera que tenga menos pensará que son lujos cosas que a nosotros nos parecen enteramente normales.

Hay que tener en cuenta, por tanto, que la telebasura, como el lujo, es un producto más o menos residual de la abundancia y de la libertad, de la dificultad de establecer socialmente una regla precisa sobre lo correcto o sobre lo necesario, que, lo mismo que en el caso del lujo, depende de la situación de cada cual, de modo que se hace inevitable consentir que se hagan cosas que nos molestan o no nos satisfacen, porque el bien de la libertad es preferible al de cualquier imposición arbitraria de un orden definido autoritariamente por el poder político.

Hay que intentar, no obstante, triunfar frente al difícil ejercicio de distinguir lo que es posible y es positivo de lo que es esencialmente perverso desde un punto de vista cultural, intelectual y moral. Un ensayo de caracterización de la telebasura tendría que distinguirla, por ejemplo, del mero cotilleo, que, por cierto, ocupa espacios cada vez más amplios en la prensa general, porque el cotilleo, pese a que sea difícilmente defendible como ocupación intelectual de algún interés es una forma de entretenimiento que no supone directamente el tipo de degradación lógica, intelectual y estética que caracteriza a la telebasura. Hemos de hablar de telebasura cuando los programas o secciones no hacen otra cosa que mostrar y ensalzar la vulgaridad, la brusquedad, la zafiedad, el discurso positivamente irracional, la obscenidad y la falta de respeto al mismo público y a las personas que aparecen en pantalla. La mostración habitual de esta clase de conductas y personajes implica, sin lugar a dudas, una cierta apología de eso mismo que se ofrece de manera programada, cíclica y sistemática, una entronización social de contravalores que debiera combatir cualquier sociedad que se respete.

Esa oferta continuada de modelos absolutamente detestables suele culminar en la creación de unos personajes que se caracterizan por ser autoreferenciaies, por ser gentes cuya existencia pública está fundada únicamente en que la televisión haya decidido ocuparse de ellos y de sus minucias para entretener a un público que, fatalmente, acabará por parecerse a lo que contempla. Por último, la telebasura, tanto en su producción, como en su exhibición y en aquello que ofrece, supone el olvido de cualquier función educacional y de principios éticos bastante elementales.

Tampoco conviene olvidar que la llamada primacía de la audiencia es un postulado económico de la visión mercantil de los medios de comunicación que se ha de balancear con las intenciones y el ideario de los propietarios de los medios y con el respeto a las leyes. En el caso de la televisión, como en el caso del resto de los medios de comunicación, hay que partir del hecho de que hay demasiada oferta como para que toda sea buena: la ley de la abundancia produce necesariamente cosas de distinto carácter y es razonable que lo bueno abunde menos que lo malo, entre otras cosas porque es más difícil y caro producir programas de calidad que lo contrario.

En segundo lugar, la televisión funciona en cierta manera como una especie de espejo, lo que se confirma por el hecho de que los programas denominados como telebasura obtienen audiencias amplias que los hacen fácilmente rentables. Esa condición refleja de buena parte de los efectos más perversos de la programación hace muy rentable que la televisión explote ese narcisismo de lo vulgar que ha llegado a ser una de las características más negativas de la cultura audiovisual.

No hay que engañarse: la televisión es un reflejo, pero es también algo más que un espejo, es un púlpito, una cátedra, un escaño, un lugar desde el que se puede hacer ciencia, cultura, política y religión, además de lo que se hace. A veces, nos dejamos llevar por una inconsciente y excluyente analogía entre el libro y la cultura y olvidamos que la cultura, el saber, la ciencia, caben perfectamente en otros formatos. Ese prejuicio literario es el que zahiere Ray Bradbury en Fahrenheit 451 cuando hace decir a uno de sus protagonistas: "No es libros lo que usted necesita, sino algunas de las cosas que en un tiempo estuvieron en los libros. El mismo detalle infinito y las mismas enseñanzas podrían ser proyectados a través de radios y televisores, pero no lo son. [...] Los libros sólo eran un tipo de receptáculo dónde almacenábamos una serie de cosas que temíamos olvidar. No hay nada mágico en ellos".

A la espera de que llegue un tiempo en el que se hagan innecesarios los reproches de este tipo hacia quienes piensan que es inevitable que la televisión y los medios de comunicación realicen una tarea negativa, es necesario insistir en la evidencia de que no preocuparse de la calidad de lo que las televisiones despachan es una grave dejación de las responsabilidades que tan solemnemente se asumieron, por ejemplo, en el preámbulo de la Constitución española.

No es, de ninguna manera, el miedo a la libertad lo que hace que se consideren necesarias una serie de reglas, sino el miedo a la ignorancia y a la barbarie, al terror que se pueden beneficiar de una mala manera de entender la libertad, como si la libertad exigiese en este campo la absoluta inexistencia de normas. Siendo innegable el poder que tienen las televisiones es, en el fondo, enteramente arbitraria la suposición de que ese poder no deba tener otros límites que los que establezcan quienes los ejercen. Son infinitos los ámbitos en los que los Estados regulan severamente las libertades de los ciudadanos en función de intereses de mayor rango que una mera merma de libertad individual. Campos tan distintos como la sanidad, el consumo, el comercio, la publicidad, o el medio ambiente están sometidos a restricciones del más diverso tipo que, aunque no se compartan, no son motivo para poner el grito en el cielo invocando el autoritarismo o el fascismo, que son las brujas de moda.

Por supuesto que sería máximamente deseable que estas cosas se evitasen por el mero autocontrol de las cadenas, por el respeto a determinados códigos éticos que deberían existir como garantía frente a los espectadores. Pero en las democracias, los valores éticos fundamentales tienen derecho a protección legal y si no hay norma alguna que diga qué clase de cosas no debieran verse en las televisiones es muy fácil imaginar que, como sucede habitualmente entre nosotros, ni habrá códigos éticos, ni se respetarán mínimamente una serie de valores y asistiremos, día sí día no, a verdaderos bodrios en casi todas las cadenas, por no decir en todas.

Hay que regular el poder de las cadenas para que sea un poder limitado como cualquier otro y no es disculpa para no hacerlo la idea que sostienen algunos exquisitos personajes de que la influencia del poder político en los medios es para algunos la auténtica telebasura. Es verdad que la filosofía liberal tendería a afirmar que un sistema democrático no hay otra Ética que la que establecen las leyes y que las leyes deben ser pocas, pero eso no basta a demostrar que en el caso de la televisión eso signifique que la única ley sea ninguna. Karl R. Popper defendía que "las instituciones solas nunca son suficientes sino están atemperadas por las tradiciones", y esto es especialmente cierto en cuestiones resbaladizas como las presentes, pero ello no implica que la ausencia de tradiciones justifique la inactividad del legislador, la inhibición del Estado, tan habitualmente puntilloso en otras materias.

La información y el entretenimiento que suministran los medios públicos de comunicación son, de hecho, funciones políticas principalísimas, de manera que deberían regularse como se regula, por ejemplo, el comercio, el consumo, la educación o la ecología. Es muy conveniente hacerlo desde una perspectiva suavemente escéptica y liberal respecto al poder de las normas, creando instituciones que vayan poco a poco mejorando, entre otras cosas, el respeto que se debe al público y proponiendo medidas administrativas y de carácter legislativo que, aunque tengan el aspecto desagradable de las prohibiciones, sean capaces de ganarse la adhesión y el respeto del público por sus efectos positivos sobre la calidad de las emisiones. No tiene absolutamente ningún sentido (salvo la vanidad del que lo protagoniza) que se hagan gastos suntuarios en diversas políticas culturales y se descuide, a cambio, el principal factor de educación informal que ha venido siendo la televisión.

La tendencia de los periodistas a marginarse de cualquier instancia de control ético o jurídico, sea cual sea su carácter, no es sino la expresión de un deseo que sienten de hecho todos los protagonistas de cualquier acción pública, sea del tipo que fuere, a saber, que nadie les imponga ninguna clase de norma o restricción; deseo razonable, por tanto, pero que choca con la experiencia y la práctica más común que nos hace aceptar restricciones legítimamente impuestas, dictadas por un órgano con competencias legales y sometidas al debate público en su gestación y en sus efectos. La defensa de la libertad no significa que siempre pueda hacerse cualquier cosa y por cualesquiera procedimientos.

En nuestras sociedades se ha hecho muy común un permisivismo que relaja las leyes en la esperanza, muy razonable, de que el buen sentido de la mayoría las haga innecesarias y así, por ejemplo, se ha eliminado el delito de escándalo público sin que a la gente le haya dado, a Dios gracias, por aparecer desnuda en la oficina, pero el caso de los medios de comunicación muestra bien a las claras que no siempre funciona bien esa permisividad porque es innegable que se producen programas que no son defendibles desde ningún punto de vista y que agraden a las más elementales normas de convivencia democrática, de salud moral y de buen sentido. El periodismo, en su conjunto, es muy renuente a la autocrítica porque posee el instrumento adecuado para evitar la crítica en general, ya que controla el sistema por el cual se hacen públicos los descontentos ciudadanos.

La Ética y la cultura son esfuerzos que podemos hacer por vivir con dignidad e inteligencia, por entender del modo más amplio los apasionantes y variados misterios de este mundo, por forjarnos una idea de nuestra vocación y de nuestro destino y por sostener con vigor los fundamentos de nuestra libertad para que no perezca frente al empuje de los hábitos más cómodos y más alicortos con que frecuentemente se nos tienta en este variopinto mundo en que vivimos. El esfuerzo por mantener un criterio personal que no sea cerril ni obcecado, que no tenga miedo a los aires del espíritu, es un precio que gustosamente se puede pagar por vivir de acuerdo con lo que decentemente sabemos, creemos y esperamos.

VI. Sospechas sobre el mercado: los intelectuales, la comunicación y la creación de valor económico

Los motivos que llevan a un buen número de intelectuales a experimentar desazón cuando se trata de pensar o de juzgar el mundo de la economía y el dinero son muy diversos. Aunque resuene junto a ecos muy del pasado, la idea de comercio justo sería, al entender de muchos de ellos, la única entidad teórica a la que se pudiera encomendar la hercúlea tarea de reconciliar los principios éticos con las actividades que buscan el mero lucro, porque, a sus ojos, la actividad económica es difícilmente distinguible del puro latrocinio. Si hay un concepto económico que resulte grato a los oídos de un intelectual es, casi sin ningún género de duda, el de precio justo.

Al pensar en lo que esa idea sugiere, un buen número de intelectuales tienden a creer en un orden humano absolutamente ideal en el que cualquier régimen de intercambio de bienes y servicios estaría férreamente presidido por normas morales y reglado mediante procedimientos, enteramente lógicos y trasparentes, que controlasen con imparcial empeño toda clase de transacciones para que éstas, aunque seguirían siendo molestas e impropias de auténticos caballeros, puedan considerarse sometidas al imperativo universal de la ética.

Un filósofo tan mundano y atento como Ortega (1963, 299), imbuido de esa condescendencia intelectual hacia quienes pierden su vida en bajezas mercantiles, no dudaba en afirmar, de pasada, como en él es tan frecuente, que el comerciante es el tipo inferior de hombre. Esta sospecha del intelectual frente a las actividades y manejos de las gentes de la empresa, del comercio y del dinero está profundamente asentada entre los hombres de letras, pero seguramente se ha visto intensificada y acrecentada en estos tiempos en que incluso hasta el retirado estudio de los eruditos ha llegado una expresión de apariencia paradójica como lo es la de crear valor.

El objeto de estas líneas es reflexionar sobre la función de la comunicación en la cadena de valor de cualesquiera bienes y servicios, esbozando un argumento que pudiera contribuir a despejar algunas de las sospechas de muchos intelectuales y creadores culturales frente al mercado, si bien, como resulta obvio, no todas. Estos creadores son, en principio, de un tipo distinto al de los que crean valor. Sin embargo, como se insinúa algo más adelante esa distinción no es absoluta.

La creación de valor es un marbete que se ha popularizado recientemente para designar aquello que hacen quienes se dedican a lograr que los títulos de propiedad de una determinada empresa (la que goza de sus designios) valgan cada vez más, y ello de manera independiente del comportamiento de una serie de variables que muy bien podrían ser evaluadas de otro modo, mediante consideraciones de calidad o de eficiencia, por ejemplo.

Los que se dedican a crear valor, a lograr que las acciones de una compañía valgan más cada vez, de manera que el precio que se paga por ellas se multiplique hasta el infinito, están trabajando con alguna especie de alquimia, buscando forzar una suerte de milagro. Desde su punto de vista, la empresa existe en su forma ideal si los inversores están dispuestos a pagar fortunas por hacerse con un retal de su propiedad. Cuando se pierde o se olvida el sentido de una empresa, cuando el dinero lo es todo o casi todo, la creación de valor se convierte en una aventura que no se rige por criterios sino por una histeria casi siempre pasajera y peligrosa para el conjunto del sistema económico.

La fiebre que ha existido en tiempos muy recientes por lograr el alza de las cotizaciones de los títulos puede verse, simplemente, como una consecuencia, poco menos que inevitable, de que se haya abandonado por algún tiempo la sana costumbre de repartir un dividendo razonable. Pero puede verse también de otra manera. La estrategia representa un extremo ideal (y, por tanto, frecuentemente peligroso) de una actividad que en la vida económica de hoy es perfectamente ordinaria: tratar de incrementar el beneficio que se obtiene por la venta de ciertos bienes mediante modificaciones de su percepción pública, incorporando en una marca, en un servicio o en un producto determinados valores simbólicos (esto es, no materiales ni tecnológicos) capaces de situar su imagen en un plano distinto de calidad y de distinción.

No es que los intelectuales estén contra los terremotos en las cotizaciones, que representan, en cualquier caso, un caso extremo: lo que en el fondo de su alma les irrita no es otra cosa que la presunción de irracionalidad que adivinan en aquellos procesos que, sin modificar el carácter sustantivo de las cosas mismas, consiguen que cambie significativamente su valor económico cuando alcanzan ese plano al que nos referimos, algo que sólo sucede cuando ha tenido éxito el trabajo de diversos tipos de creativos y creadores.

Aunque ya Luis de Molina advertía que "la cuantía del precio depende, principalmente, de la estima menor o mayor que los hombres tengan de las cosas en orden a su uso", muchos pensadores creen que hay alguna clase de trampa moral en el hecho de que las mercancías no se denominen con un precio permanente que guarde relación con su valor intrínseco. No es difícil considerar esta idea como un correlato de la pretensión de que sólo exista respecto a cualquier clase de cosa una única proposición verdadera. Por curioso que pueda parecer, se ha abandonado con más facilidad la idea de una única verdad (que es lo que ocurre cuando se consagra lo que llamamos el pluralismo, algo que es esencial a las democracias que respetan una visión liberal de la vida social), que la visión (en la que podemos rastrear un origen elitista) conforme a la cual cualquier alteración del valor económico de un objeto o una mercancía que no responda a diferencias en la realidad sustancial constituye un caso claro de perversión moral.

El mercado otorga, por definición y, como decía Molina, valores provisionales y este hecho esencial en su funcionamiento supondrá siempre una cierta contradicción con las intuiciones morales conforme a las cuales existen valores que no debieran estar en oscilación, que no cabe confundir con su precio. Claro que los economistas ortodoxos (si no todos, sí muchos de ellos) sostienen que el poeta se equivocó al pensar que el necio es el que confunde precio con valor, porque, a su entender, en realidad el necio propiamente dicho es el que escucha en serio a los poetas y pretende distinguir valor y precio en lugar de prestar oídos finos a lo que dice el mercado que siempre va más al bulto. La presunción poÉticade muchos intelectuales consiste en suponer que los valores económicos (los que propiamente se traducen en precios) no agotan el universo de valores de la economía política, de la administración de los equilibrios públicos entre ricos y pobres.

En realidad, estos pensadores reticentes al mercado tienen en el fondo algo de razón: si no se pudiera establecer nada parecido a un valor fundado en propiedades y caracteres que existan independientemente del gusto mudable por mayoritario que sea, si fuese casi un sinsentido pensar en un precio adecuado independientemente de lo que el mercado esté dispuesto a pagar, el único precio racionalmente deseable de un bien cualquiera sería un precio infinito, un propósito que haría enteramente imposible el funcionamiento del intercambio y el mercado. En la mayoría de los casos, por tanto, nos comportamos dando por sentado que el precio de las mercancías y servicios es variable pero finito y está sujeto a relaciones intrínsecas entre el conjunto de bienes disponibles que no pueden modificarse a voluntad ni por puro capricho. El precio, pues, responde a algo que está de algún modo en la realidad de lo que se aprecie, independientemente de que su cifra venga determinada por variaciones del mercado que no dependen sólo de la naturaleza de las cosas en venta. Sin embargo, ocurre frecuentemente, y no sólo en Bolsa, que hay valores por los que se paga algo que dista mucho de cualquier juicio sereno y motivado en análisis realistas, aunque pocas veces suceda que la apuesta pueda seguir funcionando indefinidamente. Ciertos sectores de la economía parecen estar siguiendo, en este punto, los pasos de una importante porción del arte contemporáneo, aquel que se rige por la sentencia de Donald Judd conforme a la cual "If someone calls it Art, it's Art", si alguien lo llama arte, es arte.

Como he señalado en otro lugar (González Quirós, 2003), es hipócrita no reconocer que ese alguien juddiano no puede ser un cualquiera, es, más bien, un alguien orwelliano, un alguien que no es igual sino más igual que los demás, una autoridad. En materia de valores económicos, esa autoridad es generalmente de raíz democrática: el criterio de los consumidores, el dictamen del mercado. Lo que ocurre con esta autoridad anónima que se confunde con el dinero es que es voluble, que no inscribe sus dictados en soportes permanentes y que su capricho puede hacer, como ironizaba nuestro Quevedo, de las piedras pan sin ser el Dios verdadero. A la base de esta clase de milagros cotidianos sobre los que se cierne siempre la sospecha de la trampa, hay un complejo juego de comunicación entre los que operan en el mercado, los Judds del momento y los simples paganos, una dualidad que es más formal que efectiva, porque, en muchas ocasiones, ambos polos de la supuesta tensión representan tan sólo el simple desdoble de una conciencia algo desquiciada por los excesos de la oferta y por la embriaguez que producen la seducción y las novedades hábilmente administradas.

Los que operan en Bolsa saben bien que el mejor negocio consiste en quebrarle la mano a la mayoría, en comprar cuando ella vende (sin precipitarse) y en vender cuando ella compra (sin dormirse) porque con los valores cotizados se está siempre, aunque no sin temor, a lo que diga el Judd de turno. El mercado siempre decide, la mayor demanda determina el valor económico, pero no por ser, sin más, la mayoría, sino porque la mayoría suele atenerse a razones correctas que es el hecho decisivo que lleva a que seguir a la mayoría sea el camino adecuado (hasta que deja de serlo). Los criterios de mercado son, habitualmente, realistas, tanto más realistas cuanto más importante es lo que está en juego: lo que ocurre es que quienes aciertan a introducir determinados valores de comunicación como valores añadidos modifican no la percepción de la realidad, sino la realidad de la que hablamos.

Quien compra un automóvil de lujo no actúa engañado respecto a la calidad intrínseca del automóvil que puede ser muy similar a la de otro modelo más corriente, porque lo que compra no es meramente un artilugio mecánico sino una especie de sentencia performativa, una proposición que hace lo que dice, un símbolo de lujo y poder que es un poder determinado, etc. algo, en fin, que le otorga eo ipso unos valores que son los que gustosamente y efectivamente paga. ¿Cuáles son las premisas necesarias para entender el proceso de creación de valor cuando este proceso parece desligarse de las cualidades propias del objeto que lo representa o lo porta?

Necesidades y bienes

El sistema económico es un juego en el que las cartas iniciales de cada jugador no se reparten, como es obvio, con equidad. Además de las enormes diferencias de origen natural, los derechos de propiedad de la mayoría de los bienes que poseemos están anclados en procesos cuya desigualdad inicial es evidente. También lo es que no hay otra forma de proceder a organizar una convivencia pacífica que respetando las leyes que consagran este conjunto de situaciones de hecho, leyes que, en el caso de las democracias, tratan de compensar esa iniquidad inicial de manera sistemática, incluyendo principios y normas que la suavizan formalmente y que se asientan en valores y principios que promueven una igualdad jurídica y política que compense las diferencias de poder económico. Así pues, en el centro de la vida colectiva de las sociedades de mercado está instalada una dualidad de principios: por un lado el "tanto tienes, tanto vales" típico de los mercados y, por otro lado, el principio de igualdad jurídico-política que se expresa mediante la fórmula "un hombre, un voto". La convivencia entre esos distintos poderes ha dado lugar a frutos muy provechosos, a un sistema capaz de progresar tanto política como económicamente de manera casi continuada y que sólo en momentos de crisis extrema parece amenazado en su estabilidad. Es en el contexto de este compromiso básico en las sociedades abiertas en el que se plantea de una manera definida la cuestión de los límites a la legitimidad del enriquecimiento, por ejemplo, elevando artificiosamente los precios de los bienes capaces de satisfacer demandas que no siempre son suficientemente elásticas.

La complejidad de los sistemas económicos en las democracias contemporáneas hace que, en la mayoría de los casos, no sea fácil controlar nada de manera absoluta, de modo que incluso los agentes mejor situados están sometidos a contingencias y reglas que no pueden manipular. El sistema político se ocupa de garantizar la legalidad del mercado para que pueda funcionar como una institución civilizada, y de evitar que se llegue a situaciones que pongan en peligro ciertos equilibrios básicos que se conforman con la percepción social de lo deseable y de lo tolerable. Los ejemplos de que el orden económico no descansa meramente sobre sí mismo son tan abundantes que no necesitan mención.

Pese a todo ello, es evidente que la fuerza de una serie de actores en el sistema es mayor que la de otros y que, como es obvio, abundan los que tratarán siempre de torcer la marcha equilibrada de las cosas en un sentido favorable a sus intereses, al menos mientras el mercado lo soporte. Esta clase de acciones se coloca necesariamente en una zona de sombra, en un terreno que las leyes aún no controlan o en el que los controles pueden ser fácilmente burlados. No es fácil distinguir categorialmente estas maniobras de las económicamente legítimas y los juzgados, y los periódicos, están llenos de casos límite. Lo que ahora debe interesarnos es subrayar que sí existe una diferencia esencial cuando en procesos que redundan en un aumento de beneficios para quienes los ponen en marcha hay una estrategia de comunicación encaminada a la conquista del mercado y que respeta el conjunto de las leyes y las reglas de la competencia que benefician al usuario de servicios, al consumidor.

Nadie duda de que, cuando esos procesos se basan en una mejora neta de los productos, es legítimo que haya un incremento de precios (puesto que ha habido un incremento de costos) y un incremento de beneficios (puesto que ha habido un mayor riesgo en la inversión). La cuestión que hay que plantear es qué se haya de entender como una mejora neta y si se puede hacer que correspondan con esa categoría las mejoras que no consisten en otra cosa que en acciones de comunicación. No deja de ser curioso, por lo demás, que algunos que están acostumbrados a lucrarse con derechos de autor puedan poner en duda, aunque sea con la boca pequeña, la incorporación de valor (la creación, en suma) que desempeñan los procesos de comunicación incorporados en marcas o productos.

Venimos de una tradición que supone, muy acertadamente, que la verdad nos hace libres, lo que significa que si queremos ser libres necesitamos poseer verdades, tener acceso a la verdad, en términos políticos, tener derecho a la información. El problema aparece cuando la información se convierte no en un bien que circula idealmente por los cauces de una comunicación racional y ecuánime sino en una mercancía más. Ahora bien, estamos en una situación en que la información no sólo es de hecho un determinante decisivo de los valores en el mercado, sino que se ha convertido, desde muchos puntos de vista, en un valor altamente sofisticado que, además, se ve afectado por una fortísima tasa de reposición. Tanto los intereses políticos como los intereses económicos, en tanto formas de poder, ejercen sobre la información (sobre toda suerte de noticia) un conjunto de acciones que nos obligan a sospechar de ella.

Ello hace especialmente inevitable que cualquier oferta en el mercado deba hacerse a través de estrategias de comunicación, cosa que no acaban de entender quienes piensan que la publicidad es siempre un exceso o una manipulación, porque, como ha escrito José Luis Pardo (1989, 69), "lo característico de las sociedades modernas es que nada exista fuera de su imagen pública, que nada pueda refugiarse en la sombra espesa del mundo pre-ilustrado exterior a la imagen. Por ello, y a pesar de las apariencias, no existen productos que no se anuncien". Carecería de sentido una estrategia de comunicación sin producto, pero no es menos absurda la pretensión de introducir un producto sin ninguna estrategia. Algunos productos de lujo se ofrecen al consumidor (por supuesto: sólo en las tiendas adecuadas) con el argumento de que sus fabricantes han decidido invertir todos sus esfuerzos en la calidad del producto abandonando toda práctica de marketing y publicidad, de manera que el comprador obtiene más por lo que paga. Sea o no una estrategia efectiva, es una estrategia bien urdida.

El papel de la comunicación en la economía moderna ha dejado de ser meramente instrumental, es algo más desde el momento mismo en que las mercancías compiten en un plano imaginario y simbólico antes que en un plano de realidad consistente y efectiva. Ante la infinita proliferación de las ofertas es casi completamente imposible ser un mero cliente racional que analiza detenidamente las ofertas y maximiza sus intereses. Y si esto es verdad en general es máximamente cierto en el campo del consumo masivo que es, justamente, en el que compiten las marcas, las mayores empresas.

La marca fija un deseo donde el producto fijaría meramente una necesidad. La comunicación es, por tanto, el argumento decisivo para la circulación del producto, para que pueda haber una demanda efectiva, para que su ausencia pueda ser sentida como una carencia a la que urge poner remedio.

No se trata meramente de manipulación, de torcer las intenciones reales del cliente en beneficio del vendedor, se trata de suscitar una demanda que muy bien podría no existir sin esa clase de acciones. Cualquier producto sin más constituye una posibilidad abstracta, pero sólo la comunicación lo coloca en el reino de las realidades concretas capaces de suscitar su compra. La comunicación, pues, auspicia el deseo, inventa la demanda y crea valor.

La cuestión de tipo moral que puede suscitarse, desde el punto de vista del uso y consumo individual de los bienes, entre lo que es necesario y lo que constituye una forma de gastar sin sentido no pierde completamente su valor desde el punto de vista del consumidor; constituye un error, sin embargo, trasladarla acríticamente al conjunto del mercado, porque desde el punto de vista del conjunto de las actividades económicas no es fácil de ningún modo, suponiendo que sea posible, trazar la distinción entre productos básicos y jeribeques de consumo, como lo demuestra, en último término, el absoluto fracaso de las economías planificadas. Podría decirse que el efecto mariposa de que se habla en las teorías del caos debe de tener alguna clase de equivalente en la economía de mercado, de tal modo que prohibir por decreto la producción y la venta de la más evidente de las tonterías podría acabar teniendo consecuencias en el abastecimiento de aguas.

La contraposición entre bienes básicos y bienes de lujo (o supuestamente prescindibles) queda diluida en una economía de mercado pujante mediante un continuo formado por toda clase de ofertas que se solapan y compiten en un ámbito de ideas, proyectos y deseos que diseñan y perfeccionan los comunicadores. En un mercado sobreabundante ya no queda, en último término, espacio para el concepto de necesidad básica, más aún, cuando ese concepto se usa, se está queriendo dar a entender un mensaje más sofisticado que el que el término sugiere en un análisis académico. En un mercado sofisticado el concepto de necesidad se aplica no tanto a las necesidades en el sentido fuerte del término, sino a deseos, a imaginaciones, a símbolos que son también necesarios, aunque de otra manera.

Aunque entre nosotros se den ausencias escandalosas, es evidente que el tipo básico de necesidades que tienen un fundamento natural está cubierto, que lo que la naturaleza exige ha sido provisto con generosidad por la naturaleza misma (aunque la naturaleza misma ahora esté casi enteramente ausente de nuestra vida efectiva), conforme a ese modelo de paraíso que, "después que hubo bien satisfecho su estómago" recreaba Don Quijote (I, XI) no sin ironía: "Dichosa edad y siglos dichosos aquéllos a quien los antiguos pusieron nombre de dorados, y no porque en ellos el oro, que en esta nuestra edad de hierro tanto se estima, se alcanzase en aquella venturosa sin fatiga alguna, sino porque entonces los que en ella vivían ignoraban estas dos palabras de tuyo y mío. Eran en aquella santa edad todas las cosas comunes; a nadie le era necesario, para alcanzar su ordinario sustento, tomar otro trabajo que alzar la mano y alcanzarle de las robustas encinas, que liberalmente les estaban convidando con su dulce y sazonado fruto. Las claras fuentes y corrientes ríos, en magnífica abundancia, sabrosas y transparentes aguas les ofrecían [...] Todo era paz entonces, todo amistad, todo concordia; aún no se había atrevido la pesada reja del corvo arado a abrir ni visitar las entrañas piadosas de nuestra primera madre, que ella, sin ser forzada, ofrecía, por todas las partes de su fértil y espacioso seno, lo que pudiese hartar, sustentar y deleitar a los hijos que entonces la poseían".

El discurso quijotesco pone de manifiesto cuanto hay de artificio en nuestra vida civilizada (que a Cervantes ya le merecía el apodo de "edad de hierro") y de qué modo modifica la civilización unas supuestas condiciones armónicas de vida. Ha llovido mucho desde los férreos tiempos del Quijote y no, desde luego, para volver atrás. El precio que hemos pagado por ese supuesto abandonar la naturaleza puede considerarse muy alto, pero, a cambio, hemos obtenido unos modos de vida que, entre otras cosas, han permitido un aumento extraordinario de la población y una elevación general de la calidad de vida sin precedentes, además de obtener una auténtica proliferación de novedades de todo tipo y una enorme sofisticación en la capacidad de satisfacer demandas cada vez más diversas. Vivimos en un mundo civilizado que nos hace posible un preferir efectivo, que admite una pluralidad de formas de vida y una enorme diversidad de posibilidades, una realidad que se caricaturiza cuando sólo se subraya sus elementos negativos.

En un mundo en el que reina la abundancia y la alternativa frente a casi cualquier demanda, las necesidades ceden inmediatamente el paso a los deseos, a una clase de demanda que no es meramente natural y que es muy difícil de prever y de satisfacer, que ha de ser previamente inventada. No hay, pues, necesidades básicas, sólo hay demandas o, mejor dicho, las necesidades básicas se atienden mediante ofertas sofisticadas que suscitan su propio atractivo porque la mera satisfacción de la necesidad (la comida, la salud, la ropa, etc.) está sobradamente cubierta.

La demanda no está nunca dada ni se genera de manera espontánea, es más bien un artefacto, la consecuencia de un sistema enormemente complejo que hay que mantener mediante una continua creación de novedades, incentivos, mejoras y posibilidades tanto en el plano de los productos mismos como, sobre todo, en el plano de la imaginación del consumidor. Crear la demanda supone, pues, un auténtico trabajo que introduce mejoras sustanciales en las posibilidades comerciales de cualquier producto porque lo introduce en el ámbito en que puede suscitar deseos efectivos y modifica, por tanto, su naturaleza, su mismidad. Mediante la comunicación lo meramente real pasa a tener un determinado valor en el ámbito de lo deseable, lo que es posible porque, como sostiene Morin (1962, 134), lo racional y lo emocional, lo real y lo imaginario, no constituyen compartimentos estancos, sino que son más bien una especie de "vasos comunicantes" a cuyo través se pone en marcha un proceso de generación de demanda.

La creación de demanda tiene también un efecto sistémico beneficioso que hay que añadir al conjunto de mejoras del producto: contribuye a mantener en equilibrio dinámico un sistema de producción y de consumo que hace mucho tiempo que ha rebasado los estrechos límites del análisis utilitarista de la acción para adentrarse en terrenos en los que prima una lógica más compleja y distinta (se compra, entre otras cosas, porque no se puede parar la rueda del consumo que es una de las básicas en el sistema de producción y de empleo del que todos vivimos).

Las políticas de marca constituyen, por tanto, mejoras netas del producto, sobre todo cuando van acompañadas de otra clase de mejoras, cuando la marca no cae en el error de ser un mero señuelo para vender las mismas cosas a un mayor precio; el hecho de que exista la posibilidad de diversas formas de fraude plantea la necesidad de que se extiendan las entidades que realicen para el público la clase de comprobaciones que se necesitaría para poder formar un criterio fundado: como es obvio, esa necesidad, ha dado lugar a la creación de todo un nuevo mercado de informes, revistas, y sistemas de control que permiten al consumidor determinar con alguna precisión hasta qué punto el extra de precio que supone una determinada marca puede resultar justificable en su política de elecciones y compras.

Como observó Aristóteles (Política, 2 1267b 19) "la naturaleza del deseo no conoce límites, y la mayor parte de los hombres viven para colmarla". En la civilización contemporánea la buena vida es inseparable de un determinado nivel de compra de bienes y servicios que excede en mucho cualquier criterio que pudiéramos considerar de base natural, anclado en necesidades: nuestra civilización consiste, por uno de sus lados, en una máquina de formulación y de satisfacción de deseos. La idea de necesidad se ha trasladado al cumplimiento de los deseos más comunes y generalmente satisfechos, como se ve clarísimamente en la enorme relatividad que afecta a una idea como la de lujo (que es todo aquello que nosotros no podemos y no solemos comprar, pero que es también todo aquello que de hecho compramos desde el punto de vista de cualquier persona que no tenga acceso a nuestro nivel de consumo). Desde cierto punto de vista, el sistema económico evoluciona precisamente en el sentido de convertir en bienes de uso enteramente normal toda clase de bienes que hayan sido previamente considerados de lujo, innovando de manera continua la oferta de los lujos del momento.

El hecho de que vivamos en un entorno de civilización y de mercado en que hemos podido sustituir las necesidades por los deseos que las dan por supuesto no implica específicamente ninguna valoración moral negativa porque sería absurdo considerar que la abundancia por sí misma sea un mal. Por idénticas razones, tampoco puede considerarse un defecto del mercado el hecho de que no siempre pueda garantizarse la presencia suficiente de bienes de calidad desde distintos puntos de vista. A estos efectos el mercado es un instrumento bien afinado y si la música que con él se ejecuta no es de calidad el problema está en otra parte.

Los valores éticos califican nuestras acciones en la medida en que estas se conforman con mandatos que implican el bien, pero no se pueden confundir con ciertas condiciones de la realidad o del entorno humano. Se puede ser egoísta siendo rico o siendo pobre, y se puede ser generoso siendo un mendigo o siendo tan rico como Craso. El individualismo que el mercado permite y fomenta no implica inmediatamente falta de solidaridad o menosprecio del prójimo, aunque Bell (1977, 33) haya insistido en que "el hedonismo, la idea del placer como modo de vida, se ha convertido en la justificación cultural, sino moral del capitalismo"; esta constatación, que es correcta desde muchos puntos de vista, no invalida el argumento.

De hecho, cuando se enjuician realidades económicas complejas conforme a juicios morales excesivamente simples (por ejemplo, la crítica del consumismo o del lujo) se incurre en una confusión de base maniquea. Los medios que amplían nuestra capacidad de elección no nos impiden de ningún modo ejercer determinadas virtudes o hacer el bien.

El mercado no es ninguna realidad que consagre las desigualdades o que impida la realización de determinados ideales políticos. Es sólo un mecanismo eficacísimo para incrementar la producción y la distribución y una fórmula felizmente simple de conducir la economía de bienes y servicios en una comunidad asentada en una serie de principios legales que lo permiten y lo tutelan.

Un fenómeno que también suele invocarse por muchos intelectuales como argumento contra el liberalismo de mercado es el de la entronización del dinero como único valor, la persecución de la más alta tasa de retorno por encima de cualquier otra clase de consideraciones, estrategia que puede traer consigo que desaparezcan de la oferta productos de calidad, bien porque el número de demandantes no alcance a proporcionar las ganancias que se consiguen con otra clase de productos netamente inferiores, bien por otras razones.

Una consecuencia de ese afán en los negocios es la perdida de rentabilidad relativa en determinadas empresas dedicadas a producir productos de gran calidad y con alto costo, cosa que está teniendo efectos muy negativos y preocupantes, por ejemplo, en el mercado de los bienes culturales. Por poner un ejemplo bien claro, desaparecen editoriales o productoras rentables y con un innegable sello de calidad, porque, precisamente por el éxito que alcanzaron, han sido adquiridas por entidades más poderosas para pasar después a ser actividades sin demasiado interés en el seno de grandes grupos con miras económicas más exigentes y con exigencias intelectuales, culturales y éticas no tan altas. Fenómenos de ese tipo son siempre muy lamentables, y hay que esperar que puedan ser reversibles a medida que el mercado se haga más sofisticado y capaz por tanto de satisfacer una demanda más diferenciada y rigurosa.

El mercado no es, ciertamente, un bálsamo de Fierabrás todopoderoso y capaz de curar inmediatamente cualquier clase de dolencias; el mercado es tan sólo un mecanismo, un sistema que no garantiza la calidad absoluta de lo que en él se compra y se vende, pero que al proporcionar una mayor eficiencia en el desarrollo de las relaciones entre oferta y demanda, ha venido soportando un crecimiento económico muy notable y un incremento extraordinario de la calidad y la variedad de las ofertas, un sistema que, en suma, se ha mostrado más propicio al crecimiento económico que los modelos planificados, nada más, pero nada menos.

Los valores económicos son una clase muy importante de valores, pero existe una gran variedad de valores distintos a los económicos y nítidamente superiores a ellos desde el punto de vista moral, es decir, tanto desde el punto de vista de su importancia para la vida feliz, como desde el punto de vista de su valor intrínseco, unos valores que podemos y debemos respetar y preferir. Los valores de tipo religioso, cultural, científico, moral, político, estético y muchos otros de distintos tipos no se dejan reducir al mercado aunque puedan matizar de una u otra manera los valores en curso, tanto por las razones implícitas en la conducta de los consumidores como, sobre todo, si los creadores de valor económico aciertan a incorporar en su contexto simbólico sugerencias de ese tipo (con sus pros y sus contras) en la oferta del producto.

En el ámbito económico cabe confundir valor y precio, en otros ámbitos esa confusión supone una cierta prostitución del resto de los valores, una indebida subordinación de estos al mandato del Poderoso Caballero quevediano. Por lo demás, tampoco es el precio el único valor económico. La teoría del precio es, en cierto modo, una teoría del misterio porque nunca es fácil establecer cuál es la forma idónea de determinación de los precios. El precio de los productos es uno de los muchos determinantes, tal vez el decisivo, de su éxito o de su fracaso, pero el precio de un bien o de un servicio determinado podrá ser siempre considerado como un acierto o como un error, aun cuando haya sido un precio eficaz, es decir, capaz de otorgar beneficios a inversores y fabricantes.

Apuntes para una teoría comunicacional de la creación de valor

La palabra creación es de muy alta cuna y debería ser manejada con algún cuidado para no decir con ella más de lo que querríamos decir. Su uso se ha hecho muy frecuente en economía para referirnos, por ejemplo, a la creación de empleo. Debiera estar claro que resulta un abuso hablar de creación para referirse a algo que no depende ni de la espontaneidad, ni de la mera voluntad de nadie, para hablar de algo que ni brota ni surge de la nada en parte alguna. Lo peor del caso es que esta metáfora para designar un proceso complejo da lugar a un resquicio semántico por el que se cuelan muchos resentimientos y multitud de malentendidos: pues, en efecto, no constituiría parvo motivo de queja el que fuese cierto que se pudiera crear empleo y que, debido a su insensibilidad, a su malicia y a su molicie, algún demiurgo insolidario (o alguno de sus visires más terrenos) se estuviese olvidando de hacernos ese favor.

No se puede crear empleo porque nadie puede llevar a cabo semejante hazaña. El único capaz de lograrlo sería, en verdad, un dios, aunque no por menos tienen algunos al Estado. Sin embargo, tampoco el Estado puede crear empleo, porque lo más que puede hacer, en realidad, es repartir dinero de los presupuestos con la esperanza de que aquello mueva a emulación y otros se animen. Es hora, pues, de optar por otras semánticas y olvidarse de la creación para comenzar a llamar a las cosas por su nombre (es decir, con un vocablo algo menos mítico, más cercano al buen sentido y a lo que nos enseña la experiencia), a hablar, más que de crear, de producir o fabricar empleo, fórmula con la que seguramente se hace más visible el hecho de que el resultado feliz no depende de la voluntad omnímoda de ningún genio sino de ciertas especies de acuerdos cooperativos y razonables entre todos.

El empleo comienza cuando alguien cede parte de sus rentas para transformarlas en costos salariales, habitualmente, con la sana y universal esperanza de aumentarlas. Es muy conveniente abandonar esta confusa denominación creacionista para apartar al crecimiento del empleo de las milagrerías como el reparto de trabajo o las treinta y cinco horas aprendiendo a valorar más sobriamente los factores en juego.

Razones muy similares hacen que sea también confusa, aunque algo más apropiada, la expresión crear valor. No se trata tampoco de una creación, aunque el hecho de que en ese proceso intervengan diversos agentes a los que se denomina creadores o creativos hace algo más disculpable esta metáfora. Lo que éstos hacen es colocar al producto de que se trate en un contexto en el que sean evidentes una serie de valores que le han incorporado con imaginación y con trabajo. La razón de fondo que hace que los valores que cuentan efectivamente para la estimación, a efectos económicos, del valor de un bien o servicio hayan de ser creados consiste en que, de alguna manera, esos valores no pertenecen al orden de lo inmediatamente real, son de algún modo irreales o ideales, y es precisamente su creación o puesta en realidad lo que define e incrementa el valor económico del producto.

Partimos de que lo inmediatamente real es lo natural o físico, el ámbito en el que se dan las propiedades que definen algo como siendo lo que es por sí mismo o de suyo, propiedades que denominamos precisamente físicas o naturales. Pero todas las cosas, además de ser lo que son, pueden estar nimbadas con una serie de valores que no dependen tanto de lo que son ellas mismas como del papel que ocupan en el contexto de la vida humana. Así podemos decir de ciertas realidades naturales que son, por ejemplo, agradables o útiles y tal estimación ya no reside exclusivamente en sus cualidades intrínsecas aunque siga guardando relaciones precisas con ellas. Para los filósofos clásicos la belleza era una propiedad trascendental del ser (como la bondad o la unidad) y las razones para pensarlo así son poderosas. No se trata de negar esa tesis venerable sino de afirmar la variabilidad del gusto estético que no está reñida con ella. Con los productos humanos puede hacerse una distinción similar: un artefacto tiene propiedades reales tales como forma, tamaño, color, peso o, incluso, utilidad y función, pero además de todo ello puede ser objeto de atribución de otra serie de cualidades que, a efectos económicos, son tanto o más decisivas que las primeras como modernidad, diseño, calidad, gusto, precio atractivo etc.

La comunicación es el proceso mediante el que se crea el valor en el que reposan esta última clase de cualidades y lo crea en el doble sentido de ponerlo ahí, de afirmarlo, y de dar a conocer su existencia, de fijar la atención del público precisamente en esas propiedades con preferencia a otras. La comunicación no es por tanto un mero instrumento para la venta, es algo más: define una serie de valores que modifican estructuralmente el producto, que determinan el rango económico y la cualidad de los bienes o servicios de que se trate. Así pues, la comunicación amplía el mercado no sólo mediante la superación de las fronteras espaciales (lo cual es obvio), sacando al producto de la plaza y colocándolo en un espacio más amplio e idealmente universal, sino mediante la creación de un sinfín de elementos de valor que quedan incorporados al producto y determinan la forma y el valor de su presencia en un determinado mercado.

Los intelectuales tienden a reproducir al hablar sobre la comunicación las críticas marxistas a la sociedad burguesa: unas críticas de las que, de nuevo, cabe decir que son, en cierto modo, verdaderas, aunque las terapias políticas que han preconizado los pensadores y líderes marxistas para combatir esos supuestos males ha sido ciertamente peores que la enfermedad. Merece citarse por su gran influencia en el universo de los movimientos antiglobalización el alegato de Klein (2001). Análogamente, cabe suponer que cualquier intento de suprimir los supuestos defectos y las distorsiones de las estrategias de comunicación en el ámbito de los valores económicos tendría consecuencias igualmente perversas.

Las críticas clásicas a la publicidad han sido, fundamentalmente, de cuatro tipos: en primer lugar, se insiste en ver la publicidad como un engaño; después se suele afirmar que el engaño es eficaz porque la gente es tonta; en tercer lugar se da por hecho que la publicidad crea una falsa necesidad, una neurosis y, consecuentemente, contribuye a que el mundo se llene de objetos innecesarios, a que se polucione, y, por último, se afirma que la inversión publicitaria eleva de forma sustancial e innecesaria el coste de los bienes y servicios que la soportan. Nos fijaremos aquí en una de las más recientes críticas del universo publicitario: en la novela de Beigbeder (2001) pueden leerse un buen número de tópicos críticos sobre la publicidad que van desde su carácter frustrante y estúpido hasta sus amenazas para la democracia, como los que se adjuntan precedidos por el número de página de la edición citada:

17. Soy publicista: eso es, contamino el universo. Soy el tío que os vende mierda. Que os hace soñar con esas cosas que nunca tendréis.
17. En mi profesión, nadie desea vuestra felicidad, porque la gente feliz no consume.
19. Vuestro deseo ya no os pertenece: os impongo el mío.
21. Para someter la humanidad a la esclavitud, la publicidad ha elegido la discreción, la agilidad, la persuasión.

35. Si desea la simpatía de las masas, tiene que decirles las cosas más estúpidas y crudas.
35. Lo que buscamos no es la verdad, es el efecto producido. La propaganda deja de ser eficaz en el momento en el que su presencia se hace visible. Cuanto mayor es una mentira, más verosímil resulta.
35. No toméis a la gente por tonta, pero nunca olvidéis que lo es.
38. Un día, en las escuelas se estudiará de qué modo la democracia se autodestruyó

Tal vez la forma más perfecta de esa clase de críticas se encuentre en la obra de Ivan Illich, quien, como buen pensador, colocaba esa crítica en un nivel de radicalidad muy alto. Illich afirmaba que la confusión entre las instituciones y los valores humanos, que él ejemplificaba en su crítica a la escolarización, nos conducen a un desenlace fatal: la polución, como se decía en 1970, del medio físico, la segregación social, el sentimiento de impotencia. A Illich (1971, 12) le parecía que todo eso era contemporáneo de un proceso en el que "las necesidades de naturaleza no material se conciben como una demanda creciente de bienes de consumo".

Es evidente que tratar de saciar las necesidades espirituales mediante el consumo es un error de fondo, pero no es tan evidente que la civilización haya de ser una máquina al servicio de la espiritualidad porque si bien es absolutamente cierto que las personas necesitamos algo más que bienes materiales, no resulta nada claro que los hombres pudiéramos cultivar nuestro espíritu en una completa ausencia de esa clase de bienes y, sobre todo, debiera ser evidente que el espíritu y su cuidado han de ser la obra de la libertad individual, no puede ni debiera ser una imposición de la sociedad. El hedonismo puede ser uno de los motores del capitalismo, pero el mercado no obliga a nadie a conformarse con ser un hedonista. Los intelectuales que critican la publicidad en general están absurdamente ciegos a sus efectos reales, olvidan lo que ellos mismos hacen mejor que nadie con sus ideas, trabajos y obras, y se abandonan a una fantasía acrítica y sin fundamento al pretender que es posible pergeñar un mundo con idéntico bienestar y sin algunos de los costes estructurales que éste comporta. Una sucinta enumeración de los valores creados por la comunicación debería incluir como mínimo los siguientes:

1. La comunicación se vincula necesariamente con la novedad, con la producción de una realidad nueva y su correspondiente noticia. La novedad verdadera es siempre difícil y muy escasa, de manera que el esfuerzo de la comunicación se ha de centrar en mostrarla, en sorprender y dar que hablar, sabiendo situarla entre las expectativas del público. En un mundo repleto de oportunidades, la novedad es una rareza porque casi todo está hecho, pensado y repetido. Precisamente por eso la comunicación es trabajosa y creativa, no se consigue de barato. La novedad ha de ser pensada e inventada y ello supone un esfuerzo de creación y de lenguaje en muy distintos niveles.

2. La comunicación requiere tiempo y trabajo porque obliga a investigar muy a fondo el mundo de las posibilidades y de las necesidades con las

que se relaciona la mera suposición de un nuevo producto. Es rotundamente insuficiente ver a la comunicación como una simple técnica de ventas porque la comunicación incorpora valores estructurales en la producción haciendo que determinados productos sean un imposible o que otros se abran paso aun desde antes del diseño. La comunicación incluye también, desde luego, los estudios de mercado que definen la oferta, por ejemplo, de las grandes multinacionales, las infinitas tareas de conocimiento y adaptación al mercado que hay que llevar a cabo para estar en condiciones de tener éxito, etc.

3. La comunicación ha permitido la ruptura de los límites de los entornos de utilidad en la adquisición de bienes y servicios. La utilidad es una de las razones, pero no es la única ni siquiera la principal. La comunicación ha logrado crear bienes y servicios que proporcionan otra serie de valores al consumidor, valores estéticos, estilísticos, de distinción etc. que son mucho más importantes que el mero valor de utilidad. La industria relojera, por poner un ejemplo especialmente obvio, no existiría en absoluto si el valor de utilidad fuese el único relevante a la hora de saber en qué hora y minuto vivimos.

4. La mera creación de nuevos valores como los mencionados en el punto anterior es, a su vez, un catalizador de la renovación en todos los sectores, de manera que la comunicación es explosiva y acaba alcanzando a zonas de la realidad económica que inicialmente parecían al margen de su influencia. Las operaciones de acercamiento de productos y marcas, las asociaciones de campañas

de imagen y comunicación a toda clase de realidades, ambiente y eventos valiosos para los clientes (y para los espectadores) testimonian de modo continuo el esfuerzo de los estrategas de una marca por no perder píe en su propio mercado y por abrirse continuamente a nuevas oportunidades de creación y de negocio.

5. La comunicación preserva la escasez de determinados bienes (recursos naturales, por ejemplo) al contribuir a la creación de bienes alternativos. El turismo es un buen ejemplo de este efecto. Sin un entorno comunicacional muy creativo sería imposible innovar los hábitos de consumo relacionados con los viajes y el descanso que se dirigirían necesariamente a lugares ya previamente abarrotados.

6. La comunicación es básicamente un agente económico de muy amplio espectro aunque también deba emplearse muy específicamente a la vista de problemas determinados que sólo pueden resolverse con sus ayudas. Al incrementar el número de los consumidores, la comunicación y la publicidad permiten a las empresas reducir sus costes unitarios y aprovechar intensivamente las ventajas de las economías de escala. Con su concurso, las empresas aumentan la producción, disminuyen los costes, generan competencia en nuevos escenarios, suscitan nuevas demandas, estimulan la imaginación, aumentan el tamaño de los mercados, favorecen el circulo virtuoso de la creación de riqueza, estimulan la distribución de bienes, etc. En resumidas cuentas, al hacer reales y concretos valores que son previamente irreales hacen efectivo el dominio del mundo por el

hombre, le facilitan la apropiación de la realidad que es característica de toda forma de cultura.

7. Por último, hay un efecto colateral que no deberíamos olvidar: la comunicación de interés económico permite la existencia de medios de comunicación independientes y plurales que son imprescindibles en el desarrollo de una sociedad abierta.

Contra la comunicación también se esgrime frecuentemente el hecho de que implica un uso intensivo de imágenes a las que se supone más propensas a la manipulación que a la información objetiva. Sobre esta objeción gravitan toda una compleja serie de prejuicios antitecnológicos que se ponen en píe de guerra para minimizar el valor de un recurso informativo que es fruto sofisticado y difícil de la colaboración de muy diversas tecnologías y profesionales; se trata de un discurso supuestamente humanista que pretende fortalecerse apoyándose en una fácil contraposición entre imagen y palabra. Sin embargo, y para empezar, no está claro que la segunda sea más radicalmente humana que la primera: si los de Altamira no supieran escribir.. ¿dudaríamos acaso de que son hombres como nosotros? La imagen puede parecer menos natural porque está mas mediada tecnológicamente, pero eso no dice nada contra su valor, contra su capacidad para mover el corazón y la inteligencia del hombre. No se puede reducir la imagen a una mera ilustración de la palabra: la imagen nos da con más facilidad que el argumento verbal, por ejemplo, la belleza y todo lo que nos conmueve y no hay razón alguna para condenar el uso de esa clase de recursos en la comunicación.

Naturalmente que existen prácticas de mercado tramposas, indecentes y manipuladoras porque en este como en cualquier otro terreno pueden cometerse excesos y atentados al buen sentido. Pero generalizar la sospecha es absurdo precisamente porque nos acercamos a un momento en que la distinción entre publicidad e información se va a hacer cada vez más difícil y, por tanto, cada vez más necesaria. Los que crean valor haciendo magia financiera, engañando a los accionistas y comprando a los auditores no son creadores de nada, son delincuentes. La condena es necesaria cuando efectivamente lo es, no de un modo genérico y suficiente en nombre de no se sabe bien qué clase de superioridad moral.

En un momento en que la información se ha vuelto muy compleja es especialmente necesario defender la existencia de filtros que garanticen la fiabilidad de cuanto se nos dice para evitar que personajes atrevidos y con mucho poder ocasionen auténticos estropicios. Los defectos de la información se curan con más y mejor información, no pretendiendo la vuelta a un mundo en el que supuestamente los objetos hablarían por sí mismos. Es posible que algunos o muchos accionistas e inversores puedan preferir la apuesta por valores que se colocan sin que se sepa muy bien cómo en la cresta de la ola, pero también existe el inversor a quien preocupa no el liderazgo o la cotización de la firma, sino si aquello que hace la empresa lo hace cada vez mejor.

Lo que diferencia a la economía real de cualquier juego es que los clientes aumentan cuando necesitan ciertas cosas y servicios para vivir mejor y existe el grupo humano (la empresa) que se lo da a un precio razonable y eso es lo que permite que crezcan los beneficios de la empresa y de sus accionistas. La calidad de los servicios debería servir para medir mucho mejor el valor de una empresa que todos los índices de cotización, que todos los indicadores que solo atienden a consideraciones financieras. Es obvio que eso exige consumidores conscientes y gestores responsables, algo que no se improvisa, pero no cabe confundir las críticas a determinadas operaciones y estafas con descalificaciones globales de un sistema que, con todos sus defectos, ha permitido el mayor progreso humano del que, hasta la fecha, hayamos sido testigos.

Ignorar el valor positivo que la información y la comunicación aportan al mercado en nombre de la defensa de unas soluciones supuestamente más justas y humanas es mucho ignorar, supone una increíble apuesta por la confusión entre categorías morales y realidades efectivas, es consecuencia de una grave cerrazón, tanto más grave cuanto más se pretende apoyar en una especie de teoría realista del funcionamiento económico anclada en viejos errores y prejuicios. Naturalmente se puede preferir vivir fuera de este mundo y hasta puede hacerse porque, con todos sus defectos y embelecos, éste es un mundo generoso y amplio en el que, aunque se cumpla enteramente el vaticinio de Negroponte (1995, 203) conforme al cual "la publicidad estará tan personalizada que será imposible de distinguir de las noticias, será noticia en sí misma" seguirá habiendo mucho espacio disponible para distinguir las diferentes formas de verdad en los distintos contextos y, en definitiva, para que cada cual pueda libremente decidir a qué dedicarse y cómo emplea sus recursos en función de lo que considera más valioso.

Referencias

Arendt, Hannah (2003): Eichmann en Jerusalén. Un estudio sobre la banalidad del mal, Lumen, Barcelona.

Argandoña, Antonio (1999): "Algunas tesis para un debate sobre los valores", Empresa y Humanismo, III, 1/01, pp. 45-74.

Beigbeder, Frédéric (2001) 13'99 euros, Anagrama, Barcelona.

Bell, Daniel (1977): Las contradicciones culturales del capitalismo, Alianza, Madrid.

Berlin, Isaiah (1988): Cuatro ensayos sobre la libertad, Alianza, Madrid.

Berlin, Isaiah (1992): El fuste torcido de la humanidad. Capítulos de historia de las ideas, Península, Barcelona.

Burgelin, Olivier (1974): La comunicación de masas, ATE, Barcelona.

Clarke, Arthur C. (1999): Greetings, Carbon-Based Bipeds!, Ian T. Macauley, New York.

Dawkins, Richard (2006): "Let's all stop beating Basil's car", accesible en HYPERLINK

"http://www.edge.org/q2006/q06_9.html"
http://www.edge.org/q2006/q06_9.html

Frankfurt, H. G. (2007): Sobre la verdad, Paidós, Barcelona.

Fromm, Erich (1968): El miedo a la libertad, Suramericana, Buenos Aires.

Garay, Jesús de (1993): El juego: una Éticapara el mercado, Díaz de Santos, Madrid.

González Quirós, José Luis (1992): "Para una crítica de la razón periódica", en A. Álvarez de Morales y C. García, La botica de los clérigos, Editorial Complutense, Madrid.

González Quirós, José Luis (1993) "La filosofía periódica", Nueva Revista, 30, VII-93, pp. 52-63.

González Quirós, José Luis (1994): Mente y cerebro, Iberediciones, Madrid.

González Quirós, José Luis (1996): "Indagaciones sobre una Éticade la opinión" en L. Núñez Ladevéze, Ed. Éticapública y moral social, pp. 133-161, Noesis, Madrid.

González Quirós, José Luis (2003): Repensar la cultura, Eiunsa, Madrid.
González Quirós, José Luis (2004): "Sospechas sobre el mercado: los intelectuales, la comunicación y la creación de valor económico", Revista Empresa y Humanismo, vol. VII, I/04, pp. 37-59.

Illich, Ivan (1971): Une société sans école, Seuil, Paris. [v. o. Illich, Ivan (1971): Deschooling Society, Harper and Row, New York. (Versión digital en HYPERLINK "http://philosophy.la.psu.edu/illich/deschool/intro.html" http://philosophy.la.psu.edu/illich/deschool/intro.html)]

Innerarity, Daniel (1995): La filosofía como una de las bellas artes, Ariel, Barcelona.

Klein, Naomi (2001) No logo: el poder de las marcas, Paidós, Barcelona.

Kirk y Raven (1970): Los filósofos presocráticos, Gredos, Madrid.

Macintyre, Alasdair (2001): Tras la virtud, Crítica, Barcelona.

Magee, Brian (1974): Popper, Grijalbo, Barcelona.

Mattelart, A. (1995): La invención de la comunicación, Antoni Bosch, Barcelona.

Morin, E. (1962): L'Ésprit de temps., 1. Névrose, Grasset Paris. (Trad. esp. El espíritu del tiempo. Madrid, Taurus, 1967).

Negroponte, Nicolas (1995): El mundo digital, Ediciones B, Barcelona

Nozick, Robert (1997): "Why Do Intellectuals Oppose Capitalism?" en Socratic Puzzles, Harvard University Press.

Oakeshott, Michael (2008): Moral y política en la Europa moderna, Síntesis, Madrid.
Ortega y Gasset, José (1963): "Psicología del cascabel" en El Espectador, Obras Completas II, pp. 298-300, Revista de Occidente, Madrid
Ortega y Gasset, José (1998): La rebelión de las masas, Ed. de Thomas Mermall, Castalia, Madrid.
Pardo, José Luis (1989): La banalidad, Anagrama, Barcelona.

Popper, Karl R. (1983): Conjeturas y refutaciones, Paidos, Barcelona.

Popper, Karl R. (1994): En busca de un mundo mejor, Paidos, Barcelona.

Russell, Bertrand (1978): La conquista de la felicidad, Espasa Calpe, Madrid.

Safranski, Rüdiger (2000): El mal o el drama de la libertad, Barcelona, Tusquets.

Schrödinger, Erwin (1969): Science and humanism, Cambridge U.P., London.

Smullyan, R. (1989): 5000 años a, de C, y otras fantasías filosóficas, Cátedra, Madrid.

www.ingramcontent.com/pod-product-compliance
Lightning Source LLC
Chambersburg PA
CBHW022000160426
43197CB00007B/196